HEIMATFRONT WESEL 1939-1945

Studien und Quellen zur Geschichte von Wesel 16

Herausgegeben im Auftrag der Stadt Wesel
von Jutta Prieur

Redaktion: Alexander Berkel und Doris Rulofs-Terfurth

Jutta Prieur

HEIMATFRONT WESEL 1939-1945

FRAUEN UND MÄNNER ERINNERN SICH AN DEN KRIEG IN IHRER STADT

Selbstverlag des Stadtarchivs Wesel 1994

© *Stadtarchiv Wesel*

Umschlag:	*Jutta Prieur und Alexander Berkel*
Layout:	*Jutta Prieur und Hartmut Obermeyer*
Gesamtherstellung:	*J.L. Romen, Emmerich*

ISBN 3-924380-11-2

INHALT

6

VORWORT

Es mag auf den ersten Blick befremdlich erscheinen, fünfzig Jahre nach dem Untergang der NS-Diktatur ein übles Schlagwort der Nazipropaganda, die "Heimatfront", für einen Buchtitel auszuwählen. Aber die schreckliche Doppeldeutigkeit dieses Begriffes trifft exakt die historische Realität am Niederrhein in den letzten Monaten des Krieges. Denn die Stadt Wesel rückte zu Kriegsende in den Mittelpunkt strategischer Pläne der Alliierten. Mit den geglückten Rheinübergängen bei Wesel, Bislich, Rees und Dinslaken und der unmittelbar darauf folgenden Luftlandung im Raum zwischen Hamminkeln und Wesel erreichten englische, amerikanische und kanadische Soldaten das ersehnte "Berliner Ufer" - ein wichtiger Schritt zum endgültigen Sieg über das deutsche Nazi-Regime.

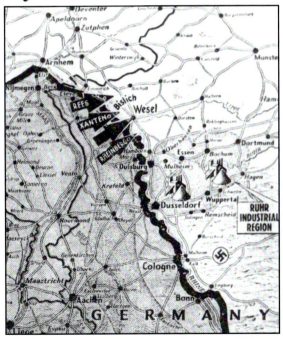

Anders als es sich die nationalsozialistische Propaganda vorgestellt hatte, wurde der Niederrhein, wurde der Raum um Wesel zur Heimatfront. Die in der Wortwahl völlig unpassende Kriegsprosa des Drevenacker Hauptlehrers und Heimatdichters Erich Bockemühl in seinem Aufsatz "Heimat und Front"[1] sollte sich dabei auf eine gespenstische Weise als prophetisch erweisen, wenn er etwa schreibt: "Front und Heimat sind eins im starken Willen der Heimatfront, die nie kapitulieren wird. Grenzland sind der Rhein und der Niederrhein. Grenzland ist Kampfland. Kampfland ist blutgetränkter Boden. ..."

Als die Heimat, als Wesel und Umgebung zur Front wurde, ließ Hitler den Befehl ausgeben, die Festung Wesel bis zum letzten Mann zu halten. Es sollte nicht kapituliert werden, obwohl die Übermacht der Alliierten erdrückend war. Im Gegenteil, die deutschen Soldaten hatten den Befehl, bis zur letzten Patrone zu kämpfen und sich den Angriffen des Gegners "notfalls mit den eigenen Leibern entgegenzuwerfen", wie ein deutscher Offizier voller Bitterkeit bemerkte. So starben auf beiden Seiten Hunderte von Soldaten am Brückenkopf Wesel und Hunderte von Zivilisten, denen das Fortschreiten der Front die Heimat durch Bomben und Granaten auf Jahre verwüstet hatte.

KRIEGSCHRONIK UND TAGEBÜCHER, BRIEFE UND ERINNERUNGEN

1983 stellte das Weseler Stadtarchiv zusammen mit dem Städtischen Museum Wesel zum 50. Jahrestag der Machtübernahme Hitlers in einer Ausstellung die kläglichen Überreste, die die NS-Zeit in Wesel überdauerten, aus[2]. Die wenigen Relikte vermochten allerdings kein authentisches Bild der damaligen Zeit zu vermitteln. Das ist auch nicht weiter verwunderlich, bedenkt man, daß weder Zeitungen noch Akten aus der Zeit von 1933-1945 in nennenswerter Anzahl erhalten sind. Auch die private Überlieferung wie z.B. Briefe, Tagebücher oder Photoalben ist größtenteils im Bombenhagel des Februars 1945 untergegangen. Ließen sich die Ereignisse um die Machtübernahme der NSDAP im Weseler Rathaus und einigen großen Betrieben oder die Verfolgung und Vernichtung der jüdischen Bürger Wesels anhand weniger Daten und Fakten gerade noch rekonstruieren[3], so blieb die Zeit des Zweiten Weltkriegs völlig im dunkeln.

Durch einen glücklichen Zufall machte mich Ute Stricker in Schermbeck, die Tochter Otto Hollwegs, auf tagebuchähnliche Aufzeichnungen ihres Vaters aufmerksam, die die Zeit in Wesel von 1942-44 beinhalten. Hollweg leitete seit 1926 als Studiendirektor die Oberschule für Mädchen. Seine bekanntermaßen demokratische Gesinnung und seine Zugehörigkeit zu den Freimaurern waren der Grund dafür, daß er 1937 wegen "politischer Unzuverlässigkeit" aus dem Schuldienst entlassen wurde. Er selbst schreibt 1945 in seinem Lebenslauf dazu[4]:

"Ostern 1926 trat ich das Amt des Studiendirektors am Städtischen Lyzeum in Wesel a/Rh. an, das ich in den Jahren 1927-30 zur Vollanstalt ausbaute. Gewählt wurde ich an diese Schule nach lebhaftem und längerem Wahlkampf durch das Stadtverordnetenkollegium und zwar von den vier Parteien: KPD, SPD, Demokratische Partei und Zentrum, während Volksparteiler und Deutschnationale ihre Stimmen einem anderen Bewerber gaben. ...

Seit 1933 war meine Stellung als Schulleiter in Wesel sehr gefährdet. Durch Wohlwollen meines unmittelbaren Vorgesetzten, der Oberschulrats Dr. Sellmann in Koblenz, und vor allem der Weseler Eltern und Bürgerschaft blieb ich trotz mehrfacher nazistischer Vorstöße im Amt, wurde dann aber durch Ministerialerlaß vom 13.7.1937 wegen politischer Unzuverlässigkeit in das Amt eines Studienrats zurück- und auf meinen Antrag hin in den Ruhestand versetzt. Zu diesem schweren Schritt entschloß ich mich in erster Linie darum, weil es mir vor meinem Gewissen immer unmöglicher wurde, in meinem Unterricht, zumal in dem der Geschichte, die Unwahrheit zu sagen, wie es nationalsozialistische Lehrpläne und Lehrbücher von mir verlangten." Wie sich mehrere seiner Schülerinnen noch lebhaft an seine imposante Erscheinung erinnern, so bestätigen sie auch seine demokratischen Lehrinhalte, die mit der Nazi-Ideologie nicht zu vereinbaren waren.

Durch intensive Beschäftigung mit der Weseler Geschichte versuchte Hollweg, die Jahre seines erzwungenen Ruhestandes sinnvoll zu verbringen. Sein 1941 erschienenes Buch "Wesel als Hansestadt" ist noch heute ein Standardwerk zu diesem Thema.

Wie sich seine Tochter erinnert, hatte Bürgermeister Otto Borgers den quasi inoffiziellen Auftrag an Hollweg herangetragen, eine Chronik der Kriegsjahre in Wesel zu verfassen. Eine heikle Aufgabe, bedenkt man sein gespanntes Verhältnis zum NS-System. So beschäftigen sich seine ersten Eintragungen im Januar 1942 auch hauptsächlich mit dem Wetter und den Pegelständen des Rheins. Erst seit Anfang 1943 werden sie für die Stadtgeschichte interessanter. Auch dann bleiben seine Formulierungen verständlicherweise sehr vorsichtig und zurückhaltend. Zur richtigen Interpretation muß man zwischen den Zeilen lesen. Dann aber kann man sich ein differenziertes Bild dieser anderthalb Jahre im Krieg machen - für Wesel ein unerwarteter Glücksfall, da ja - wie gesagt - andere Quellen gänzlich fehlen. Hollweg bemüht sich, die Stadt und ihre Institutionen zu beschreiben, wird aber etwa bei der Marineflakschule oder den Kriegsgefangenenlagern gar nicht erst vorgelassen. So beschreibt er den sonst so schwer faßbaren Alltag in der Stadt, und man liest mit Beklemmung, wie sich das Leben in Wesel angesichts der drohenden Frontgefahr immer mehr ändert. Seine Aufzeichnungen brechen 28. September 1944 ab, als Hollweg die Stadt verlassen muß.

Der Fund dieser Aufzeichnungen ermutigte mich überhaupt erst, das vorliegende Projekt anzugehen und noch einmal nach erhaltenen Dokumenten zu suchen oder durch Gespräche mit Augenzeugen wenigstens einige Erinnerungen an das Wesel der Kriegsjahre festzuhalten. Ich danke dabei besonders Frau Gerda Tenbruck und Frau Erika Schroeder für ihre Unterstützung und ihre Einladungen zu Gesprächsrunden mit zahlreichen Augenzeugen, die mir viele wertvolle Hinweise gegeben haben.

Dabei geht es mir weniger um die Darstellungen der kriegerischen Ereignisse, in die die Stadt Wesel wegen ihrer strategisch wichtigen und auch verkehrstechnisch zentralen Lage unweigerlich zu Ende des Krieges entscheidend und vernichtend einbezogen wurde. Das ist an anderer Stelle in Teilaspekten bereits mehrfach getan und wird in dem gleichzeitig erscheinenden Parallelband von Alexander BERKEL: "Krieg vor der eigenen

Haustür" auf der Basis des neuesten Forschungsstandes und bisher noch nicht ausgewerteter Aufzeichnungen für den Weseler Raum kompetent aufgearbeitet[5].

Mein Anliegen ist es vielmehr, das alltägliche Leben einer Stadt in Kriegszeiten nachzuzeichnen. Offensichtlich kann man sich auch an den Schrecken und die jederzeit mögliche Lebensgefahr gewöhnen. Man stumpft ab - hier wie anderswo auch - gegen die häufigen Fliegeralarme, gegen die ständigen Verdunklungsappelle, richtet sich mit immer knapper werdenden Lebensmittelrationen ein, erträgt die allmählich allumfassende Organisation von Arbeit und Freizeit. Sogar das Näherrücken der Front wird mit erstaunlicher Disziplin hingenommen - was blieb auch anderes übrig. Das Ausgeliefertsein zumeist der Frauen und Kinder während der Bombenabwürfe oder das hilflose Warten darauf, vom Feind überrollt zu werden, sind menschliche Grenzsituationen, die sich historisch-dokumentarisch nicht darstellen lassen.

Dennoch soll in diesem Band einmal die Zivilbevölkerung in den Mittelpunkt der Aufmerksamkeit gerückt werden. Dabei steht der Weseler Raum natürlich stellvertretend für jedes andere Gebiet in der Hauptkampflinie, stehen die Weseler Leiden stellvertretend für alle Opfer des von Deutschland begonnenen Krieges, lebten und starben sie nun in Polen, Rußland, Frankreich, England oder in Deutschland. Die räumliche Begrenzung auf die Stadt Wesel bietet aber die Chance, Einzelschicksale wenigstens schlaglichtartig aufleuchten zu lassen. Solange Tod und Zerstörung als Addition von Leichen und Kubikmetern Schutt, als Summe von Bombenabwürfen und Fliegerabschüssen aufgelistet werden, offenbart sich noch nicht das ganze Elend und Grauen des Krieges. Verfolgt man jedoch den Lebenslauf einzelner Personen ein Stück ihres Weges, so erhält das Leid plötzlich ein Gesicht und wird unmittelbar erfahrbar.

Einige wenige Aufzeichnungen aus den letzten Kriegsmonaten in Wesel haben sich darüber hinaus erhalten. Wenngleich die Menschen in den Jahren der NS-Diktatur gelernt hatten, ihre Zunge zu hüten und Kompromittierendes gar nicht erst auszusprechen, geschweige denn niederzuschreiben, so liest man aus diesen Tagebuchnotizen oder Briefen doch viel von dem unsäglichen Leid, das der von Hitler verschuldete Krieg über die Menschen gebracht hat. Die meisten dieser Aufzeichnungen (s. Frau Hof, Frau Emmerichs, Frau Schmitz, Frau Erkens) stammen von Frauen - schließlich standen ja ihre Männer, Söhne und Väter an der Front. Diese Frauen harrten oft tagelang mit kleinen Kindern in den Bunkern aus, mußten irgendwie die bombardierte, tote Stadt verlassen und warteten angstvoll auf das, was die siegreichen alliierten Truppen ihnen auferlegen würden. Liest man diese Dokumente aufmerksam, die das unmittelbar Erlebte noch unbeschönigt widerspiegeln, so kann man zumindest erahnen, was die Menschen in jenen Wochen erlitten haben, als alles um sie herum zusammenbrach.

Nach einigem Zögern habe ich mich entschlossen, auch Erinnerungen an die Ereignisse der letzten Kriegsmonate am Niederrhein mit aufzunehmen, die einige Jahre später niedergeschrieben wurden. Auf Initiative des damaligen Stadtdirektors Dr. Karl-Heinz Reuber wurden seit 1951/52 Augenzeugenberichte über die Ereignisse während der Zerstörung Wesels im Februar/März 1945 gesammelt. Das 1961 endlich erschienene Gedenkbuch von Felix RICHARD "Der Untergang der Stadt Wesel im Jahre 1945" hat dieses Material verwertet und eine möglichst detaillierte Beschreibung der Bombentage des 16.,18. und 19. Februars in der Stadt Wesel versucht[6]. Besonders ergreifend wird der Bericht durch die vielen Zitate aus den eingesandten Erinnerungen, die häufig Einzelschicksale lebendig werden lassen.

Natürlich sind einige dieser Aufzeichnungen mit einer gewissen kritischen Distanz zu würdigen. Viele Augenzeugen waren 1945 und in den Jahren zuvor in das System eingebunden, wie etwa der Leiter der Polizeidienststelle Wilhelm Schyns oder der Landrat von Werder und u.a.m. Sie werden ihren Tätigkeitsbereich nicht unvoreingenommen darstellen. Im Gegenteil, es fällt geradezu auf, wie sehr sie etwa die Leistungen der Verwaltungen, der Polizei, der Feuerwehr lobend hervorheben. Deutlich wird auch, daß sich diese Menschen in ihren Berichten nahezu jeder Kritik an der nationalsozialistischen Gewaltherrschaft enthalten haben. Selbst die Verantwortlichen in der NSDAP auf Orts- und Kreisebene oder in den Chefetagen der Verwaltungen werden nicht einmal erwähnt, geschweige denn zur Verantwortung gezogen - sie kommen deshalb auch in meinem folgenden Beitrag "Wesel im Krieg" aus Mangel an Quellen leider zu kurz. Hinzu kommt, daß die Augenzeugen ihre Erlebnisse im Abstand von einigen Jahren aufschreiben. Die Vergangenheitsbewältigung der fünfziger Jahre in Bezug auf die Nazizeit, der veränderte Zeitgeist und die eigene Reflexion um die damaligen Ereignisse fließen immer in die Darstellung ein. Dennoch spürt der Leser bei jedem Bericht erneut das Grauen in der Erinnerung des damals Erlebten, werden Einzelschicksale eindringlich dargestellt.

Die Auswahl aus der Fülle der Augenzeugenberichte (mehr als dreißig Frauen und Männer aus Wesel haben damals ihre Erlebnisse mitgeteilt) war überaus schwierig. Bemüht habe ich mich, diejenigen herauszunehmen, die neben ihrem eigenen Schicksal auch eine übergreifende Darstellung des Geschehens in der Stadt versuchen oder die durch ihre besondere Position, wie etwa Pastor Janßen, Bürgermeister Wilhelm Groos oder Landrat Johannes von Kesseler, einen Überblick über die Ereignisse im Weseler Raum besaßen. Einige Passagen dieser Berichte sind bereits bei

RICHARD abgedruckt worden. Durch die Publikation im größeren Textzusammenhang entsteht jedoch häufig ein anderer Kontext, wird die Individualität der einzelnen Augenzeugen ganz anders deutlich. Zudem hatte RICHARD die Erlebnisberichte stilistisch geglättet und ihnen dadurch manches von ihrer Individualität genommen.

Es liegt in der Natur der privaten Aufzeichnungen, daß sie sich hauptsächlich mit dem eigenen Schicksal beschäftigen und übergeordnete Dinge nur am Rand anklingen lassen. So wird zwar das Entsetzen über die Zerstörung der Heimatstadt, die Trauer über die vielen Bombenopfer, der Jammer über die Evakuierung und das Leiden an den chaotischen Verhältnissen in der Zeit der Militärregierung immer wieder deutlich. Nur am Rande aber erfährt man, wie viele Menschen die Alliierten als Befreier von der Nazidiktatur begrüßt haben und wie dankbar viele darüber waren, daß der von den Deutschen angezettelte Krieg endlich vorüber war. Viele wußten von den Verbrechen, die Deutsche im Krieg verübt hatten, hatten den Mord an der jüdischen Bevölkerung und das große Unrecht an den Kriegsgefangenen und den Zwangsarbeitern, aber auch an der Opposition von Kirchen und Linksparteien vor der eigenen Haustür erlebt und sahen nun in der Kapitulation die einzige, wenn auch überaus dornenvolle Chance zum Neubeginn.

Und dornenvoll sollte der Weg auch werden. Der Aufruf der katholischen Pfarrer des Dekanats Rees an die Militärregierung[7], endlich gegen plündernde und vandalierende Zwangsarbeiter energisch vorzugehen, spricht eine deutliche Sprache und zeigt, welche Drangsalierung die Zivilbevölkerung von einem Teil der ehemaligen Zwangsarbeitern im Sommer 1945 erdulden mußte. Und der Trümmerhaufen, der einst Wesel war, war so gigantisch, daß man sich lange einen Wiederaufbau der Kernstadt gar nicht vorstellen konnte. Es gehörte ungeheurer Mut, Entschlossenheit und Tatkraft dazu, mit den äußerst bescheidenen Mitteln, die zur Verfügung standen, überhaupt den Anfang zu machen in der Leichenbergung, in der Enttrümmerung, in der Strom- und Wasserversorgung, in der Wohnraumbeschaffung, in der Lebensmittelversorgung ...

Wesel, den 24.11.45

Herr Komandant!

Die unterzeichneten Pfarrer der kath. Kirchengemeinden des Dekanates
Rees- Süd sehen sich genötigt, ineiner überaus ernst und unsäglichen
traurigen Angelegenheit mit Nachdruck bei Ihnen vorstellig zu werden.
Nach dem Zusammenbruch des deutdschen Widerstandes und der Besetzung uns
seres Landes durch die Alliierten ist das deutsche Volk entwaffnet wor=
d en , der Besitz irgentwelcher Waffen wird aufs Schärfste bedroht und
geahndet, selbst bei der Polizei. Damit übernahmen aber auch die Besatz
tzungsbehörden die volle Verantwortung für Schutz und Sicherung der Bevöl
kerung. Jedoch fast vom ersten Tage der Bestzung an ist unsere Heimat
der Zügellosigkeit und willkürlichen Bedrückung durch die zahlreichen
Ausländern ausgesetzt gewesen, die nicht wir wir, das heisst, das deutsche
Volk in seiner Gesamtheit ins Land gerufen haben, sondern eine ausserhalb
jeder göttlichen und menschlichen Bindung stehende brutal tyrannische Re=
gierung. Für deren Beseitigung wir ewig dankbar sein, wir, das
heisst, der weitaus grösste und bessere Teil des deutschen Volkes. Aber
nun auch die Kehrseite . Nicht blos in den letzten unruhigen Kriegswoche
sondern auch und zwar in steigendem Masse nach der Einstellung von Kriegs
handlungen waren Überfälle bei Tag und Nacht wie bei offener Strasse wie
im Bürgerhause , Bedrohungen, Raubtaten,Plünderungen, Vergewaltigungen
und schliesslich viehische Morde wie fast im ganzen deutschen Lande auch
in unserm Heimatdekanat an der Tagesordnung. Als dann die Ausländer schli
schliesslich nach und nach abtranspotiert wurden , atmete die gequält.
Bevölkerung auf , glaubte endlich frei von der furchbaren Geisselung.Da
flackerte in diesen letzten Wochen die blutige Lohe brutaler Überfälle,
schändlicher Gewalttaten und feiger Morde wieder auf. Sind doch z.B. in
der Gemeinde Bislich allein in der letzten Woche vier nächliche Einbrüche
erfolgt,unter unmenschlichen Misshandlungen und gewissenlosen Plünderun=
gen. Ja, ein junges blühendes Menschenleben wurde ohne Sinn und Grund
besttialisch hingemordet .

Herr Komandant! Wir erklären mit tiefem Ernst und vollem Nach=
druck: Der Machhaber, der immer es sei, trägt die volle Verantwortung
und hat die stängste Pflicht für Sicherheit und Ordnung zu sorgen. Mit
einem Achselzucken sind diese Dinge nicht abgetan. " Es lebt ein Gott,
zu strafen und zu rächen." Unschuldig vergossenes Blut schreit um Rache
empor zum Himmel, nicht blos für die Mörder auch für die, die den Mord
kaltblütig geduldet haben.
Herr Komandant! Es ist keine Enschuldigung , wenn man einwen=
det, die Deutschen haätten in den besetzten Ländern noch schrecklicher
gehaust. Solcher Verbrecher gehören an den Pranger und dann an den Gal=
gen. U d dahin kommen sie ja auch , wie uns gerade jetzt die Zeitungen
berichten. Wer aber wollte sich wohl mit den Schäusslichkeiten und Ver=
brechen und Nazi- Tyrannei auf eine Stufe stellen lassen ? Also bitte ,
Herr Komandant, das liegt in Ihrer Macht und ist Ihre Pflicht, denn Sie
haben die öffentliche Gewalt voll und ganz und allein in Händen. Das Wie
überlassen wir der Ihrem Rang und Ihrer Würde entsprechenden Einsicht.
Aber erwägen Sie, wie ein seit mehr als 12 Jahren gequält und geschundene
Volk sehnlichst nach Männern seufst die umbeirrt in Recht und Unrecht und
Gerechtigkeit dem Unrecht und der Gewalttat steuert , wo immer es sich
vorwagt.
Herr Komandant!Wir , die koth. Geistlichen des Dekanates Rees- Süd
haben lange vielleicht allzu lang geschwiegen. Jetzt wollen wir reden
klar und deutlich zu Ihnen , und wenn wir kein Gehör finden, zu höheren
Komandostellen.Wir wollen aber auch reden zu unseren Gläubigen, den
Schäflein unserer Herde , den Kindern unserer Pfarrgemeinden. Sie haben
ein Recht darauf, zu wissen , dass wir handeln und zu erfahren, was wir
Tun. Deshalb bringen wir bringen wir diese Eingabe am Sonntag, den 25.11
von allen Kanzeln des Dekanates herab unsren Gläubigen zur Kenntnis. Wir
hoffen, nach angemessener Frist, also am Sonntag, den 8.12. , an der sel
ben Stelle voll Freude und Dank verkünden zu können , dass Sie hochherzig
und gründlich diesen für uns so traurigen , für Sie so beschämenden ZU=
ständen ein Ende gemacht haben.

Herr, Komandant! Wir bitten und bestürmen Sie , schaffen Sie abhilfe,
schleunigst und Nachdrücklich. Wir werden es Ihnen von Herzen danken,
und der Herrgott , vor dessen Gericht wir alle einmal zagend Rechen=
schaft ablegen müssen , wird es Ihnen reichlich lohnen.

                    Die Pfarrer des Dekanates Rees- Süd.

WESEL IM KRIEG

Einige Weseler Augenzeugen[8] erinnern sich noch lebhaft an den Ausbruch des Kriegs am 1. September 1939, als Hitler Polen überfallen ließ. Welch ein Gegensatz zur überschäumenden Kriegsbegeisterung der Augusttage 1914! Jetzt herrschte überall Niedergeschlagenheit und bedrücktes Schweigen - wagte man ja schon lange nicht mehr, seine Befürchtungen offen auszusprechen. Die bereits am folgenden Tag ausgeteilten ersten Lebensmittelkarten des am 27. August neu errichteten städtischen Ernährungs und Wirtschaftsamtes ließen den "Überfall der Polen und das spontane Zurückschießen der Wehrmacht" kaum einem glaubhaft erscheinen, hatte doch beinahe jedermann die systematischen Kriegsvorbereitungen längst beobachtet.

So war etwa die im gesamten rheinischen und westfälischen Regierungsbezirk durchgeführte Verdunkelungsübung vom 21.-23. August in Wesel ein voller Erfolg gewesen. Mit Stolz konnte im Verwaltungsbericht 1939 festgehalten werden, daß sich die Weseler Bevölkerung "luftschutzmäßig" verhalten hatte. Am 26. August war außerdem schon angeordnet worden, im Weseler Marien-Hospital ein Reservelazarett einzurichten. Genesende Zivilkranke mußten sofort am nächsten Tag ihr Bett zugunsten der Lazarettkranken räumen. Und das plötzliche Entfernen des Kriegerdenkmals, das die trauernde Vesalia mit ihrem gefallenen Sohn auf den Knien zeigte, nur wenige Tage vor Kriegsausbruch, erschien nun in einem ganz anderen Licht.

Ein Mann in Wesel wagte 1939/40, seine Ansichten über die Kriegsschuld Hitlers und die minimalen Erfolgsaussichten auf einen deutschen Sieg offen auszusprechen: der Tabakhändler Wilhelm Griwenka von der Hindenburgstraße (heute wieder: Hohe Straße)[9]. Da er bereits zum Wehrdienst eingezogen war und seinen Dienst in der Weseler Brückenwachkompanie leistete, kam er sofort vor das Kriegsgericht. Während sein Verteidiger viel zu seiner Rettung versuchte, blieb Griwenka standhaft bei seiner Auffassung. Auch auf Zuraten seiner Frau, die gerade ihr sechstes Kind erwartet haben soll, nahm er nichts von seinen Äußerungen zurück. Im Gegenteil, er soll noch während der Verhandlung Hitler als Kriegsverbrecher bezeichnet haben, bis man ihm nach tumultartigen Szenen im Gerichtssaal den Mund zuhielt. Sein Todesurteil wurde vor den Toren Wesels, auf der Büdericher Insel, bald darauf vollstreckt. Griwenkas Witwe hat mit ihren Kindern die Stadt Wesel nach dem Krieg verlassen.

Während das mutige Sterben des jungen Studenten Heinz Bello[10], der 1944 denunziert und wegen "Wehrkraftzersetzung" hingerichtet wurde, noch lebhaft in Erinnerung der Weseler Bürger ist, blieb das Schicksal des aufrechten Wilhelm Griwenka in der Stadt Wesel unbegreiflicherweise nahezu vergessen.

Im Leben der Garnisonsstadt änderte sich mit dem Kriegsausbruch einiges schlagartig. Der Jahresbericht des Oberstudiendirektors Dr. Arndt der Staatlichen Oberschule für Jungen mag einen Eindruck von den unmittelbaren Veränderungen geben[11]:

"Als wir vom Sommerurlaub heimkamen, war unser Schulgebäude schon von Soldaten belegt, die Turnhalle war schon vorher zur Lagerung von Getreide beschlagnahmt worden. Der Schulbeginn wurde auf den 18. September verschoben. Da nur noch ein Teil der Unterrichtsräume benutzt werden konnte, mußten wir in zwei Schichten am Vormittag und am Nachmittag unterrichten, einige Stunden wegfallen lassen und die Unterrichtszeit etwas verkürzen. Dann war das Gebäude wieder für einige Zeit frei. Als aber dann die Weseler Brückenwachkompanie wiederkam, glaubte sie sich für den ganzen Winter häuslich einrichten zu müssen und nahm uns unsere sämtlichen Klassenräume bis auf zwei weg. Wir führten trotzdem den Unterricht in zwei Schichten fort, mußten uns nun aber mit allerlei weniger geeigneten Räumen wie Aula, Vorbereitungsraum für den physikalischen Unterricht, Lehrerbücherei u. dgl. behelfen. Es kostete einige Mühe, bis es gelang, die Verlegung der allzu anspruchsvollen Truppe zu erreichen. Wir haben dann nach Weihnachten einmal für eine Woche den Unterricht ganz einstellen müssen, da das ganze Gebäude belegt wurde."

Die Schwierigkeiten verschärften sich für den Direktor noch, da sich der allseits sehr beliebte Musiklehrer zu Kriegsbeginn das Leben nahm. Vier Lehrkräfte wurden einberufen, für die kaum Ersatz geschaffen werden konnte.

Neben den deutlichen Einschränkungen im Stundenplan änderten sich für die Schüler auch die Aufsatzthemen, die sich nun unmittelbar mit Kriegsthemen beschäftigten.

Klasse 7 erörterte u.a. schriftlich:
"Huttens Kampf für das Reich" (nach C.F.Meyers "Huttens letzte Tage")
Die Bedeutung des Rundfunks im Kriege
Der polnische Feldzug
"Ich sterbe für die Freiheit, für die ich lebte und focht" (Goethe, Egmont V)[12]
und die Abiturklasse 8 setzte sich u.a. mit den Themen:
Betrachtungen zu Nietzsches Worten "Will man einen Freund haben, so muß man auch für ihn Krieg führen wollen" (Vgl. Iphigenie II, 1 und das Verhältnis Deutschlands zu seinen jetzigen politischen Freunden) und
Über Ludendorffs Worte "Der Krieg ist die Fortsetzung der äußeren Politik mit anderen Mitteln. Im übrigen hat die Gesamtpolitik dem Kriege zu dienen."

Die Demonstration der rechten Gesinnung erwartete man aber besonders in den Prüfungsarbeiten der Abiturienten, die sich u.a. in Deutsch Gedanken machen mußten über Hitler-Worte wie etwa "Völker befreit man nicht durch Nichtstun, sondern durch Opfer" oder über folgenden martialischen Spruch: "Nur dem wird Erfolg in dieser Welt, der das Schwert blank hält und, die Waffe in der Hand, stirbt."

Selbst in Erdkunde konnte man im Abitur Flagge zeigen bei der "Bestimmung des Begriffes Weltmacht und Überprüfung der Frage, ob Deutschland eine Weltmacht ist" oder beim Aufzeigen der "Schwäche Englands im gegenwärtigen Krieg". Das Fach Geschichte schließlich bot die Gelegenheit, die "Entwicklung Deutschland vom Ersten zum Dritten Reich" nachzuzeichnen.

Von den Schülern dieses Jahrgangs erreichten ohnehin nur noch sieben das Reifezeugnis. Drei Jungen meldeten sich zum Kriegshilfsdienst im Bergbau, zehn Schüler erhielten nach und nach ihre Einberufung zum Wehrdienst. Ein Jahr später konnten sogar von den elf Schülern nur noch drei zur Reifeprüfung zugelassen werden. Acht Jungen wurden vorher im Winter 1940/41 zum Wehrdienst eingezogen[13].

Bei der Beurteilung der Kriegsereignisse unterschied sich die Niederschrift des Direktors Dr. Arndt vermutlich nicht viel von den Verlautbarungen von Partei und Verwaltung in der Stadt: "Das erste große Ereignis war der Vormarsch unserer Truppen im Westen am 10. Mai. Alle die gewaltigen kriegerischen Erfolge wurden natürlich in den Klassen lebhaft erörtert. Am 25. Juni, als der Abschluß des Waffenstillstandes mit Frankreich bekannt wurde, konnte der Direktor nach einer Ansprache schulfrei geben, aber sonst sind die unvorstellbaren Siegestaten auch hier nicht besonders gefeiert worden."[14]

Das Stadtbild der jahrhundertealten Garnisonsstadt Wesel wurde im Krieg mehr noch als bisher von den Soldaten geprägt. Die Kasernen waren überfüllt, weitere Quartiere wurden beschlagnahmt. Ein eigens dafür eingerichtetes Einquartierungsamt, das der Polizeiverwaltung angegliedert wurde, sollte die großen Probleme lösen, die die starke Belegung mit Wehrmachtseinheiten mit sich brachte. Neben den Räumen des Jungengymnasiums wurden auch die Schulen an der Böhlstraße und an der Pergamentstraße, die HJ-Heime Wackenbruch und Zitadelle, das BDM-Heim Wedellstraße und die Schill-Jugendherberge rigoros für die Wehrmacht beschlagnahmt. Selbst im Bauernhaus auf dem Klever-Tor-Platz mußten die musealen Gegenstände zusammengepackt werden, weil drei Räume vom Militär genutzt wurden.

Eine Marschkolonne auf dem Breiten Weg 1940

Die ohnehin seit Jahren in Wesel herrschende Wohnungsnot wurde durch zahlreiche Einquartierungen in Privathäusern noch weiter verschärft. Außerdem mußten die 85 Familien, die in der ehemaligen 56er Infanteriekaserne an der Esplanade eine Unterkunft gefunden hatten, die Räume zugunsten der Soldaten freimachen. Sie fanden in der überfüllten Stadt nur unter großen Schwierigkeiten vergleichbaren neuen Wohnraum. Auch das städtische Krankenhaus mußte sofort 50-100 Betten als Lazarett räumen. Bereits im Oktober 1939 wurde dem Reservelazarett noch ein Feldlazarett mit chirurgischer Station angegliedert[15]. Auch wenn Ärzte und Schwestern beider Bereiche einvernehmlich miteinander arbeiteten, ließ sich in den kommenden Jahren die Dominanz des Lazaretts, seit November 1944 schließlich Kriegslazarett, zu Lasten der Bevölkerung doch nicht vermeiden.

Ein halbes Jahr nach Kriegsausbruch waren bereits ein Sechstel aller städtischen Beamten und Angestellten zum Wehrdienst eingezogen worden. In den übrigen Arbeitsbereichen sah es nicht viel anders aus. Die gleiche Arbeit, in manchen Bereichen sogar kriegsbedingt vermehrte Arbeit, mußte von weniger Menschen geleistet werden. Verstärkt übernahmen daher auch Frauen Arbeitsplätze, die bisher Männer ausfüllten. Das uns heute etwas befremdlich erscheinende Lob Otto Hollwegs über die tüchtigen Frauen bei der Sparkasse, die durchaus ebenso gut die Abrechnungen erledigen können wie vorher die Männer, war damals wohl ehrlich und aufrichtig gemeint: "Eben war ich bei der Sparkasse. Es ist erhebend, mit welchem Fleiß und Geschick die weiblichen Arbeitskräfte tätig sind. Man hat die Empfindung, daß sich die jungen Damen bewußt sind, ein wie wichtiges Werk sie tun. Ich sah an den verschiedenen Schaltern nur zwei Männer, alle anderen Angestellte Frauen. Das sei auch einmal gesagt, daß während dieser Kriegsjahre meine Abrechnungen bei der Sparkasse genau so gestimmt haben wie vorher. Wie an der Sparkasse, so ist es bei allen Ämtern. Überall wird die Arbeit ganz überwiegend von Frauen getan, gut getan."[16]

Wenn auch die Front noch weit entfernt von Wesel war, so zeigte der Krieg bereits sporadisch auch hier sein schreckliches Gesicht. Schon am 5. September 1939 gab es den ersten Fliegeralarm in Wesel. Dabei wurde jedem deutlich, daß die öffentlichen Schutzräume hoffnungslos überfüllt waren. Private Schutzräume waren kaum vorhanden. Doch zog man nicht energisch genug Konsequenzen aus dieser alarmierenden Erfahrung, wie man am Ende des Krieges erkennen sollte[17].

Wenige Tage später, schon zwei Wochen nach Kriegsausbruch, beklagte man in Wesel den ersten Gefallenen. Lehrer Brüggemann hatte seinen Sohn verloren.

Rekruten ziehen in die Garnison Wesel ein.
Soldaten werden auf dem Weseler Bahnsteig von ihren Angehörigen verabschiedet.

Der Pfingstmontag 1940, der 10. Mai, ist vielen Weselern in besonderer Erinnerung geblieben. Bei schönem Frühlingswetter beobachteten die Einwohner, wie stundenlang deutsche Bombengeschwader über den Rhein nach Westen zogen: Rotterdam wurde bombardiert. Wer von ihnen ahnte damals schon, daß wenige Jahre später dieselbe furchtbare Art der Kriegsführung gegen deutsche Städte und auch gegen Wesel angewandt wurde?

Am 2. Juni 1940 fielen die ersten Bomben auf die Weseler Innenstadt. Die Straßen Kaldenberg, Sand-, Brück- und Ritterstraße waren betroffen. Es entstand erheblicher Sachschaden[18]. Einige der zerstörten Häuser wurden aus Propagandazwecken - genau wie Hitler versprochen hatte - schöner als zuvor wiederaufgebaut.

Der Flugabwehr gelang es, wenigstens eines der englischen Flugzeuge, die die Brandbomben abgeworfen hatten, abzuschießen. Das Photo des Flugzeugwracks war in der Zeitung zur Ermutigung und zum "Durchhalten bis zum nahen Sieg" zu betrachten.

Trümmer eines bei Wesel abgeschossenen englischen Flugzeuges.

Oben: Die Ziegelei Block wurde am 21. Oktober 1940 durch Bomben schwer getroffen.
Linke Seite: Bombenschäden des 2. Juni 1940 in der Sandstraße (oben) und der Hafenstraße (unten).

Zwei bezeichnende Episoden am Rande: Bei dem Versuch, den Dachstuhl seines bombengeschädigten Hauses in der Sandstraße notdürftig zu reparieren, stürzte der junge Bäckermeister ten Hompel von der Leiter und verunglückte tödlich[19]. Da er an den Folgen des englischen Luftangriffes gestorben war, setzte die Parteiführung durch, ihn unter der Hakenkreuz-fahne feierlich beerdigen zu lassen - zum großen Kummer seiner Familie, stand der Verstorbene doch zeit seines Lebens der NSDAP mehr als distan-ziert gegenüber.

Die Sakristei der Martinikirche hatte auch Schaden genommen. In der Gemeinde wird heute noch erzählt, daß als Ersatz für verbrannte Meß-gewänder die 'Obrigkeit' (Genaueres ist unbekannt) eine neue rote Kapelle stiftete. Auf dem Priestergewand ließ man den Vers "In hoc signo vinces" (Mit diesem Zeichen [= dem Kreuzzeichen] sollst Du siegen!) aufsticken - ein unmißverständlicher Widerspruch zum allgegenwärtigen Hakenkreuz.

23

Seit dem 12. März 1933 mußte neben der Reichsfahne des Kaiserreiches (schwarz - weiß - rot – die Farben der Weimarer Republik schwarz - rot - gold waren abgeschafft) gleich- berechtigt die Hakenkreuzfahne gehißt werden. Das Photo zeigt das Weseler Rathaus am selben Tag mit der neuen Beflaggung.

In einer überschaubaren Stadt wie Wesel wußten die Menschen im allgemeinen, wer fanatischer Nazi war, wer aus anderen Motiven in die Partei eingetreten war und wer mit der NSDAP überhaupt nichts zu tun haben wollte. Natürlich beherrschte die NSDAP auch in Wesel das öffentliche Leben in heute kaum vorstellbarem Maße. Wenn auch das Schwergewicht von Macht und Einfluß bei der Parteileitung auf Orts- und Kreisebene lag - von Friedrich Grüttgen schon vor 1933 sehr effizient innerhalb weniger Jahre aufgebaut und straff organisiert und 1937 von dem jungen, überaus machtbewußten Julius Kentrat weitergeführt -, so konnten sich doch die Verwaltungen von Stadt und Kreis mit Bürgermeister Otto Borgers (seit 1933) und Landrat Otto von Werder (seit 1935) eine gewisse Eigenständigkeit bewahren[20].

Man wußte miteinander umzugehen, kannte man sich doch in den meisten Fällen seit Kindheit an. Linientreuen Parteigenossen ging man möglichst aus dem Weg. Sie waren gefährlich. Mit vielen Nazis aber konnte man sich arrangieren, und das war - und ist auch heute noch - dasjenige, was die meisten Menschen erstrebten: ohne aufzufallen sich und die eigene Familie durch diese schwere Zeit zu bringen. Man verhielt sich entsprechend. Jeder wußte. daß unter den Gasmännern der RWE Denunzianten waren. Die RWE waren ein "Nationalsozialistischer Musterbetrieb", dessen Direktor Heinisch und Betriebsobmann Willy Schött in Berlin am 1. Mai 1938 feierlich die "goldene Fahne" verliehen worden war. Diese herausragende NS-Auszeichnung war eine Hakenkreuzfahne, auf der - als Emblem der Arbeitsfront - ein goldenes Rad zu sehen war. Die RWE verdankte diese Würdigung u.a. ihrer rigorosen Stellenpolitik: Betriebsobmann Schött konnte schon 1938 stolz vermelden, daß jeder "RWE-Kamerad" in der Partei war[21]. Vor diesen Gasmännern, die ja in jeden Haushalt kamen, mußte man sich hüten.

Eher amüsant war dagegen die Angewohnheit einer überaus linientreuen Blumenverkäuferin, die jedem Käufer den Blumenstrauß in die Hand drückte und für dessen Familie noch "ein schönes Heil-Hitler für Zuhause" übrig hatte. Mehrfach wurde mir andererseits berichtet, daß ein Weseler Polizist gefährdeten Bürgern verstohlen Hinweise gab, wann etwa eine Hausdurchsuchung bevorstand, wo eine Inhaftierung drohte usw. Wilhelm Hillebrecht, Chef der Weseler Gestapo, aber dennoch - wie man hört - ein politisch gemäßigter Mann, hatte häufig die Predigten in der Mariä Himmelfahrtkirche zu protokollieren. Auf ein verabredetes Zeichen hin soll er das Gotteshaus verlassen haben, um seinen Bericht zu schreiben. Dann hatte Pastor Janßen die Gelegenheit, von **unserem** Führer Jesus Christus zu predigen. Als er einmal das Lied: "Oh, du mein Heiland" anstimmen ließ, das den Refrain: "Christ, Du mein König, Dir allein schwör ich die Liebe lilienrein, bis in den Tod die Treue" hatte, standen die Gläubigen auf und hoben

Blick von St. Willibrord auf den mit Hakenkreuzfahnen „geschmückten" Großen Markt.

mit Tränen in den Augen die Schwurhand. Das wiederholte sich bei allen Strophen - und jeder im Raum verstand diese Demonstration.

Jede kleinste Auflehnung gegen das von oben verordnete und von der Masse befolgte parteikonforme Verhalten erforderte Mut. Wenn etwa bei Feierlichkeiten die ganze Stadt geschmückt sein sollte und jeder in der Straße die Hakenkreuzfahne heraushing, nur einer nicht, dann verlangte dies bereits großes Standvermögen. Von der Künstlerin Eva Brinkmann und manch anderem wird dies wiederholt berichtet. Zivilcourage besaß mit Sicherheit auch eine Musiklehrerin in Wesel, die sich weigerte, mit ihrer Schülerin, die begeistert beim BDM mitmachte, das Horst-Wessel-Lied zu spielen. (Andere Systemgegner lösten ihren Gewissenskonflikt dadurch, daß sie bei Naziliedern zwar den Mund aufmachten, aber nicht mitsangen).

```
                        Abschrift

RPD III B 1                        Düsseldorf, 19. März 1942
            Vz PA    W e s e l

    Die PAng Maria Tönnes wird vorläufig von der Übernahme in das
Beamtenverhältnis zurückgestellt, weil sie nach Auskunft der zustän-
digen Stelle noch nicht die Gewähr dafür bietet, daß sie jederzeit
für den nationalsozialistischen Staat eintreten wird. Obwohl sie
noch jung ist, hat sie es bisher nicht für nötig gehalten, sich
aktiv für die Bewegung einzusetzen. Ich muß von einer Beamtenanwär-
terin verlangen, daß sie den Gliederungen der Partei nicht nur bei-
tritt, sondern sich auch in ihnen betätigt.

    Fräulein Tönnes wird durch Bereitschaft zur Mitarbeit zu beweisen
haben, daß sie gewillt ist, am großen Aufbauwerk des Führers mitzu-
helfen. Dies ist ihr verhandlungsschriftlich zu eröffnen. Die Ver-
handlungsschrift ist beizufügen. Nach 6 Monaten ist zu berichten.

                        I.V. gez. Bodenstein
```

Viele zahlten für diese Verweigerungen ihren Preis. Wie schnell
wurde jemand von seinen Nachbarn und Bekannten denunziert. Die junge
Maria Tönnes etwa wurde 1942 nicht in das Beamtenverhältnis übernommen, weil man ihr bescheinigte, daß sie "nicht die Gewähr dafür bietet, daß
sie jederzeit für den nationalsozialistischen Staat eintreten wird. Obwohl sie
noch jung ist, hat sie es bisher nicht für nötig gehalten, sich aktiv für die
Bewegung einzusetzen."[22] Dem Bauunternehmer Johann Dahmen wurde
seine Distanz zur Partei damit vergolten, daß er kaum noch Aufträge bekam,
bis er schließlich ruiniert war[23].

Der Druck, in die NSDAP einzutreten, wurde massiv spürbar. Wer sich
trotz mehrfacher Aufforderung immer noch weigerte, mußte die Konsequenzen tragen, sei es hinsichtlich der qualifizierten Ausbildung seiner Kinder, sei
es im eigenen beruflichen Werdegang. Stadt- und Kreisverwaltung, RWE und
Finanzamt stellten wie viele andere Behörden mit Blick auf das Parteibuch
ein. Wer nicht in der NSDAP war, konnte keine Beförderungen erwarten oder
mußte - schlimmer noch - Strafversetzungen hinnehmen. In den hektischen
Tagen nach dem Attentat auf Hitler vom 20. Juli 1944 wurden schließlich
stadtbekannte Nazi-Gegner bedroht und in Haft genommen, z.B. der Vater des
hingerichteten Heinz Bello und der alte Herr Clausen.

Lebensgefährlich konnten selbst kleinste Verstöße gegen NS-Richtlinien und Verordnungen werden, wenn sich die Geheime Staatspolizei damit befaßte. Die erhaltenen Weseler Gestapo-Akten sprechen eine deutliche Sprache[24]. Sie setzen nicht nur den Opfern zum Teil lächerlicher "Vergehen" ein Denkmal, sondern sind auch ein Mahnmal gegen Fanatismus und ideologische Verblendung, die dazu führen kann, daß man seine Nachbarn und Mitbürger wegen Nichtigkeiten bewußt ins Verderben stürzt. Und das haben auch in Wesel viele getan. Weseler Frauen und Männer mußten sich beispielsweise verantworten wegen

- abfälliger Äußerungen über den Reichsjugendführer Axmann in einem Hotel in Wesel
- Verbreitung von Gerüchten über die Aufforderung an Arbeitsmaiden, dem Staat freiwillig ein uneheliches Kind zu gebären
- des Verdachts des Vergehens gegen das Heimtückegesetz, da der Angeklagte einen Hakenkreuzwimpel zum Verscheuchen der Spatzen in den Kirschbaum gehängt hat
- abträglicher Äußerungen über einen SA-Gruppenführer
- Ablehnung des deutschen Grußes "Heil Hitler"
- des Verdachts der Verbreitung von Gerüchten über die angebliche Festnahme des NSDAP-Kreisleiters Kentrat in Wesel wegen Schwarzschlachtung.

Ganz so abwegig scheint das Gerücht um die Schwarzschlachtung wohl nicht gewesen zu sein, denn auch dazu ist in Wesel eine Anekdote überliefert: Beim Metzgermeister Gallus Falk hatte eine junge Frau, nach ihren Wünschen befragt, frech geantwortet: Ich hätte gern ein Stück von dem "Kentrat-Schwein". Dieser Begriff soll daraufhin in der ganzen Stadt die Runde gemacht haben.

Schlimmer noch waren die Anschuldigungen wegen staatsabträglicher Äußerungen, Verunglimpfungen Adolf Hitlers, Zweifel an der Glaubwürdigkeit deutscher Kriegserfolge und allgemein defätistischer Äußerungen und Wehrkraftzersetzung. Ein anderer Weseler, übrigens selbst Mitglied der NSDAP, wurde auf Anordnung des Gauleiters Terboven festgenommen, da er Maßnahmen der Reichsregierung im besetzten Polen auf einer Versammlung in Duisburg öffentlich kritisiert hatte.

Je länger der Krieg dauerte, um so mehr Verfahren wurden wegen illegalen Hörens feindlicher Rundfunksender und Verbreitens der dort gehörten Nachrichten oder wegen des Bezugs ausländischer Zeitungen angestrengt.

Über beinahe jeden katholischen Seelsorger in Wesel gibt es eine Gestapo-Akte. Während Pastor Janßen wegen seiner großen Popularität

ziemlich frei predigen konnte - obwohl auch seine Predigten eifrig mitge-
schrieben wurden - , hatten sich seine Kapläne Proest, Wuermeling, Welzel
und von Vittinghoff-Schell sehr in acht zu nehmen. Die Geistlichen lebten mit
Pastor Janßen in einer Oratoriums-Gemeinschaft[25] zusammen und waren
gleicher Gesinnung auch hinsichtlich ihrer Haltung zur nationalsozialistischen Ideologie. So verwundert es nicht, daß sich die Gestapo mit ihnen befaßte. Die ihnen zur Last gelegten 'Vergehen' im Krieg reichten von "Einladungen zu einem Vorbereitungs- und Einkehrgottesdienst für zum Wehrdienst
Einberufene", über die Besprechung des Buches: "Sentire cum Ecclesia. Ein
dringender Mahnruf und Weckruf für Priester" und "staatsabträgliche
Äußerungen in einem Rundschreiben" bis hin zu "Versand von Einladungen
in Wesel, die Anlaß zu Mißdeutungen gaben" und hatten Konsequenzen.

Im Mai 1942 wurden die Kapläne Alfons Welzel und Hardy Proest
zum Wehrdienst eingezogen. Der Sanitätssoldat Welzel fiel bereits ein halbes Jahr später am 7. Oktober 1942 an der Front am Ilmensee, als er während
eines Infanteriegefechts einen Verwundeten bergen wollte. Hardy Proest
wurde als Sanitäter in einem Pariser Lazarett eingesetzt.

Schon zu Kriegsbeginn war Hans Wuermeling nebenamtlich zum
Standortpfarrer bestimmt worden. Ostern 1940 wurde er als Kriegspfarrer
eingezogen. Auf einem Heimaturlaub hatte Wuermeling im Februar 1941
gegen den Hetzfilm "Ich klage an", der für die Euthanasie warb, von der
Kanzel herab eindeutig Stellung genommen. Der Kaplan konnte sich daraufhin dem Zugriff der Gestapo[26] nur noch entziehen, indem er um seine
Entlassung aus dem Wehrmachtsseelsorgedienst bat und sich freiwillig zum
Sanitätsdienst meldete. Wie Kaplan Welzel, so wurde auch Hans Wuermeling an die Front am Ilmensee versetzt, wo er später zu seiner großen Trauer
das Grab seines Oratorianerkollegen fand.

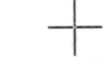

ALFONS WELZEL

DURCH GOTTES GNADE PRIESTER DES HERRN
SPENDER DER GÖTTLICHEN GEHEIMNISSE
KÜNDER DER FROHEN BOTSCHAFT,
VOLLENDETE DAS ZEUGNIS FÜR IHN
MIT DEM OPFER SEINES LEBENS
AM 7. OKTOBER 1942

BETET FÜR SEINEN FRIEDEN!

Die evangelische Kirche in Wesel hielt sich dagegen mehr im Hintergrund. Zu Beginn der NS-Zeit fiel der alte Pfarrer Over der Gestapo mehrfach auf; doch standen insgesamt Pfarrer und Presbyterium den regimefreundlichen Deutschen Christen näher. Zeitweilig gehörten zwei Pfarrer der eher kritischen Bekennenden Kirche an, was zu gewissen Reibungspunkten führte. Doch vermied die evangelische Kirchengemeinde in Wesel ab 1936 die Konfrontation mit dem Nationalsozialismus und blieb auf Ausgleich und den 'mittleren' Weg bedacht[27].

Ein einziger Pfarrer wagte jedoch den Widerspruch. "Wegen aller möglichen Äußerungen, z.B. Ausführungen in Begräbnisreden" (so der Superintendent) verhaftete ihn die Gestapo am 16. Juni 1944 und brachte ihn ins Emmericher Gefängnis. Pfarrer Heinrich Schmitz wurde anscheinend nie der Prozeß gemacht. Es liegt auch keine Gestapo-Akte über ihn vor. Dennoch wurde er in das Konzentrationslager Dachau verschleppt. Auf abenteuerlichem Weg konnte der Geistliche im April 1945 auf einem Gefangenentransport nach Italien entkommen. Im Sommer 1945 war er wieder in Wesel.

Kein Pardon gewährten die Nazis auch denjenigen, die wegen verbotenen Umgangs mit den russischen, polnischen oder französischen Kriegsgefangenen angezeigt wurden. In Wesel gab es seit Beginn des Krieges eine Vielzahl von Kriegsgefangenen. Hollweg erwähnt in seiner Kriegschronik drei Lager, deren größtes, der "Pionierpark" am Rhein in der verlängerten Fischertorstraße lag[28]. Hinzu kamen die Lager in der Nähe der Zitadelle und am Alten Wolf. Jeder Kontakt zu den Gefangenen war strengstens untersagt. Ein Schreiner aus Wesel hatte es laut Gestapo-Akte gewagt, sich für einen hungernden Russen einzusetzen, der beim Kartoffeldiebstahl ertappt wurde, und mußte sich nun deswegen verantworten. An den ersten Zug der Kriegsgefangenen 1940, auf großen Frachtkähnen über den Rhein hinabtransportiert und über die Schillstraße durch die Stadt gebracht, erinnern sich noch einige Frauen lebhaft. Nicht einmal Wasser durften sie den erschöpften Männern geben - und manche dachten daran, ob wohl die deutschen Soldaten in der Gefangenschaft auch so mitleidlos behandelt wurden. Manche der Frauen waren sehr erfinderisch in der Möglichkeit, den Gefangenen ein wenig zu helfen. Sie stellten Nahrungsmittel auf Mauervorsprünge, wenn die Gefangenen zu ihrer Zwangsarbeit durch die Stadt geführt wurden. Eine junge Weselerin kaufte mehrfach eine große Tüte Brötchen, die sie auf der Straße gerade vor dem Zug der Kriegsgefangenen "verlor". Doch konnten solche Solidaritätsgesten die akute Unterernährung nicht ändern. Sehr viele Ukrainer und Russen sind in Wesel verhungert, an Erschöpfung oder Seuchen gestorben. Die vielen Gräber - heute von der Stadt Wesel als Ehrengräber gepflegt - sprechen eine deutliche Sprache.

Auf Frachtschiffen werden französische Kriegsgefangene im Juni 1940 nach Wesel gebracht und durch die Stadt geführt.

Standesamt W e s e l

betrifft: Verstorbene ehemalige russische Ostarbeiter und Kriegsgefangene

Name & Vorname	Geburtsdatum und Ort	Wo gestorben und Ursache	wo beerdigt:
Sautin, Wasil	5. 5. 1924 Wigonoscha	Wesel 25.2.44 Lungenabszess	kath.Friedhof Wesel Feld A / 15
Klosowskaja, Jewgenia	24.12 .1899 unbekannt	Wesel 27.1.44 Lungenentzündung	kath.Friedhof Wesel,Feld A / 16
Ma-iborada, Stefan	7.11.1923 unbekannt	Wesel 1o.3.44 Lungentuberkulose	kath.Friedhof Wesel,Feld A / 14
✗ Melan,Olga	2.8.1912 Radruz	Wesel, 19.3.44 Lues & Gonorrhe	kath.Friedhof Wesel,Feld A/ 13
Nikola-jew, Nikoley	1.1.1924 Jusowka	Wesel, 3.4.44 tuberkulöse Hirnhautentzündg.	kath.Friedhof Wesel,Feld A/12
Chodinitschuk, Olga	19.2.1921 Barobsk	Wesel, 26.4.44 Beckenbauchfell-entzündung	kath.Friedhof Wesel xxi
Kuhut, Wassili	16.3.1871 unbekannt	Wesel, 17.5.44 Herzmuskelschwäche	kath.Friedhof Wesel,Feld Nr.9
Gojewski, Gregory	27.1.1924 Kalita	Wesel, 25.5.1944 Rückenmarkslähmung	kath.Friedhof Wesel Nr.1o
Koschenjenko, Anton	1o.1.19o8 Charkow	Wesel, 16.6.44 Bronchopneumonie	kath.Friedhof Wesel Nr.11
Ta-ran, Simion	27.11.1925 Nowo-Pawkewka	Wesel, 17.7.44 Hirnabszess	kath.Friedhof Wesel Nr.12
Abdulajew,Karim	23.5.192o Taschaent	Wesel, 11.1o.44 Blutvergiftung	~~unbekannt~~ Nr.96 städt.Friedhof
Melnik, Vera	24.2.1945 unbekannt	Wesel, 5.4.1945 unbekannt	kath.Friedhof Wesel
Przybytniak, Zbigniew	12.3.1929 Warschau	Wesel, unbekannt Fliegerangriff	unbekannt
Scharkowe,Georg	unbekannt	Wesel, 16.2.45 Fliegerangriff	"
Docewko,Michel	28.5.1945 unbekannt	Wesel, 3.6.45 unbekannt	"
Unbekannt (männliche Leiche)	unbekannt (Russe)	Wesel, 3o.6.45 (tot aufgefunden) unbekannt	"
Nuremuchametow, Achmet		im April 45 in . . .Wesel (tot aufgefunden)	"
Sitskow,Stanislaus (sonstige Personalien unbekannt)		am 16.7.45 in Wesel tot aufgefunden (unbekannt)	
Samostjan,Viktor (sonst.Personalien unbekannt)		am 18.7.45 in Wesel tot aufgefunden	"
Zwickum,Michel (sonstige Personalien unbekannt)	1926 geboren	gest.Wesel 16.12.44 (unbekannt)	

Bei der Gestapo angezeigt wurde auch jener Weseler, der seine Tätigkeit als Lagerführer des bei der WESMAG eingerichteten Zwangsarbeiterinnenlager publik machte. Gegen diese Tabus verstieß man nicht ungestraft. Dabei wußte jeder in Wesel von den vielen Zwangsarbeiterinnen, oft noch sehr jungen Mädchen, die in Lagern oder einzeln bei Bauern untergebracht waren. Bei der Keramag waren viele Ukrainerinnen beschäftigt, die - nach Hollweg - fleißig und geschickt arbeiteten[29].

Eine Reihe russischer Zwangsarbeiter und -arbeiterinnen wurde in der Landwirtschaft eingesetzt. Bei Luftangriffen hatten die "displaced persons", wie die Siegermächte 1945 die Verschleppten nannten, kein Recht auf einen Aufenthalt im Schutzkeller. Und es gab auch im Weseler Raum Bauern, die die Verschleppten bei Bombenangriffen ungerührt auf dem freien Feld weiterarbeiten ließen. Sehr viele haben sich aber auch diesen Unglücklichen gegenüber anständig verhalten. Als die Lager der Zwangsarbeiter und Kriegsgefangenen im April 1945 aufgelöst wurden und viele sich zusammentaten, um beute- und rachesuchend die Weseler Umgebung zu durchkämmen, haben manche Zwangsarbeiter "ihre" Bauern dadurch geschützt, indem sie ihnen vor ihren plündernden Landsleuten ein gutes Zeugnis ausstellten.

In den Gestapoakten der Kriegszeit erscheinen zwei Gruppen von Opfern des NS-Regimes fast gar nicht mehr. Die bis 1933 in Wesel stark vertretenen Kommunisten waren bereits in den Jahren zuvor in die Konzentrationslager überführt worden. Ihre Akten wurden nur noch fortgesetzt, wenn zeitlich eine Haftentlassung angestanden hätte[30]. In allen Weseler Fällen wurden die Männer auch nach Abbüßung ihrer Strafe nicht entlassen, sondern sofort weiter der "Schutzhaft" überstellt. Die kommunistische Opposition - und auch die Sozialdemokraten - war erfolgreich ausgeschaltet.

Auch die vorher so zahlreichen Akten über Weseler Juden[31] fallen in der Kriegszeit kaum noch ins Gewicht. Bis 1941 enden einige Akten mit der Emigration der verfolgten Opfer und der Enteignung ihres gesamten Besitzes. Wer von den jüdischen Bürgern bis dahin immer noch in Wesel lebte (1939 waren das noch 46 Menschen), wurde ohne Ausnahme in die Konzentrationslager verschleppt. Man hatte die wehrlosen Bürger zuvor am Schlachthof zusammengetrieben und in einem Eisenbahnwaggon aus der Stadt geschafft. Soweit es bekannt ist, hat kein jüdischer Bürger Wesels das Konzentrationslager überlebt. Man weiß von etwa 80 Opfern, die in Wesel geboren waren oder in der Stadt gelebt haben.

Vereidigung der 6. Abteilung des Panzeraufklärungsbataillons auf dem Großen Markt im Herbst 1943.

Tag der Wehrmacht 1944, im Hintergrund die Kaserne an der Esplanade.

Die ersten Kriegsjahre brachten trotz aller Umstellungen und Einschränkungen im privaten Leben doch noch eine Vielzahl von Ablenkungen, die von seiten der Partei und der Stadt aus Propagandazwecken bewußt unterstützt wurden[32]. Der Wettbewerb "Seefahrt tut not" wurde etwa von den Weseler Schulen mitgemacht, und Direktor Arndt vermerkt stolz das erfolgreiche Abschneiden seiner Zöglinge. 1941 feierte die Stadt ihr 700jähriges Bestehen, und konnte den Blick der Bevölkerung auf die bedeutende Vergangenheit der alten Hansestadt Wesel und ihre dominierende Rolle im alten Herzogtum Kleve lenken. - Heldengedenktage, Truppenvereidigungen und die Umzüge zum 1. Mai waren ebenso Pflichtveranstaltungen wie die Verleihung der von Hitler gestifteten "Mütter-Ehrenzeichen" an kinderreiche Frauen oder aber der "Westwall-Ehrenabzeichen" für verdienstvolle Westwallarbeiter.

Großen Anklang fanden schließlich sportliche Veranstaltungen, aber auch der "Tag der Wehrmacht", an dem die Soldaten den Bürgern ihre breit gefächerten Fertigkeiten und Fähigkeiten demonstrierten. Die NS-Gemeinschaft "Kraft durch Freude" bemühte sich durch Varieté-, Tanz- und Musikabende sowie die Organisation von zahllosen Filmaufführungen - im Kreis Rees besuchten allein im ersten Kriegsjahr 82.765 Menschen die 287 durchgeführten Lichtspielabende - die Menschen von den bedrückenden Sorgen abzulenken[33].

Der Alltag aber nahm die Menschen - wie zu jeder Zeit - fast rund um die Uhr in Anspruch. In den Kriegsjahren wurde er, noch mehr als bisher, systematisch von der Partei durchorganisiert. Die Berichte des Kreisleiters Kentrat für die Kriegsjahre 1940 und 1941 lassen die Zwangsmechanismen erkennen, die von der NSDAP bewußt eingesetzt wurden, um die Zivilbevölkerung unter Kontrolle zu halten - liest man die Seiten in den Heimatbüchern[34] nur gegen den Strich, unbeeindruckt von der recht plumpen Propagandaabsicht: Gleich zu Kriegsbeginn richtete die NS-Frauenschaft auch in Wesel den NSV-Bahnhofsdienst, der u.a. Wehrmachtstransporte betreute und beköstigte. Die dafür nötigen Lebensmittel wurden durch Spenden aufgebracht. Großen Wert wurde auf die Demonstration der Verbundenheit der Heimat mit der Front gelegt. So übernahm jede NSDAP-Ortsgruppe die Patenschaft über eine Wehrmachtseinheit. Man sammelte "Liebesgaben", übersandte Zeitungen oder lud Soldaten ohne Familie zu Weihnachten nach Wesel ein. Den ersten Verwundeten, die im Weseler Lazarett, eingerichtet im Marien-Hospital, gepflegt wurden, versuchte man durch Konzerte und Singstunden ihr Los zu erleichtern. Der Musikzug der SA-Standarte Wesel wurde, wie die Singscharen der Jugend, in ihrem Engagement vom Kreisleiter besonders hervorgehoben. Die NS-Frauen-

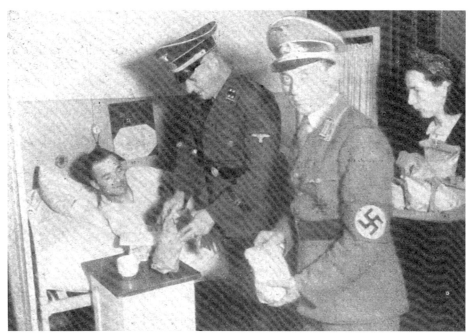

Einem verwundeten Soldaten werden im Weseler Lazarett „Liebesgaben" überreicht. Das III. Infanterieregiment in der 43er Kaserne an der Fluthgrafstraße lädt hilfsbedürftige Kinder zur Weihnachtsfeier ein.

Kinder besuchen Soldaten in ihrer Flak-Stellung.

Kinderlandverschickung im Krieg.

schaft stellte weiterhin Most, Eingekochtes und Marmelade, aber auch Gemüsekonserven, Fleischbüchsen und Apfelkraut für die Lazarette her und nähte in ungezählten Arbeitsstunden für die Wehrmacht und das Rote Kreuz.

Die Jugend, zwangsorganisiert in HJ und BDM, leistete "freiwilligen" Ernteeinsatz, die Frauen bauten eine Nachbarschaftshilfe auf, um Familien, deren Väter eingezogen waren, unter die Arme zu greifen. Selbst Kindergruppen wurden eingespannt. Sie besuchten z.B. die Soldaten in den Flakstellungen und erfreuten sie durch Lieder, Blumen und Basteleien. Andere Kinder überraschten Soldaten in einer einsamen Flakstellung mit selbstbemalten Ostereiern. "Bei Soldaten und Kindern sah man nur lachende Gesichter", so liest sich diese Idylle im Bericht des NSDAP-Kreisleiters Julius Kentrat von 1942.

Kindergärten wurden verstärkt eingerichtet, damit die Mütter überhaupt in der Lage waren, die Arbeitsplätze der einberufenen Männer zu übernehmen. Das Hilfswerk "Mutter und Kind" unterstützte die Rumpffamilien mit zahlreichen Beihilfen.

Die Freizeit der noch verfügbaren Männer wurde durch ungezählte "Block- und Zellenabende, Dienstbesprechungen, Mitgliederversammlungen, Schulungsabende und Appelle" in Beschlag genommen[35]. Spätestens ab 1943 hielt die Partei auch Vorträge "zur Stärkung der Haltung unseres Volkes" ab. Am 1. November trug z.B. der NSDAP-Kreisleiter von Moers, Dr. Bubenzer, in Wesel seine Durchhalteparolen vor[36].

Und es wurde gesammelt! Vom Winterhilfswerk angefangen, über die Sonderbuchaktion und die Metallspende zur Eisen-Entgitterungs-Aktion, von der Altmaterialerfassung, über die Kriegskleidersammlung und die Warthegauspende bis zur Flaschensammlung zur Mostzubereitung. Es gab Reichsstraßensammlungen wie auch Gaustraßensammlungen am "Tag der Polizei" und am "Tag der Wehrmacht", das Opfer von Lohn und Gehalt, die Spende der Landwirtschaft, die Eintopfsonntage etc. Die Schulkinder übernahmen außerdem die Tee- und Heilkräutersammlung. Der Phantasie war in dieser Beziehung keine Grenzen gesetzt.

Zusammenfassend schreibt der Kreisleiter mit dem falschen Pathos jener Jahre: "Die Bevölkerung dieses Kreises wird weiterhin alle vom Führer erteilten Befehle mit heißem Herzen und fanatischem Willen erfüllen, alle Opfer dieses Krieges tragen und sich der Söhne der Heimat, die an der Front stehen, würdig erweisen."[37]

Die schrecklichen Folgen sollten sich bald zeigen, und Wesel sollte tatsächlich "alle Opfer des Krieges" tragen. Die Luftalarme häuften sich. Immer wieder sahen die Einwohner feindliche Flugzeuge über ihre Stadt ziehen, meist in Richtung Ruhrgebiet. Selten konnte die deutsche Flak die Bomber in ihrer Flugbahn stören. Da war es schon ein Ereignis besonderer Art, als im Februar 1944 Flugzeuge über Wesel abgeschossen wurden. Die gefangenen Piloten wurden anschließend durch die Weseler Innenstadt abgeführt.

Im Februar 1944 unternahm die Wehrmacht auch den zweifelhaften Versuch, die strategisch eminent wichtigen Rheinbrücken zu schützen, indem rund 60 Fesselballons längs des Rheins in die Luft gelassen wurden. Die Bevölkerung Wesels betrachtete diese Aktion mit zwiespältigen Gefühlen. Man befürchtete, wie Hollweg vorahnend schrieb, "daß die Aufmerksamkeit der Feinde allzu sehr auf Wesel gelenkt werde"[38]. Eine Weseler Bürgerin kommentierte diese Aktion mit den Worten: "Wären doch die Brücken kaputt, dann hätten wir in Wesel Ruhe." Von Mitbürgern denunziert, büßte sie diese Gefühlsäußerung mit monatelanger Haft. - Die Sperrballonkette sollte übrigens im Juni 1944 einem deutschen Flugzeug zum Verhängnis werden und alle drei Insassen das Leben kosten[39].

Nach der Landung der Alliierten in der Normandie im Juni 1944 erfuhr die Stadt Wesel, was es heißt, wenn die Front langsam, aber unabwendbar näherrückt. Und wie war die Stadt auf diese doch seit langem absehbare Gefahr vorbereitet? Im Grunde genommen erschreckend schlecht. Wesel war als Luftschutzort in die dritte und letzte Kategorie eingeordnet worden - welch krasse Fehleinschätzung, denkt man an das Kriegsende[40]! Der nächste Luftschutzort erster Ordnung war Oberhausen, wo mit staatlicher Unterstützung Feuerlöschpolizei und Luftschutzsanitätsdienst ausgebaut wurden. Die Stadt Wesel aber war bei allen Vorsorgemaßnahmen auf sich selbst verwiesen und mußte mit eigenen Kräften den Luftschutz bewerkstelligen. Durch Zusammenarbeit mit dem Roten Kreuz, der Feuerwehr und der Technischen Nothilfe wurden die noch vorhandenen Helfer mobilisiert. Die Mehrzahl der Weseler Männer war ja längst bei der Wehrmacht, der Heimatflak und in den letzten Kriegsmonaten schließlich auch beim Volkssturm eingezogen.

Lfde. Nr.	Tag	Alarm Uhr	Min.	Entwarnung Uhr	Min.	Dauer Std.	Min.	Lfde. Nr.	Tag	Alarm Uhr	Min.	Entwarnung Uhr	Min.	Dauer Std.	Min.
		November						1766	10	+ 21	00	21	35	o	35
1748	1	+ 13	20					1767	11	+ 9	00				
		o 13	30							o 10	35				
		+ 14	15	14	40	1	20			++10	40				
1749		+ 16	00					1768		+ 11	50	18	00	9	00
		o 16	05							+ 18	30				
		++16	25	16	40	o	40			o 18	32				
1750		+ 19	55							++18	40				
		o 20	25							+ 19	55	20	25	1	55
		++20	40					1769	15	+ 14	50				
		+ 21	00	22	25	2	30			o 14	55				
1751	2	+ 11	10							++15	00				
		o 11	15							+ 16	05	16	15	1	25
		++11	17					1770	16	+ 1	50	2	55	1	05
		+ 12	35					1771		+ 13	05	15	30	2	25
		++13	55					1772	17	+ 8	50	9	45	o	55
		+ 14	30	15	05	3	55	1773		+ 10	45	12	40	1	55
17..		+ 15	20					1774	18	+ 9	00	9	20	o	20
		o 18	50					1775		+ 9	45	10	45	1	00
		++18	55					1776		+ 13	40				
		+ 19	45	21	15	5	55			o 14	05				
1753	3	o 11	50							++14	40				
		+ 12	00	12	40	o	50			+ 15	40	16	35	2	55
1754	4	+ 9	25					1777		+ 18	55				
		o 11	30							o 18	58				
		++11	40							++19	20				
		+ 12	25	14	50	5	25			+ 19	35	19	55	1	00
1755		+ 15	00					1778		+ 20	40	22	00	1	20
		o 15	15					1779	19	+ 8	05				
		+ 15	40	17	05	2	05			o 9	15				
1756		o 19	10							+ 10	10	11	00	2	55
		++19	15					1780		+ 12	20	15	10	2	50
		+ 20	05	20	15	1	05	1781		+ 15	15	17	00	1	45
1757	5	+ 9	25	15	10	5	45	1782	20	+ 10	45				
1758	6	+ 9	25							o 10	50				
		o 9	55							++10	55				
		++10	05	11	15	1	50			+ 12	05	13	15	2	30
1759		+ 13	25					1783		+ 14	25	14	35	o	10
		o 13	45					1784		o 15	00				
		++13 55								++15	05				
		+ 14	35	14	45	1	20			+ 15	40	15	55	o	55
1760		+ 19	00					1785		+ 22	55	23	35	o	40
		o 19	05					1786	21	+ 3	30	4	00	o	30
		++19	10					1787		+ 8	50	9	05	o	15
		+ 20	00	21	30	2	30	1788		+ 9	30				
1761	7	+ 10	10	11	30	1	20			o 12	25				
1762	8	+ 10	10							+ 12	50	13	55	4	25
		o 10	13					1789		+ 14	55				
		++10	15							++15	00				
		+ 11	05	16	45	6	35			+ 15	15	15	35	o	40
1763	9	o 10	10					1790		+ 16	15	16	55	o	40
		++11	20					1791		o 18	35				
		+ 11	25	12	05	1	55			++18	40				
1764	10	+ 10	50	11	20	o	30			+ 19	25				
1765		+ 12	15							o 20	15				
		o 12	45							++20	30				
		++12	50							+ 21	45				
		+ 13	10	16	00	3	45			o 21	50				
										+ 22	20	23	10	5	35

Liste der Luftalarme in Wesel für den November 1944.

Auch die vorhandenen Warnanlagen konnten in Wesel noch ein wenig aufgebessert werden. Doch für das Wichtigste, für massive Luftschutzkeller für die Weseler Bevölkerung, war nicht gesorgt. Meist hatte man die vorhandenen Keller nur mit einer Brandschutztür und einer zusätzlichen Abstützung ausgerüstet. Außerdem wurden mit Mauerdurchbrüchen die einzelnen Keller miteinander verbunden, so daß man im Katastrophenfall durch einen benachbarten Keller wieder ans Tageslicht gelangen konnte. Natürlich durfte dann nicht, wie manch einer berichtet, der Nachbar mit einem Regal voll Eingemachtem oder mit einem großen Kohlehaufen den Eingang versperren.

All diese Keller boten jedoch nur Splitterschutz. In ganz Wesel existierte kein einziger bombensicherer Schutzraum! Dieses Versäumnis ist durch keine der zahlreichen Ersatzhandlungen zu entschuldigen, mit denen der Eindruck eines tätigen Luftschutzes erweckt werden sollte. Am Arbeitsplatz sollten ständig Gasmasken griffbereit sein, und in Probestunden hatten die Angestellen der Post ihren Schalterdienst mit Gasmasken vor den Gesichtern zu versehen. Die ungezählten Kurse in der Kreisluftschutzschule in der Gantesweilerstraße oder die in Zusammenarbeit mit der Partei organisierte Luftschutzaktion im Juni 1944 etwa demonstrierten zwar detailliert, wie man sich bei Luftalarm - ausgerüstet mit Volksgasmaske, Sandhaufen und Feuerpatsche - zu verhalten hatte, waren aber Augenwischerei und dienten eher zur Beruhigung des Gewissens der Verantwortlichen. In Wesel hatten die Menschen gar keine Chance, sich gegen Bombenabwürfe wirksam zu schützen.

Im Sommer 1944 wagte man wegen der feindlichen Luftüberlegenheit nicht einmal mehr, bei großen Beerdigungen im Trauerzug über den Großen Markt zu gehen. Wegen der erhöhten Luftgefahr beschloß das Presbyterium Ende Januar 1945, daß Beerdigungen nur noch im Morgengrauen bis 9.00 Uhr vorzunehmen waren[41]. Das Risiko war zu groß. Auch Schiffe fuhren auf dem Rhein nicht mehr, da sie ein allzu leichtes Ziel für die Jagdbomber gewesen wären. Die Versorgung mit Kohle für den täglichen Hausbrand aus dem nahegelegenen Ruhrgebiet wurde durch den ruhenden Schiffsverkehr zu einem großen Problem.

Und die Luftgefahr nahm beinahe täglich bedrohlichere Ausmaße an. 911 Mal gab es 1944 in Wesel öffentliche Luftwarnungen, die insgesamt eine Dauer von 1243 Stunden und 45 Minuten hatten, mithin fast einem Monat entsprachen[42]. Doch auch akute Luftgefahr kann zur Gewöhnung oder Abstumpfung führen. Seit Jahren schon waren die Bürger auf Verdunkelung der Häuser und auf das Verhalten bei Luftgefahr gedrillt worden. Fast täglich ging es in die Luftschutzkeller. Kinder brauchten, wurde

Oft mußten Geschäfte geschlossen werden, wenn der Inhaber zur Wehrmacht eingezogen wurde. - Verdunklung großer Fensterflächen war Pflicht.

der Alarm erst nach Mitternacht aufgehoben, am nächsten Tag erst um 10 Uhr zur Schule. Auch die Gottesdienste durften nach durchwachten Nächten frühestens um 10 Uhr beginnen. Aber bisher hatten die Bomber meist Wesel überflogen, ohne ihre Vernichtungswaffen über der Stadt abzuwerfen. So erklärt es sich, daß bei manchen Luftwarnungen die Menschen ihr Tagesgeschäft gar nicht mehr unterbrachen, sondern nur apathisch zum Himmel schauten, daß sie auf der Straße stehen blieben oder über die möglichen Ziele dieser Einflüge diskutierten. "Auch nach der Übernahme meines Kommandos stellte ich mit Schrecken fest" so erinnert sich der Oberstleutnant Josef Ross, der sich als Kampfkommandant schriftlich verpflichtete, die Festung Wesel bis zum letzten Mann zu halten, "daß bei Großalarmen Gruppen der Bevölkerung auf den Straßen zusammenstanden und den überfliegenden Bomberverbänden mit großem Interesse furchtlos entgegensahen."[43]

Ende des Luftalarms - Frauen verlassen einen Luftschutzkeller in der Böhlstraße.

Fast jeder kann, in der Erinnerung, manchen makabren Szenen bei Verdunkelung und Luftalarm auch lustige Momente abgewinnen. Oft wird erzählt, wie man auf den finsteren Straßen plötzlich mit anderen Menschen zusammenstieß. Eine Weselerin berichtet, daß ihre Mutter bei einem nächtlichen Luftalarm in der dunklen Wohnung versehentlich die Tür zum Kleiderschrank aufmachte und dort einstieg, anstatt die Kellertür zum Luftschutzkeller zu erwischen. Doch zeigen diese Anekdoten nur auf andere Weise die täglich zunehmende nervliche Belastung der Zivilbevölkerung.

Das Näherrücken der Front mit der Schlacht um Arnheim im September 1944 wurde auch durch die zunehmende Zahl der Wesel durchquerenden Soldaten deutlich. Die Absolventen der Marineflakschule, die seit 1942 von Swinemünde in die jetzt leerstehenden Kasernen von Wesel verlegt worden waren, wurden ebenfalls abberufen. Im Herbst 1944 wurden bereits Schanzarbeiten am Niederrhein vorgenommen, da Panzergräben angeblich die Fülle der feindlichen Panzer aufhalten konnten. Kreisleiter Kentrat, zum "Beauftragten für die Schanzarbeiten am Westwall" ernannt, trommelte die letzte Reserve zusammen, um die Erdarbeiten an der holländischen Grenze im Raum Goch voranzutreiben. Die Weseler Schüler wurden zu diesen Erdarbeiten ebenso herangezogen wie die älteren Männer der Heimatflak. Verschleppte Zwangsarbeiter aus den holländischen Grenzgebieten mußten bei den Schanzarbeiten ihr Äußerstes geben. Eingepfercht in primitive Lager bei Rees, starben Unzählige im letzten Kriegswinter an Hunger und Kälte. Auch das rechte Rheinufer wurde seit dem Spätherbst durch Erdarbeiten "gesichert" - ein sicherer Hinweis zumindest darauf, daß Hitler in naher Zukunft mit Bodenkämpfen am jenseitigen Rheinufer rechnete.

Ernstlich legte man nun auch Frauen mit Kindern Evakuierungen nach Mitteldeutschland nahe. Gerade Zivilisten aus dem linksrheinischen, umkämpften Gebiet entschlossen sich mehr und mehr zu diesem schweren Gang. Sie verstärkten in entgegengesetzter Marschrichtung das Menschengewimmel von Soldaten, Flakhelfern und Schanzarbeitern; und das Verkehrschaos am Weseler Bahnhof, den Ringstraßen um die Innenstadt und auf den Rheinbrücken wollte nicht enden. Doch wurde die Möglichkeit der Evakuierung in Wesel nur zögernd angenommen. Die meisten Frauen wollten ihre Familien in Wesel nicht in Stich lassen. Und wer gab schon gern seine Kinder alleine weg, womöglich noch in die Hände von NS-Einrichtungen? Viele evakuierte Frauen sind mit ihren Kindern schon Weihnachten wieder zurückgekehrt - aus Heimweh, wie man sagt. Sie hatten es als Fremde schwer gehabt, geeignete Unterkünfte, ausreichende Nahrungsmittel und vor allem soziale Kontakte zu gewinnen. Auch Maria und Emma Hülshorst waren

Herr, Dein Wille geschehe,
wo ich geh' und stehe.
Herr, Dein Wille geschehe,
tut's auch noch so wehe.

Gott der Allmächtige nahm am 1. Februar 1945 unsere lieben
Schwestern, Schwägerinnen und Tanten

Maria Hülshorst 56 Jahre
Emma Hülshorst 53 Jahre

unser liebes Töchterchen und Schwesterchen, des Hauses Sonnenschein

Margret Hülshorst 5 Jahre

zu sich in seinen ewigen Frieden.
Mit ihnen starben ihre treuen Lebenskameradinnen, die Freud' und
Leid mit ihnen teilten,

Elisabeth Querfeld 43 Jahre
Wilhelmine Querfeld 40 Jahre

Durch Feindeinwirkung wurden sie allzufrüh aus einem schaffens-
reichen Leben, getragen von echtchristlichem Lebenswandel, der
nur anderen zu helfen bestrebt war, hinweg genommen.
Um ein andächtiges Gebet für die lieben Verstorbenen bittet
im Namen der Angehörigen;

Familie Hugo Hülshorst.

Wesel, Ehringerfeld b. Paderborn, Liebau (Schl.), Magdeburg,
im Felde, den 6. 2. 1945.

Das feierliche Seelenamt hat bereits stattgefunden. Die Beerdigung ist am Montag, dem 12. 2. nachmittags 14 Uhr von der
Leichenhalle des Friedhofs aus.

F. Schwanhäuser, Wesel

Weihnachten wieder in ihre Heimatstadt zurückgekehrt. Sie hatten es in der
Fremde nicht ausgehalten. Zusammen mit der erst fünfjährigen kleinen
Margret kamen sie beim Bombenangriff vom 1. Februar 1945 in Wesel ums
Leben[44].

Anfang 1945 schließlich, als der linke Niederrhein von den alliierten
Bodentruppen angegriffen wurde, hatten die Vorsichtigeren längst bei
benachbarten Bauern Wertgegenstände, Wäsche und Mobiliar ausgelagert.

Die meisten Bürger werden in diesen Tagen gewußt haben, was demnächst auf sie zukam. Die Erklärung ihrer Heimatstadt zur "Festung Wesel" zum Jahresbeginn 1945 durch Adolf Hitler mußte das ungeheuer überlegene Vernichtungspotential der gegnerischen Truppen geradezu auf die Stadt richten, wenn es nicht ihre äußerst günstige geographische Lage und das ausgebaute Verkehrsnetz zu Wasser, Land und Schiene längst getan hätten. Zudem hatte Hitler den Befehl ausgegeben, das linke Rheinufer und schließlich den Brückenkopf Wesel unbedingt zu halten - koste es, was es wolle.

Das Bombardement der Städte Kleve und Emmerich im Oktober 1944 und schließlich Xantens im Februar 1945 sprach eine deutliche Sprache und mußte als Vorbote kommenden Unheils von denjenigen angesehen werden, die sehen wollten. Die Weseler Feuerwehr und der Bereitschaftsdienst des Roten Kreuzes in Wesel waren bei der Bombardierung von Emmerich am 7. Oktober eingesetzt worden und konnten von dem dort erlebten Entsetzen und der Unmöglichkeit, bei solchen Angriffen wirkungsvoll zu helfen, eindringlich berichten. Wer die englischen Sender abhörte - und das haben sehr viele trotz Androhung der Todesstrafe gewagt -, wußte, was auf die Stadt Wesel zukam. Am 15. Februar, am Vorabend des ersten vernichtenden Bombardements auf Wesel, haben einige Weseler Bürger angeblich Warnungen an die rechtsrheinische Zivilbevölkerung in englischen Sendern vernommen[45].

Das Märchen von der "Lazarettstadt Wesel", die von den Bomben verschont würde, soll von vielen Weseler Bürgern tatsächlich geglaubt worden sein. Aus heutiger Sicht erscheint es unverständlich, daß man sich deshalb quasi in Angesicht der feindlichen Truppen auf der linken Rheinseite noch einigermaßen sicher in Wesel fühlen könnte. -

Die Fliegerangriffe vom 1. und 10. Februar, die bereits Menschenleben kosteten und gewaltigen Schaden anrichteten, und die ständigen Angriffe der Jagdbomber, die weitere Zivilisten töteten, zermürbten die Einwohner derart, daß viele Quartier in den Außenbezirken suchten, um wenigstens nachts ein wenig aus der Gefahrenzone zu sein. Schon im Januar hatte die Weseler Polizei Einwohnern enger Innenstadtviertel, wie etwa der Langen Brandstraße, nahegelegt, an den Stadtrand überzusiedeln - Bomben-treffer würden sich in den schmalen Straßenfluchten verheerend auswirken, da die Löscharbeiten dort behindert wären[46]. Für viele wurden die Luftschutzkeller beinahe zum ständigen Aufenthalt, und sie hatten oft nur noch den einen Wunsch, endlich von der Front überrollt zu werden, damit die unsägliche Angst und Gefahr ein Ende habe. Am 14. Februar wurde die seit Wochen angegriffene Rheinbabenbrücke von Bomben schwer getroffen und ein Teil sank in den Rhein. Doch blieb die Weseler

WEITERMACHEN
bedeutet :

FÜR DEUTSCHLAND -

Ständig wachsende Verheerung durch Material-
schlachten auf deutschem Boden im Osten und
Westen. Vernichtung der letzten Voraussetzungen
für den Wiederaufbau nach dem Kriege.

FÜR DEINE FAMILIE -

Ständig wachsende Gefahren durch den ein-
rollenden Krieg. Selbstmörderische Volkssturm-
Einsätze, Bombardierungen, immer mehr
Nahrungsknappheit, Parteiterror und schliesslich
Chaos.

FÜR DICH -

**Ständig wachsende Material-Unterle-
genheit, in der Deine Opferbereitschaft
allein nichts ausrichten kann. Ein Selbst-
opfer in letzter Stunde, das seinen
Zweck verloren hat.**

ZG 119

Britisches Flugblatt, über Wesel Anfang 1945 abgeworfen.

Eisenbahnbrücke immer noch - auch für den Straßenverkehr - passierbar. Der Nachschub für die deutschen Truppenreste am Reichswald rollte weiter über diese letzte Rheinbrücke - und veranlaßte die Engländer zu fortgesetzten Luftangriffen.

Die verheerenden Angriffe vom 16., 18. und 19. Februar, die die alte Stadt Wesel auslöschten, kamen somit nicht unerwartet. Manche erwarteten einen Angriff in allernächster Zeit. Die Schwestern vom Brüner Tor etwa hatten am Donnerstag, dem 15.Februar, bereits ihre Reisekörbe gepackt, da sie mit ihrer unmittelbar bevorstehenden Flucht in nächster Zeit rechneten[47]. Es hat sich aber keiner das immense Ausmaß der Zerstörung vorstellen können. Im Gegenteil, nach dem ersten Bombentag am 16. Februar erschien den Menschen die Vernichtung bereits so vollkommen, daß sie nicht glauben konnten, daß der Gegner erneut Bomben auf diese Trümmerwüste abwerfen würde. So kamen manche zurück, um Verschüttete zu bergen, ihre vermißten Angehörigen zu suchen oder um Reste ihres Eigentums einzusammeln. Am 17. Februar wurden im Rathaus sogar noch Ausweise für Bombengeschädigte ausgestellt und evakuierungswilligen Menschen ein Reisegeld von 200 RM ausgezahlt. So herrschte noch verhältnismäßig reges Leben in der zerstörten Stadt. Diese Menschen wurden dann vielfach Opfer der folgenden Bombenteppiche.

Welches Grauen und Entsetzen die Menschen während dieser furchtbaren Angriffe erlebten, kann zusammenfassend nicht beschrieben werden. Die Keller von Stams, Escherhaus, Weseler Hof, von der Kaserne an der Esplanade, dem Kasino und dem Stadttheater wurden zu Massengräbern. An der Mathenakirche wurden Menschen verschüttet und konnten nicht geborgen werden. Im Fort Fusternberg dagegen überlebten viele Einwohner wie durch ein Wunder das Bombardement. Als Dank für diese Errettung errichteten die Weseler auf den Mauern des Forts in den Fünfziger Jahren die Engelkirche. Die Räume des Forts sind heute als Krypta der Kirche eine besondere Stätte des Gebets.

Die genaue Zahl der Menschen, die bei den Luftangriffen im Februar und März 1945 umkamen, weiß keiner. Mehr als 600 Zivilisten fanden den Tod[48]. Auf dem Weseler Ehrenfriedhof sind 728 Soldaten begraben.

Herbert BERNHARD (1954) und vor allem Felix RICHARD (1961) haben in ihren Büchern versucht, das Geschehen jener schrecklichen Tage zeitlich zu ordnen und irgendwie zu beschreiben. Sie kannten viele der Betroffenen noch und konnten sich auf deren Erzählungen stützen. Dem ist eine Generation später nichts mehr hinzuzufügen. Es ist auch nicht mehr möglich, Widersprüchliches in ihren Aussagen aufzuklären oder einzelne Fakten zu überprüfen.

Im vorliegenden Band schildern stattdessen eine Reihe von Augenzeugen selbst ihre Erlebnisse und Leiden. Viele von ihnen haben diese Erinnerungen noch im Kriegsjahr niedergeschrieben. Das unmittelbar Erlebte macht diese Dokumente so authentisch, daß jede kommentierende Beschreibung verfehlt wäre.

Übereinstimmend berichten die Weseler aber z.B. von dem ausnehmend schönen Vorfrühlingstag, der mit seinem strahlend blauen Himmel und seinem Sonnenschein gegen Mittag die ersten Bombeneinflüge brachte. Die Erschütterung der Detonationen soll weit in der Umgebung noch Fensterscheiben zersplittert haben und im Umkreis von 20 km, etwa in Oberhausen, noch spürbar gewesen sein. In diesem Radius regneten auch noch Papierfetzen und Asche aus der Stadt Wesel auf die Menschen nieder. Und geradezu unheimlich war der gewaltige Sturm, der sich abends aus der Feuersbrunst der noch immer brennenden Stadt erhob und der mit seiner Hitze und seinem Brausen die fliehenden Bürger einholte.

Wer in den Monaten danach die Stadt betrat, den erwartete ein ganz unvorstellbarer Anblick: Vom Bahnhof, vom Berliner Tor aus konnte man bis zur Willibrordikirche blicken, als sei sie nur wenige Meter entfernt - dazwischen stand nichts mehr, es lagen nur noch Trümmer, wo einst Wohnviertel, Straßen und Plätze waren.

Zum Schluß eine Episode, die mich eigentümlich berührt hat: Weseler erzählen immer wieder, daß auf dem Großen Markt, wo vorher die Samenhandlung Moshövel gestanden hatte, im Sommer 1945 aus den

Schuttbergen und Bombenkratern im Herzen der Stadt ein Feld von Sonnen-blumen erstanden war - inmitten eines lila Blütenmeeres von Trümmer-blumen, so nannte man die violetten Blumen in Wesel, die sich über die ganze zerstörte Stadt ausgesät hatten.

Nach dem furchtbaren Luftangriff vom 16. Februar war die Stadt Wesel "nach menschlichem Ermessen unbewohnbar", wie ein amerikani-scher Kriegsberichterstatter über den Ozean meldete. Andere erfanden das schreckliche Wort von der "Pulverisierung" der Stadt. Mit einem Zerstörungsgrad von 97% gilt Wesel als eine der am meisten zerstörten Städte des Zweiten Weltkriegs. Die überlebenden Menschen verließen die Stadt in Richtung Osten mit dem, was sie gerade in den Händen hatten. Fahrräder und Handkarren hatten nur noch die wenigsten. Ein unaufhörlicher Strom fliehender, verängstigter Menschen, an den Straßenrändern unbestat-tete Leichen und verwesende Viehkadaver, im Hintergrund die brennende Stadt, in der immer wieder Zeitzünderbomben hochgingen - so erinnert sich Pastor Janßen an das apokalyptische Bild der Abendstunden jenes Zerstörungstages[49].

Obwohl Ende Februar und in den ersten Märzwochen immer wieder Bomben auf die Trümmer der Stadt fielen und schließlich der Rheinübergang durch unaufhörliches Artilleriefeuer und weitere schwere Bombengeschwa-der eingeleitet wurde, war das Terrain doch nicht ganz ohne Leben. Nach den ersten Angriffen hatte die Wehrmacht - die noch immer die restlos zerstörte "Festung Wesel" verteidigte - es noch fertiggebracht, die Ringstraßen wieder passierbar zu machen. Bagger und Raupenfahrzeuge schoben alles an den Rand, was sich in den Weg stellte, Trümmer, Schutt und Leichen. Der Rück-marsch der Truppen über die letzte, immer noch begehbare Rheinbrücke soll-te um jeden Preis gewährleistet bleiben. Natürlich zog dies immer noch wei-tere Luftangriffe auf die verwüstete Stadt am Rhein. Erst am 10. März, nach-dem der linksrheinische Brückenkopf nicht länger zu halten war, sprengten die Soldaten der 1. Fallschirmarmee unter General Schlemm selbst die Weseler Brücke, um sie nicht den Alliierten in die Hände fallen zu lassen. Damit war der linke Niederrhein aufgegeben und der Rhein zur Hauptkampflinie geworden[50].

Insgesamt war das Rheinufer nur schwach besetzt, da die deutschen Verbände sich tiefer im niederrheinischen Raum formiert hatten, um auf die erwartete gegnerische Offensive zu reagieren. Mittelpunkt der deutschen Verteidigung im Weseler Raum war eine selbständige überschwere Flak-Abteilung der 18. Flakbrigade mit zehn Batterien[51]. Damit sollte die "Festung Wesel" in der zerbombten alten Hansestadt noch immer gegen die

Alliierten verteidigt werden. Kampfkommandant war inzwischen General-
major Deutsch, der sich im massiven Bunker des Kreisleiters am Nordglacis
seinen Befehlsstand eingerichtet hatte. Das alliierte Verlangen einer kampf-
losen Übergabe Wesels lehnte der Kampfkommandant ab - er war bereit, wie
Hitler es verlangte, bis zur letzten Patrone zu kämpfen. Den Tod für sich
selbst in Kauf nehmend, zog er viele Soldaten mit in den Untergang.

Deutsch ließ noch im März einen Beobachtungsstand im wundersam
aus den Trümmern herausragenden Turm der Willibrordikirche beziehen.
Nach dem ersten deutschen Funkspruch aber nahmen die Briten den Turm
unter Beschuß, bis auch er am 18. März zusammenstürzte. Auch die bis dahin
noch stehende Fassade von Wesels spätmittelalterlichem Rathaus brach
durch diesen Beschuß zusammen.

Neben den Soldaten schlichen sich auch, meist in der Dunkelheit,
Plünderer in die tote Stadt[52]. Mitgenommen wurde alles, was man nur tragen
konnte. Selbst Eheringe sollen den Toten noch von den Händen gestreift worden sein. Ein Eingreifen der Polizei, die die Trümmer der Stadt durchkämmte,
war äußerst schwierig. Die Plünderer gaben sich dreist als Angehörige der
Ausgebombten aus. Auch machte die unübersehbare Steinwüste eine
Verfolgung oft unmöglich, wenn nicht bereits die zahlenmäßige Überlegenheit der Banden den Polizisten die Gefangennahme der Diebe erschwerte.

Und hatte man tatsächlich einen Plünderer dingfest gemacht, mußte er zu Fuß bis nach Bocholt gebracht werden, um dort in Gewahrsam genommen zu werden. Auf dem Weg dorthin hatten Polizist und Plünderer manchmal mehrfach im Gebüsch Schutz vor Jagdbombern zu suchen - eine gefährliche Schicksalsgemeinschaft[53].

Auch wenn man dazu neigt, die Geschichte der alten Hansestadt Wesel mit ihren großartigen Kirchen und den reichen Bürgerhäusern, mit ihren Kasernen und Exerzierplätzen an diesem Tag als endgültig beendet anzusehen - das Leben der Weseler Bürger ging dennoch weiter. In Lackhausen, Obrighoven und Drevenack versuchten die Menschen, auf den Bauernhöfen und in noch unzerstörten Wohnhäusern einen Unterschlupf für die Nacht zu erhalten, um in den nächsten Tagen sich irgendwie zu Verwandten oder Bekannten durchzuschlagen. Die Hilfsbereitschaft war - von wenigen Ausnahmen abgesehen - bei den meisten sehr groß. Manche Bauersfrauen nahmen in den Februartagen bis zu vierzig Personen auf - fast alles Frauen mit ihren Kindern und alte, gebrechliche Menschen - und verpflegten diese auch noch mehrere Tage aus ihren Vorräten. Doch gab es auch andere. Ein Bäcker aus Wesel wollte noch am 18. Februar sein Brot an die Ausgebombten ganz ordnungsgemäß nur gegen Lebensmittelmarken abgeben, was die Menschen damals verständlicherweise sehr aufgebracht hatte.

Vor der Flucht in die Außenbezirke bergen Ausgebombte ihre letzte Habe.

Die Landstraßen waren auch östlich von Wesel längst unter der Luftkontrolle der Alliierten, die mit ihren Jagdbombern auf alles schossen, Soldaten und Militärfahrzeuge auf dem Rückzug oder auf den langen Zug von Zivilisten auf der Flucht. So konnten sich die Menschen nur noch in der Dämmerung auf den Weg wagen, stets bereit, sich beim Anflug der feindlichen Maschinen in den nächsten Straßengraben zu werfen.

Vielen erschien die Flucht - wohin auch und zu wem? - unter diesen Bedingungen zu gefährlich. Sie versuchten, in den Weseler Randbezirken auszuharren und warteten darauf, endlich von der Kampflinie überrollt zu werden, damit die schreckliche Ungewißheit und die zermürbenden Luftangriffe wenigstens aufhörten.

Die ausgelagerten Verwaltungen von Stadt und Kreis bemühten sich, durch Erfassung der Restbevölkerung eine gewisse Ordnung und Versorgung aufrecht zu erhalten. Die Stadtverwaltung mit Bürgermeister Borgers hatte sich in Blumenkamp provisorisch eingerichtet, doch zum Standesamt mußte man sich an die Hamminkelner Landstraße durchschlagen. Die Kreisbehörde kampierte zuerst in Hamminkeln und Obrighoven, später in Drevenack. Eine improvisierte Meldekartei wurde erstellt, nach der dann Lebensmittelzuweisungen erfolgen konnten. Besonders hilfreich waren in dieser Situation geborgene Nahrungsvorräte aus den Lagern von Lebensmittelgroßhändlern, die den Menschen einige Tage über das Gröbste hinweghalfen. Auch Ausweise für Bombengeschädigte oder Reisebescheinigungen konnten noch ausgegeben werden. Anhand dieser Meldekartei läßt sich die Zahl der am Stadtrand und den Außenbezirken ausharrenden Menschen auf 3500 eingrenzen, im Sommer waren es noch 1900 Bürger, die in Wesel aushielten[54]. So wohlorganisiert und effizient - wie die Berichte der Landräte von Werder und Kessler und auch des Landwirtschaftsrats Throm glaubhaft machen wollen - konnten die Verwaltungsleute in dem allgemeinen Durcheinander nach der Bombardierung natürlich nicht arbeiten. Die Stadtverwaltung hatte etwa die Insassen des 'Hohen Hauses', ca. 100 gebrechliche und sehr pflegebedürftige Menschen und die dreißig Kinder des evangelischen Waisenhauses zur 'Evangelischen Arbeiterkolonie Lühlerheim' in Drevenack evakuiert. Hinzu kamen noch die Kranken des Marien-Hospitals. Nur hatte man versäumt, dem Hausvater des Lühlerheims davon Mitteilung zu machen, und man hatte sich auch nicht darum gekümmert, wie die Menschen untergebracht und womit sie verpflegt werden sollten[55].

Zur Empörung der Weseler hatte sich der mächtigste Parteibonze der Stadt, Kreisleiter Julius Kentrat, wohlausgerüstet mit Lebensmitteln, Sekt und Wein aus seinem Stammlokal, dem "Hof von Holland", mit einem der letzten Lastwagen (eigenmächtig beschlagnahmt) sprichwörtlich "aus dem

Staub" der Trümmerwüste Wesels gemacht[56]. Als es in seinem wohlausgerüsteten Bunker der Kreisleitung am Nordglacis - übrigens auf dem Grundstück der jüdischen Kaufmannsfamilie Leyens, ausgestattet mit Antiquitäten und Teppichen des ehemaligen jüdischen Geschäftshauses Zaudy - zu gefährlich wurde, ließ er sich außerhalb Wesels nieder. Von dort floh er immer weiter gen Osten. Später hörte man davon, daß sich Kentrat, SS-Obersturmbannführer und Träger des Goldenen Parteiabzeichens, seiner Verantwortung durch Erschießen entzogen hat.

Auch für das Verhalten der Wehrmacht auf ihrem Rückzug konnten die Menschen oft wenig Verständnis aufbringen. Empörung rief die Rücksichtslosigkeit hervor, mit der die letzten Viehbestände von den Bauernhöfen getrieben wurden, damit sie dem Feind nicht in die Hände fallen konnten. Um die evakuierte Zivilbevölkerung und ihre Verpflegungsnöte kümmerte man sich dabei nicht im geringsten. Hitlers Befehl der "verbrannten Erde" gegen das eigene Volk wurde von einigen fanatischen Soldaten auch im Weseler Raum auf erschreckende Weise ausgeführt.

Voll ohnmächtigen Zornes mußte hingenommen werden, daß deutsche Soldaten noch verbissen um jedes einzelne Gehöft kämpften, daß sie Order hatten, keinen einzigen Meter widerstandslos aufzugeben. Bei der absoluten Überlegenheit des Gegners und in der Erkenntnis des längst verlorenen Krieges ahnte jeder, daß dies völlig unnötige Opfer an Gesundheit und Leben bedeutete. Von Hitlers letztem Aufgebot an Soldaten - viele im Pensionsalter oder gerade von der Schulbank, mangelhaft ausgebildet und nicht einmal mit ausreichend Munition versehen - starben etliche in diesen Tagen noch einen sinnlosen "Heldentod" für die Heimat. Dabei gefährdeten die Soldaten mit ihren vergeblichen Rückzugsgefechten gerade die auf den Höfen ausharrenden Frauen und Kinder, die sie doch schützen sollten. Wie viele Bauernhöfe und Scheunen gingen in diesen letzten Kämpfen noch in Flammen auf[57]!

Noch krasser entwickelte sich die Situation in dem hoffnungslos überfüllten Lühlerheim[58]. Die Schwestern des Nothospitals hatten bis zum Rheinübergang der Alliierten die Arbeiterkolonie durch Markierung mit großen Rot-Kreuz-Tüchern vor Luftangriffen bewahrt: Hier richteten nun zurückweichende deutsche Soldaten am 24. März im Speisesaal einen Hauptverbandsplatz ein, wo die vielen Verwundeten notdürftig behandelt wurden, ehe man sie weitertransportierte - wenn es noch möglich war. "Ein Massengrab wird hinter unserm Kirchlein gegraben ...," so erinnert sich der Hausvater Manfred Bossow[59] an diese Tage. In der Nacht zum 25. März besetzten etwa 400 Soldaten unter Führung eines rücksichtslosen Hauptmanns die Stallgebäude und den Hauptverbandsplatz im Speisesaal, um vor den näherrückenden alliierten Soldaten unter dem Schutz des Roten Kreuzes in Deckung zu gehen und eine eigene Stellung aufzubauen. Obwohl Herr Bossow, wie auch die Schwestern des Notkrankenhauses, gegen diesen Bruch der Genfer Konvention auf das heftigste protestierten und auf die Gefährdung der vielen Flüchtlinge im Lühlerheim hinwiesen, verschanzten sich die deutschen Soldaten in den Gebäuden der Arbeiterkolonie. Sie ergaben sich erst, als die Alliierten mit Panzern vorgerückt waren und etliche Gebäude zerstört hatten. Ein Zivilist und mehr als ein dutzend deutscher Soldaten starben bei dieser Verzweiflungsaktion[60].

In der toten Stadt Wesel mußten im Februar/März 1945 Hunderte von Bombenopfern bestattet werden. Auch dieser letzte Liebesdienst konnte nur unter Lebensgefahr geleistet werden. Mehrfach soll es vorgekommen sein, daß bereits geborgene Leichen durch Folgeexplosionen und Zusammenbrüche von Mauerwerk oder auch durch weitere Bombentreffer erneut verschüttet oder getroffen wurden. Auch mancher der Bergungsleute, unter ihnen viele der noch in diesen letzten Wochen der Hitler-Diktatur rücksichtslos eingesetzten Zwangsarbeiter, wurden dabei verletzt oder gar getötet.

Die Polizisten und ihre Helfer bemühten sich, die Leichen zu identifizieren und standesamtlich zu melden. Doch waren viele Leichen bis zur Unkenntlichkeit verstümmelt. Bei ihnen wurde der Fundort genauestens protokolliert und Stoffproben der Bekleidung zu den Akten genommen, damit Angehörige sie später vielleicht einmal identifizieren könnten[61].

Särge für die vielen Toten waren längst nicht mehr vorhanden. Die Menschen kamen in Massengräber, notdürftig in Decken oder Laken gewickelt.

Frau Tenbruck erinnert sich an die Bestattung ihrer toten Verwandten: "Meine Eltern erzählten mir von den schlimmen Bombenangriffen auf Wesel und daß meine Tante, Onkel und zwei Kinder im Stadttheater umgekommen sind. Unter Tränen berichtete mein Vater mir, wie er meine Tante, Onkel und die zwei Kinder von der Massenkarre gezogen hat. Zuerst hatte er sein Patenkind gefunden. Särge hatte man nicht. Meine Großmutter stellte zwei Bettücher zur Verfügung. In ein Bettuch hüllte man Vater und Sohn und in das andere Mutter und Tochter. Mein Vater schaufelte mit Pastor Janßen und Friedhofsgärtner Sardemann die Gräber seiner Verwandten und der vier Schwestern vom Brüner Tor."[62]

Auch bei den Beerdigungen mußten sich die Trauernden vor Luftangriffen in acht nehmen. Die am Tag zuvor geborgenen Leichen wurden, sobald der Morgen graute, durch das Trümmerfeld Wesels mühsam zum Friedhof transportiert. Mit Draht mußten die Leichen auf Bretter - die man

Vorname	Namen / Wohnung der Angehörig.	Geburtstag und wo	Truppenteil	Stand	Sterbeort	tag	Gefallen / Vermißt / Bombenopfer
Margret	Wickinghoff, Tochter v. Heinr. W. u. Marg. Selders a. W. Kornfürst. 16.	8.11.40			Wesel	16.2.45	Bombenopfer B
Hans-Joachim	Wickinghoff, Sohn v. H. Wickingh. u. M. S. Kornfürste. 16 u.W. Neustr. 33.	203/18.1.42			Wesel	16.2.45	Bombenopfer B
Margaret	Wickinghoff geb. Selders Wesel	20.2.14			Dinslaken	17.2.45	Bombenopfer
Wilhelmine	Walter Neustraße	23.4.85			Wesel	16.2.45	Bombenopfer B
Wilh.	Wilmsen u. Frau (Schutz.) Bahnhofstr. 1	9.6.96			Wesel	16.2.45 B	Bombenopfer
Ilse	Wallenfels	'	B		' B		'
Wilh.	Weigel, a.W. Frau Brückstr. 37	1.6.14	Inft. ob. Fletr.		Rußland Sobrodje	18.7.41	Gefallen G
Carl	Wagner a.W. Baustr. 37	25.12.11				16.10.40	Verunglückt
Richard	Wassermann a.W. Ehefrau Rosemarie geb. Schlebing Krafistr. 26	28 Jahre				14.2.42	gefallen G.
Gerhard	Wagner a.W. Eh.fr. Ingeborg geb. Zeller am Rhein lacis 18	9.8.18				19.8.42	B
Wilhelmine	Walter (siehe oben)	23.4.85			Wesel	16.2.45	Bombenopfer
Hans-August	Weise Wesel	7.1.27 Wesel			Libau (Kurland)	24.3.45	gefallen G
Wilhelmine	Westhoff u.W. Kath. Licht Esplanade 2	27.11.69 Wesel			Wesel	1.2.45	Bombenopfer B
Katharine	Weigel u.W. K. Wittneben Reeser Landstr. 32	5.3.79 Woefwode Kr. Marting			Wesel	24.3.45	Bombenopfer B

Weseler Kriegstote 1939 - 1945, zusammengestellt von Heinrich Faßbender.

in Ermangelung von Bahren benutzte - befestigt werden, damit sie überhaupt über Mauerreste gehoben oder durch Bombenkrater getragen werden konnten. Frühmorgens wurden die Beerdigungen vorgenommen, denn die Luftangriffe auf Wesel wurden fortgesetzt. An manchen Tagen harrten nur Pfarrer Schomburg oder Pastor Janßen am Grab aus, gefolgt vom Friedhofsgärtner Sardemann und dem Arbeiter Wilhelm Neu, während die Umstehenden längst Deckung vor erneuten Luftangriffen gesucht hatten.

Es sollte noch viele Monate dauern, bis aus der Weseler Innenstadt im Zuge der fortschreitenden Enttrümmerung die verschütteten Leichen geborgen und beerdigt werden konnten[63]. Da war längst der Krieg zu Ende, die Nazi-Diktatur endlich beseitigt. In Wesel wurde, unter Leitung der britischen Militärregierung, seit dem 1. April 1945 eine neue Verwaltung mit Bürgermeister Wilhelm Groos an der Spitze errichtet, die beim Wiederaufbau der Stadt Wesel vor nahezu unlösbaren Aufgaben stand.

Dienstausweis des Weseler Bürgermeisters Wilhelm Groos.

ANMERKUNGEN

[1] Erich BOCKEMÜHL, Heimat und Front. In: Kreis Rees. Heimatbuch 1941, S.138-141.

[2] Ausstellung im Rathaus Wesel vom 15.10. - 30.11.1983.

[3] Vgl. Jutta PRIEUR, Wesel 1933-1945 (Weseler Museumsschriften 7), Köln 1983, sowie die entsprechenden Kapitel von Horst SCHRÖDER in: 650 Jahre Konrad Duden Gymnasium, Wesel 1992 (Eigenverlag der Schule) sowie von Diana WENNING in: Mit Energie bei der Sache. Firmenchronik schwarz auf weiß - mehr als 80 Jahre Stromgeschichte in unserer Region, Wesel 1993, und Bernd BAUMGART/Klaus HEITKAMP, Die Geschichte der jüdischen Gemeinde von 1933 bis 1945. In: Jutta PRIEUR (Hrsg.), Auf den Spuren der Juden in Wesel. Aufsätze zur Geschichte der jüdischen Gemeinde Wesel seit dem Mittelalter, S. 125 - 173 (Studien und Quellen zur Geschichte von Wesel 11), Wesel 1988.

[4] Stadtarchiv Wesel, N20.

[5] Alexander BERKEL, Krieg vor der eigenen Haustür. Rheinübergang und Luftlandung am Niederrhein 1945, Wesel 1994 und die dort aufgeführte Literatur.

[6] Bereits 1954 hatte der Journalist Herbert BERNHARD in Wesel in seinem Buch "... und dann brach die Hölle los - Kriegstagebuch des Niederrheins" eine Schilderung des Bombardements versucht. Sein packend geschriebener Report läßt an einigen Stellen allerdings die nötige Distanz vermissen.

[7] Original im Archiv der Katholischen Pfarrgemeinde St. Martini, Wesel, Kopie im Stadtarchiv Wesel, N25.

[8] Dieser Beitrag beruht zu einem großen Teil auf Erzählungen von Augenzeugen, die namentlich nicht in der Öffentlichkeit genannt werden wollten. Um dennoch die Fakten zuordenbar und überprüfbar zu machen, wurden die protokollierten Gespräche im Stadtarchiv Wesel, N25, in einem eigenen Ordner hinterlegt.

[9] Vgl. die Rede von Bernhard KAES auf der ersten Parteiversammlung der Weseler CDU 1945 in Stadtarchiv Wesel, N25. Weitere Hinweise verdanke ich Herrn Horst Schroeder, Wesel und Frau Dr. Elisabeth Gerstner, Albufeira, Portugal. Im weiter unten abgedruckten Brief von Frau Ripkens an Frau Hollweg wird Frau Griwenka mit drei Kindern nochmals erwähnt.

[10] Jutta PRIEUR, Wegen "Wehrkraftzersetzung" hingerichtet. In: PRIEUR, Wesel 1933-1945 (wie Anm. 3), S. 80f und jüngst Marianne COENEN, Heinz Bello - Ein Schicksal im Dritten Reich. In: Otto VAN DE LOCHT, 700 Jahre St. Mariä Himmelfahrt Wesel. Vom Dominikaner-Kloster zur Pfarrgemeinde, Wesel 1990, S. 242-246. Die Gebeine Heinz Bellos wurden schließlich in der Märtyrerkrypta des Xantener Doms beigesetzt.

[11] Stadtarchiv Wesel, Jungengymnasium, Jahresbericht 1939/40.

[12] Auch die übrigen Themen waren - mit einer einzigen Ausnahme - politischen Inhalts.

[13] Feldpostbriefe ehemaliger Weseler Schüler wurden in den beiden Kreis Reeser Heimatbüchern 1941 und 1942 abgedruckt. Danach war das Soldatenleben ein einziges Abenteuer. Einige der Weseler Soldaten waren 1943 in Afrika in Gefangenschaft geraten. Viele haben den Krieg nicht überlebt.

[14] Stadtarchiv Wesel, Jungengymnasium, Jahresbericht 1940/41.

[15] Vgl. den weiter unten abgedruckten Bericht von Lina Leuers und die Auflistung von Pastor Janßen über das Marienhospital in Stadtarchiv Wesel, N25.

[16] Otto Hollweg, Weseler Kriegschronik, Eintragung vom 16.9.1943.

[17] Zum Luftschutz in Wesel vgl. die weiter unten abgedruckten Berichte, vor allem von Schyns und Fischer.

[18] Der ausführliche Bericht des Kreisleiters der Freiwilligen Feuerwehr Rees, Rudolf Andriessen, beschreibt detailliert die einzelnen Schäden und den beherzten Einsatz der Feuerwehr. Privatbesitz, Kopie im Stadtarchiv Wesel, N25.

[19] Theodor VON VITTINGHOFF-SCHELL, Ein Oratorianer erinnert sich. In: VAN DE LOCHT (wie Anm. 10), S. 251.

[20] Zu Friedrich Grüttgen und Otto Borgers vgl. PRIEUR, Wesel 1933-1945 (wie Anm. 3), S. 19f u. 27-37.

[21] WENNING (wie Anm. 3), S. 128.

[22] Stadtarchiv Wesel, N25.

[23] Stadtarchiv Wesel, N25.

[24] Akten der Gestapo-Leitstelle Düsseldorf im Hauptstaatsarchiv Düsseldorf. Insgesamt 170 Fälle befassen sich mit Vergehen von Personen, die entweder in Wesel geboren waren, dort wohnten oder die in Wesel Strafbares begangen haben. Die Auswertung dieser Akten darf nur mit Anonymisierung der Angeklagten geschehen. Zur statistischen Auswertung vgl. PRIEUR, Wesel 1933-1945 (wie Anm. 3), S. 50-52.

[25] VON VITTINGHOFF-SCHELL (wie Anm. 19), S. 247-257.

[26] Gestapo-Chef Hillebrecht soll ihn gewarnt haben, so daß er erst einmal für die restlichen Tage seines Urlaubs unauffindbar war.

[27] Walter STEMPEL, Die evangelische Kirchengemeinde Wesel und das "Dritte Reich" 1933-1945. In: PRIEUR, Wesel 1933-1945 (wie Anm. 3), S. 61-68.

[28] Otto Hollweg, Weseler Kriegschronik, Eintragung vom 22.1.1944.

[29] Otto Hollweg, Weseler Kriegschronik, Eintragung vom 13.9.1943 und -.10.1943.

[30] PRIEUR, Wesel 1933-1945 (wie Anm. 3), S. 50-52. Jörg MAAS, Die Geschichte der SPD in Wesel, Wesel 1990, S. 69ff.

[31] Zur Geschichte der Weseler Juden in der NS-Zeit s. BAUMGART/HEITKAMP (wie Anm. 3).

[32] Vgl. zum Folgenden Jürgen HÖPKEN, Die Stadt Wesel von der Novemberrevolution 1918 bis zum Ende des Zweiten Weltkrieges. In: Jutta PRIEUR (Hrsg.), Geschichte der Stadt Wesel, Bd. 1, Düsseldorf 1991, S. 370-

427. Otto BORGERS, Die Stadt Wesel in der Gegenwart. In: Kreis Rees. Heimatbuch 1941, S. 104-105 sowie Stadtarchiv Wesel, Jungengymnasium, Jahresberichte 1939/40 und 1940/41.

[33] Julius KENTRAT, Die Parteiarbeit im Kreise Rees während des ersten Kriegsjahres 1939/40. In: Kreis Rees. Heimatbuch 1941, S. 129-134, hier S. 131.

[34] Julius KENTRAT, Die Parteiarbeit im Kreise Rees während des zweiten Kriegsjahres 1940/41. In: Kreis Rees. Heimatbuch 1942, S. 115-128 und KENTRAT (wie Anm. 33).

[35] KENTRAT (wie Anm. 33), S. 134.

[36] Otto Hollweg, Weseler Kriegschronik, Eintragung vom 1.11.1943.

[37] KENTRAT (wie Anm. 34), S. 128.

[38] Otto Hollweg, Weseler Kriegschronik, Eintragung vom 23.4.1944.

[39] Otto Hollweg, Weseler Kriegschronik, Eintragung vom 23.4.1944.

[40] Vgl. die weiter unten abgedruckten Dokumente. Ausführlich darauf ein geht auch Felix RICHARD, Der Untergang der Stadt Wesel im Jahre 1945. Ein Gedenkbuch, Wesel 1961, S. 44-46.

[41] STEMPEL (wie Anm. 27), S. 67.

[42] Liste der Luftalarme in Wesel, aufgestellt von Gustav Heuer. Stadtarchiv Wesel, N25.

[43] Josef Ross, Bericht über die Entwicklung der Kriegsereignisse im Raum Wesel am Rhein. Verfaßt 1951/52 für das Gedenkbuch; Stadtarchiv Wesel, N25.

[44] Original in Privatbesitz, Kopie in Stadtarchiv Wesel, N25.

[45] Dr. Elisabeth Gerstner, Albufeira, berichtet dies z.B. von ihrem Vater Bernhard Kleinpaß.

[46] So Hans Spindler in seinem weiter unten abgedruckten Bericht.

[47] Vgl. den Bericht von Schwester Irmgard.

[48] Vgl. die Listen bei Faßbender, Stadtarchiv Wesel, N22, und RICHARD, in ebda. N25.

[49] Vgl. seine ausführliche Darstellung weiter unten in diesem Buch.

[50] Zu den Kampfhandlungen vgl. BERKEL (wie Anm. 5).

[51] Die Angaben über die tatsächliche Stärke der deutschen Verteidiger in Wesel weichen in der gesamten Literatur stark voneinander ab. Offensichtlich sind genaue Zahlen nicht mehr zu ermitteln, weshalb ich hier auf detaillierte Angaben verzichtet habe. Eine Fülle von Fakten und Zahlen hat etwa Günter WEGMANN, Das Kriegsende zwischen Niederrhein, Emsland und Teutoburger Wald im März/April 1945. In: Osnabrücker Mitteilungen 83, 1977, S. 132-217 zusammengetragen.

[52] Nachdem Wesel zur Festung erklärt worden war, bedeutete dies auch, daß ein Feld- und Standgericht etabliert wurde. Auch die Plünderer wurden dort bis zum 23. März abgeurteilt. "Dieser Plünderungs-psychose konnte nur durch Einsatz von Feldgendarmerie und Streifen mit den schärfsten Befehlen begegnet werden." (ROSS (wie Anm. 42).

[53] Vgl. weiter unten den Bericht von Wilhelm Schyns.

[54] Vgl. die Berichte von Werder/Kessler, Throm und Heinrichs (vollständig im Stadtarchiv Wesel, N25).

[55] Heike KEMPER-WERNER, ... nur Ruhe, Friede, Arbeit und Brot. Der Wiederaufbau der Stadt Wesel nach dem II. Weltkrieg (Studien und Quellen zur Geschichte von Wesel 10), Wesel 1988, S. 14ff. schildert sehr anschaulich die unhaltbaren Zustände im Lühlerheim.

[56] Vgl. BERNHARD (wie Anm. 6), S. 131 und die Erzählungen vieler Weseler Zeitzeugen.

[57] Vgl. weiter unten die Tagebuchnotizen der Frau Emmerichs.

[58] KEMPER-WERNER (wie Anm. 55), S. 17f.

[59] Zitiert nach KEMPER-WERNER (wie Anm. 55), S. 17.

[60] Die Angaben von Karl Westermann und Manfred Bossow, vgl. KEMPER-WERNER (wie Anm. 55), S. 15ff, und Pastor Janßen, vgl. weiter unten Teil 3 seines Berichts, variieren in diesem Punkt.

[61] Vgl. die Dokumente weiter unten zum Kapitel 'Bergung, Bestattung, Außenquartiere'.

[62] Erinnerungen Gerda Tenbruck, Tochter des Bürgermeisters Wilhelm Groos, im Stadtarchiv Wesel, N25.

[63] Ein Beispiel für viele ist der Bericht von Hedwig Hof (2. Teil: Die tote Mutter kehrt heim) weiter unten in diesem Band.

ERINNERUNGEN
UND
BERICHTE

ALLTAG UNTER KRIEGSBEDINGUNGEN

Otto Hollweg, Studiendirektor am Oberlyzeum in Wesel a.D.

Aus der Weseler Kriegschronik 1942-1944 [a],
zusammengestellt für die Zeit vom 30.1.1943-28.9.1944.
Stadtarchiv Wesel N20

[a] Die Weseler Kriegschronik besteht ausschließlich aus bisher noch nicht für den Druck bearbeiteten hand- und maschinenschriftlichen Aufzeichnungen und Notizen. Für sorgfältiges Korrekturlesen des zum Teil schwer lesbaren Textes danke ich Volker Kocks, Joachim Prieur und Martin Wilhelm Roelen.

30.1.1943

Den ganzen Januar durch Fliegerangriffe, meist in den Abendstunden. Das Wetter ist verhältnismäßig mild. Die Blicke des deutschen Volkes sind zur Ostfront gerichtet. Stalingrad. Mobilisierung aller Kräfte im deutschen Volke.

18.2.1943

Vorgestern erneute Musterung zur Heimatflak, und zwar auf Grund der von der Partei ausgegebenen und eingesammelten Karteikarten. Die Aussuchung der Nachtragspflichtigen soll durch den Standartenführer Seuken bewirkt worden sein, auch Hüls und Dr. Mösemann wurden gemustert. Ältere Leute und jüngere zusammen. Die über 14 Jahre alten Schüler des Gymnasiums sind zur Heranbildung bei der Heimatflak in Dinslaken eingesetzt. Dr. Mehl betreut sie, indem er täglich hinfährt, wie ich höre. Gestern mit Dr. Fittgen vom Arbeitsamt gesprochen. Er weiß noch nicht, wo er die Meldepflichtigen zum Arbeitseinsatz einsetzen soll. Fliegeralarm häufig; doch Wesel nicht betroffen. Gestern beim Friseur [——], daß die vielen Frauen sich das Haar dauerwellen lassen, [——] eine Beobachtung, die ich schon lange gemacht habe.

17.3.1943

Totaler Krieg im [——], Meldungen geschehen [?]. Vielfacher Einsatz schon. Herrliches Frühlingswetter. Schwere Angriffe auf Osten usw. liegen schon zurück. Doch Stimmung erheblich besser als vor etwa vier Wochen. Höchste Erfolge der U-Boote. Charkow wieder erobert. Schließung einer großen Zahl Läden steht bevor; sind noch näher zu bemerken.

27.5.1943

Inzwischen totaler Einsatz im Werk. Meinhard - [ein] Hutmacher, [und] Firma Nisters aus Krefeld bei Pothmeyer Ausbesserungsbetrieb [einquartiert; vergleiche hierzu die Eintragungen am 30.8.1943], nach Dr. Fittgen, Vorsteher des Arbeitsamtes, nicht leicht herauszukriegen. Laden- und [——] zum Teil zurückgenommen, doch bestehen eine ganze Reihe noch: Escherhaus Gaststättenbetrieb, nicht [——].

[——] allenthalben in das Stadtgebiet, z.B. große auf Wiese zwischen Gantesweilerstraße und Kaiserring. Russische Gefangene tätig. In Nordafrika unsere Weseler gefangen.

13.8.1943 Freitag

Gegen zehn Uhr flogen in großer Höhe eine Reihe feindlicher Fliegergeschwader über die Stadt. (Vor etwa vier Wochen, in meiner Abwesenheit war das schon einmal geschehen.) Die Flieger ziehen in nicht allzu großer Geschwindigkeit daher. Es machte auf alle einen tief erschütternden Eindruck, so den Feind über unsere Köpfe daherfliegen zu sehen, während man ihn in der Nacht nur hört. Wie der Wehrmachtsbericht vom 13.8. meldet, haben die feindlichen Bomber Terrorangriffe besonders auf Essen und Bochum gemacht. [——] lichen Berichten mit dem Abwurf auch schon in Hamborn, [——] Tote.

19.8.1943

Bemerkenswert ist, daß die Matrosen, die in der 7. Artillerie Kaserne liegen, stets mit schönem Gesang zum Antritt in die 43. Kaserne am Ring ziehen. Man hört sie morgens um halb acht, mittags gegen halb drei und nachmittags kurz vor sechs Uhr wieder abziehen. Diese Matrosen, wie auch solche in der 43er Kaserne und vier Kasernen an der Esplanade, sind hierher zur Teilnahme an vier-, bzw. zwölfwöchigen Kursen kommandiert. Das Lehrpersonal ist ständig [in Wesel], die Matrosen werden hierher aus allen Stellungen der Front und sonstigen Einsatzstellen geschickt. Sie machen einen guten schmucken Eindruck. Belegt sind ferner die Pergamentschule und das Gymnasium durch Panzerjäger, dazu die vielen Lazarette: die beiden Soldatenschulen, die Husarenschule, so ist das Straßenbild in Wesel sehr militärisch. Auch die Büros sind zum größten Teil mit Soldaten besetzt. In unserer Nähe, in einer ehemaligen Festungskasematte am Kaiserring, hat schon seit längerer Zeit die Fluko ihr Heim aufgeschlagen (vorher im Post-gebäude und in einem Haus an der Friedrichstraße). Das ist Herrn Vigier's Reich. Auch Agent Tombreul, Dr. Metzmacher von der Stadtbücherei und Rechtsanwalt Gödde sind da. Dazu eine ganze Zahl älterer und besonders jüngerer Frauen aus allen Schichten. Unter Führung einer Mitarbeiterin, Fräulein Weidner (schon seit einiger Zeit Assistentin von Erwin Kühler), treiben sie jeden Morgen etwa von acht bis neun Uhr Sport, umso erfreulicher, als der lange Aufenthalt in der halbunterirdischen Kasematte gesundheitsschädlich sein kann.

Das große Wasserbassin auf der uns gegenüberliegenden Wiese an der Gantesweilerstraße ist jetzt fertig. Es behielt zuerst das Wasser nicht. Jetzt scheint es jedoch zu klappen.

Fliegeralarm bei Tage und in der Nacht oft; manchmal fünf- bis sechsmal an einem Tage. Bisher immer, ohne in Wesel Schaden zu tun. Wie lange noch? Gestern zum ersten Mal zunächst Vollalarm (am Tage), dann Zurückschaltung auf Halbalarm und schließlich auf alarmlosen Zustand. Vollalarm: Eine Reihe rasch aufeinanderfolgender Sirenengeräusche: Halbalarm: Drei langanhaltende Sirenengeräusche.

Bemerkenswert ist noch, wie peinlich die Polizei darauf achtet, daß die Bürgersteige und Straßen ordentlich gereinigt werden. Gut so, umso mehr, als an den Bürgersteigen und Straßen sich allmählich nicht geringe Schäden einstellen. Am schlimmsten ist es in der Beziehung in der Hindenburgstraße, zumal bei den Bürgersteigen.

Die Ernte ist, wie man allgemein hört und ich bei einer Radfahrt durch die Felder wahrnahm, gut, ja wohl sehr gut. Das Wetter ließ aber auch in der Beziehung nichts zu wünschen übrig: Helles und vielfach heißes Wetter mit öfteren Gewittern und Niederschlägen, wobei es aber nie zum Landregen kam.

Seit einer Reihe von Wochen haben die Angehörigen der in Afrika besonders von den Amerikanern gefangenen Soldaten Nachricht von ihren Männern und Söhnen. Diese Nachrichten gehen über Washington. (Nach Mitteilung von Schuberts, von deren Sohn ja eine Reihe Kriegsbriefe von mir ausgezogen wurden.)

Wie man hört, soll in das ehemalige Eisenwerk Kraft, die vorherige Fabrik von Krieg und Tigler, an der Brünerlandstraße, die vor etwa zwölf Jahren stillgelegt, nachher teilweise als städtischer Viehmarkt benutzt wurde, eine Munitionsfabrik gelegt werden, sicher, weil andere Werke der Vereinigten Stahlwerke, denen die Fabrik gehört, durch feindliche Fliegerangriffe zerstört worden sind.

Noch ist hinzuweisen auf den prächtigen Schmuck der städtischen Anlagen, unter denen sich besonders der Kaiserplatz und der Willibrordiplatz auszeichnen. Es ist für Einheimische und die zahlreichen auswärtigen Besucher (vor allem Angehörige der hier in Garnison liegenden Soldaten) eine wahre Augenweide. So bietet die Stadt trotz mancher Schäden an den Bürgersteigen und Straßen, auch Häusern, immer noch ein schmuckes Bild.

Montag, den 30.8. 1943

Vorige Woche sind die letzten Teile des Weseler Stadtarchivs aus dem Düsseldorfer Archiv wieder nach Wesel gebracht worden. Es ist in einer der Kasematten der Zitadelle untergebracht. In Düsseldorf war das Archiv außerordentlich durch die feindlichen Fliegerangriffe gefährdet. Hoffen wir, daß es in Wesel vor Zerstörung bewahrt bleibt.

Die im Frühjahr ins Werk gesetzte Ladenschließungsaktion hat doch zu mancherlei Veränderungen geführt; z.B. ist der Wirtschaftsbetrieb des Hotels Escherhaus geschlossen und von der Wehrmacht beschlagnahmt, ein Posten steht vor dem Hause. Die „Sportbörse" auf dem Heuberg ist gleichfalls geschlossen, dgl. das Parfümeriegeschäft Booth in der Hindenburgstraße; auch das große Bekleidungsgeschäft Pothmeier am Kornmarkt. Dort arbeitet jetzt die Firma Nisters aus Krefeld Militärbekleidungssachen. [Einschub am Rand unleserlich]. Dort eine große Zahl dienstverpflichteter Mädchen und Frauen beschäftigt. Andere Frauen und Mädchen sind beschäftigt bei der Firma Meinhard (Hut- usw. Geschäft), die Militärmützen herstellt.

Das Städtische Ernährungsamt dehnt sich in der Kommandantur immer mehr aus. Die Bücherei (Metzmacher) hat nur noch das Ausleihezimmer, den großen Raum mit den Büchern und das dahinterliegende Zimmer mit weiteren Büchern. Genommen ist das Lesezimmer und das Leiterzimmer. Jetzt besteht die Gefahr, daß auch die bleibenden Zimmer noch vom Ernährungsamt genommen werden. Wohin dann aber mit der Bücherei? Es muß verhindert werden. Die Bücherei wird dauernd gut benutzt.

Vor etwa drei Wochen sind, wie ich hörte, zwei Batterien der Heimatflak hier zusammengelegt worden.

Am vergangenen Samstag (28.) sah ich in der Ritterstraße am Kornmarkt, gegenüber der Kommandantur, eine erhebliche Menge Leute stehen. Sie warteten auf die Ankunft eines Obstwagens, eine häufige Erscheinung.

Heute zuerst habe ich auf Stadtkosten die Zeitung „Der Volksfreund" (bis vor kurzem „Generalanzeiger für Wesel") bekommen. Hoffentlich enthält er mehr Lokalnotizen als in letzter Zeit die National-Zeitung.

Heute regnet es stark. Die Bauern haben es gern. Überhaupt ist das Wetter nach Aussagen der Bauern, und wie man auch selber sieht, in diesem Jahre sehr günstig. Die Ernte ist vorzüglich und gut hereingekommen. Die Ernährungslage ist viel besser als in den entsprechenden Jahren des Ersten Weltkrieges.

5.9.1943

In den letzten Nächten Fliegeralarm schon gegen halb elf Uhr. Bemerkenswert ist, daß schon seit längerer Zeit Meldungen über Einflüge durch das Radio bekannt gegeben werden. Leider sind diese Meldungen nur mit sehr guten Apparaten zu hören. Sie geben ein Bild vom Einflug der Feindflieger und dessen Verlauf; so z.B. über den Terrorangriff von Mönchen-Gladbach und Rheydt. In der Hauptsache beschränken sich diese Meldungen auf das rheinisch-westfälische Industriegebiet, geben jedoch auch Meldungen über weiter abführende Flüge, z.B. verfolgen sie den Verlauf der Flüge bis nach Mitteldeutschland, wie vorgestern Nacht bis Braunschweig.

Viele Leute aus den bombengeschädigten benachbarten Industriegroßstädten suchen zur Zeit Unterkommen und Wohnung aus diesen Gebieten, auch etwa aus Berlin, in Wesel und Umgebung, vielfach natürlich bei Verwandten. Dadurch wird z.B. die Besuchszahl der hiesigen höheren Schulen außerordentlich gesteigert. Auch kommen Schüler und Schülerinnen aus den zerstörten Gebieten täglich herangefahren. Die Oberschule für Mädchen hat zur Zeit über 360 Schülerinnen (Anfang Oktober 1943 schon fast 400), eine außerordentliche Zahl.

10.9.1943

Gestern war ein Tag größter Spannungen; wurde doch schon am frühen Morgen am Radio mitgeteilt, daß Italien die gemeinsame Sache verraten habe, indem der König und sein Ministerpräsident Marschall Badoglio schon am 3.9. sich den Engländern und Amerikanern bedingungslos unterworfen und dies bis jetzt vor unserer Führung und der Welt verborgen hätten. Dem anfänglichen Erschrecken folgte aber bald eine ruhigere Betrachtungsweise. Vor allem unser Heer in Italien scheint vor Überraschungen gesichert zu sein, und das ist zunächst die Hauptsache. Was werden uns die nächsten Tage bringen?

11.9.1943

Den Abschluß des gestrigen durch all die Nachrichten über Italien stark bewegten Tages bildete die Rede des Führers aus dem großen Hauptquartier, die den schwarzen Verrat des Königs, des Marschall Badoglios usw. geißelte und dem Willen des deutschen Volkes Ausdruck gab, den Kampf bis zum siegreichen Ende durchzuführen. Diese Rede wie auch andere offizielle Mitteilungen haben die ungewisse, schwüle Stimmung geklärt und uns wieder klar sehen gelehrt. Fliegereinflüge haben in den letzten Tagen kaum stattgefunden.

13.9.1943

Gestern haben wir einen Gang durch die Gärten jenseits des Glacis' nach dem Osten der Stadt gemacht. Es war eine reine Freude. Die Gärten stehen voll von prächtigem Gemüse. Die Bäume hängen voll, zum Teil übervoll von Birnen, Äpfeln und Pflaumen und Pfirsichen, ein Anblick, der einem das Herz warm macht. Fährt man mit dem Rad in die weitere Umgebung, so wiederholt sich diese Freude in gleichem Maße. Das Getreide ist inzwischen eingebracht, begünstigt vom besten Wetter. Überall summen die Dreschmaschinen; allgemein wird das Ergebnis als sehr gut bezeichnet. Die Hackfrüchte stehen gleichfalls sehr gut in den Feldern. Die Bauern sind sehr gut zufrieden. Überall zeigen die Höfe lebendiges Gedeihen. Zahlreich ist das Vieh auf den Weiden. Pferde, Kühe und Schweine und Schafe zeigen prächtigen Nachwuchs. Federvieh überall in stattlicher Zahl. Besonders auffallend sind die vielen Gänse, auch dort, wo solche bisher nicht gehalten wurden. Es ist durchaus ein gesegnetes Jahr. Kartoffeln sind stets und in beliebiger Menge in den Läden der Stadt zu haben. Welch ein sichtbarer Unterschied gegen die Zeiten des Ersten Weltkrieges!

In den letzten Nächten lassen uns die feindlichen Flieger in Ruhe. Urteilsfähige Herren (unter anderem Vertretender Landrat Reim, alter Kampfflieger über England) sagten mir, das hänge mit dem Nebel zusammen.

In Wesel befinden sich viele Kriegsgefangene, zum größten Teil Russen. Letztere sollen bei angemessener Behandlung recht fleißig sein. Auch russische Zivilarbeiter sind viele hier, vor allem in der Landwirtschaft tätig. Viele ukrainische Frauen und Mädchen sind in den Haushaltungen und sonst hier beschäftigt. Inzwischen haben sie sich schon sehr angeglichen, man sieht sie oft mit heutiger Frisur, Bluse und Rock sonntags spazieren gehen. Immer wieder wird einem berichtet, wie miserabel die Russen (Kriegsgefangene und Zivilpersonen) bei ihrer Ankunft ausgesehen hätten und wie sehr sie sich in kurzer Zeit herausgemacht hätten. Untergebracht sind die Kriegsgefangenen in dem Lager auf dem angeschütteten Gelände hinter dem Glacis im Lauf der Fischertorstraße rechts.

15.9.1943

Jetzt ist die Ausstellung von Bezugsscheinen für Kochgeschirre, Eimer usw. die seit deren Einführung vom Landratsamt getätigt wurde, auch noch dem städtischen Ernährungsamt übertragen worden, dessen Leiter, Stadtbaurat Höpken, diese Aufgabe dem zweiten Beamten des Ernährungsamtes, Herrn Stadtsekretär Reismann, zu seinen vielen Obliegenheiten noch hinzugefügt hat. Herr Reismann hat nach meinen Beobachtungen fast eine übermäßige Zahl von Aufgaben, zumal er seinen Dienst sehr gewissenhaft auffaßt und durchführt. Dasselbe gilt von Herrn Höpken selber, wie man überhaupt vom ganzen städtischen Ernährungsamt sagen darf, daß es sehr gewissenhaft arbeitet. Jedenfallls habe ich aus meinen an Ort und Stelle gemachten Beobachtungen den sicheren Eindruck gewonnen, daß die Fälle bis ins einzelne geprüft und danach entschieden werden. Es mag manchem der Betroffenen gelegentlich kleinlich erscheinen, ist es aber nicht. Die Umstände, zumal die verdunkelnde Absicht vieler Bezugscheine Suchenden macht die genaue Nachprüfung unbedingt nötig. Das Weseler städtische Ernährungsamt darf geradezu als vorbildlich bezeichnet werden. Hier sind die rechten Männer, auch Frauen, am rechten Platz.

Vor kurzem sind bei der Heimatflak zwei der Kompagnien zu einer zusammengelegt worden, was zur Entlassung einiger älterer und nicht mehr recht einsatzfähiger Mitglieder geführt hat.

Die Befreiung Mussolinis durch den Führer hat eine lebhafte Zustimmung in der Bevölkerung hervorgerufen und zur Stärkung ihrer Haltung wesentlich beigetragen.

Noch ist hinzuzufügen, daß im Archiv des Ernährungsamtes von allen ausgegebenen Stücken (Lebensmittelkarten, Bezugscheine) je ein Muster für spätere Fortsetz- und Darstellungszwecke aufbewahrt wird.

16.9.1943

Im Anschluß an meine Forschungen über Wesel im Ersten Weltkrieg interessiert mich vor allem auch das Gefüge der Preise für die lebensnotwendigen Waren. Im Ersten Weltkrieg war es damit sehr schlecht bestellt. Fortgesetztes Steigen der Preise kennzeichnet die Lage damals. Sie hält in keiner Weise den Vergleich mit heute aus. Heute, nach vier Jahren Krieg, sind die notwendigen Lebensmittel durchweg noch auf demselben Stand wie zu Beginn des Krieges. Es ist das das bewundernswerte Werk des Preiskom-

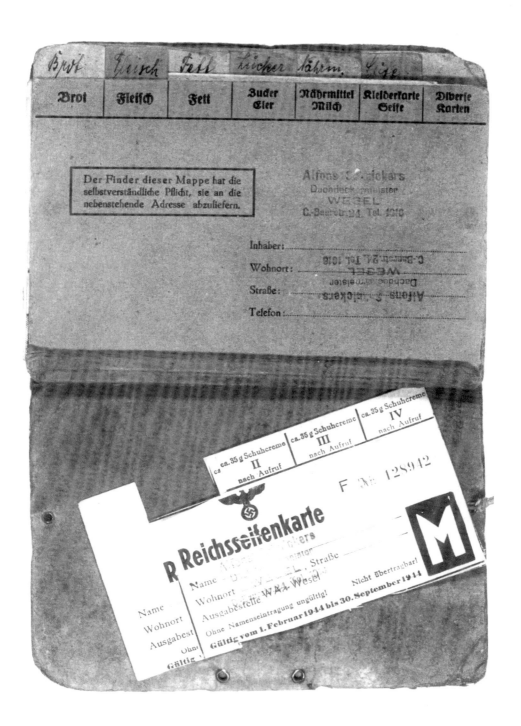

Brot	Fleisch	Fett	Zucker Eier	Nährmittel Milch	Kleiderkarte Seife	Diverse Karten

Der Finder dieser Mappe hat die selbstverständliche Pflicht, sie an die nebenstehende Adresse abzuliefern.

Alfons Schickers
Dachdeckermeister
WESEL
C.-Baurat 24, Tel. 1818

Inhaber: _____

Wohnort: _____

Straße: _____

Telefon: _____

R Reichsseifenkarte

M

F № 128942

Lebensmittel-, Seifen- und Kleiderkarten sollten die Grundversorgung während des Krieges sicherstellen.

missars. Die zentrale Ordnung dieser für den Sieg überaus wichtigen Angelegenheit im Innern im Gegensatz zu der Vielregiererei im Ersten Weltkriege ist der wichtigste Grund für jene höchst begrüßenswerte Erscheinung. Dabei hat sich heute die Tatsache gezeigt, daß die von der Leitung in Aussicht gestellten Lebensmittel durch die Ausgabe der Karten auch tatsächlich geliefert werden, was im Ersten Weltkriege sehr oft nicht der Fall war. Hier macht die Arbeit der Reichsbauernschaft vor und im Kriege [sich] segensreich bemerkbar. Auch beherrscht Deutschland heute einen ungleich größeren, für die Ernährung wichtigen europäischen Raum (Ostgebiete mit der Ukraine hauptsächlich). Die Zuteilung von Lebensmitteln ist wie allgemein so auch in Wesel so umfänglich, daß niemand zu hungern braucht. Dazu kommt, daß in Wesel wie im ganzen Kreis Rees durch besondere Verwendung des Gauleiters Zusatz an Fleisch für die luftgefährdeten Gebiete gewährt wird. Von Bedeutung ist auch, daß es gerade in Wesel recht viele Leute mit einem Garten bzw. Kleingarten draußen vor der Stadt gibt. Es soll nicht verschwiegen werden, daß es in Wesel doch mannigfache Beziehungen zum Lande gibt, die namentlich in dieser Erntezeit von Nutzen sind; und zwar, das sei ausdrücklich gesagt, auch Leute mit bescheideneren Einkommensverhältnissen. Es wird durch Einmachen usw. gut für den Winter vorgesorgt. Es muß gesagt werden, daß auch ungesunde Erscheinungen sich zeigen, wenn auch bei weitem nicht in dem Maße wie im Ersten Weltkriege. Überpreise für landwirtschaftliche Erzeugnisse werden gezahlt, wie man hört. (Ich will ausdrücklich bemerken, daß ich das Folgende durchaus nicht aus eigener Erfahrung weiß). Eier sind nur ganz spärlich zugeteilt worden. So hat sich das Verlangen danach stark gesteigert. Man hört, daß schon 50 und mehr Pfennige für ein Ei gezahlt werden. Beliebt scheint zu sein, die Landwirte durch Hingabe aller möglichen Sachen, besonders Genußmittel, zu erfreuen und sie gebefreudiger zu stimmen. Da spielen Tabak, Spirituosen usw. eine gewisse Rolle. Doch hält sich das alles in kleinen Grenzen. Tauschgeschäfte zwischen Verkäufern untereinander und mit landwirtschaftlichen Erzeugern scheinen gleichfalls vorzukommen. Alles das ist aber nur peripher und kommt gegenüber der Kartenversorgung nicht erheblich in Betracht. Schwer entbehrt wird von manchen das Fehlen von Kolonialwaren, außer Tabak vor allem Kaffee und Tee. In diesen Produkten hat sich denn auch, hauptsächlich von Holland, ein schwarzer Markt gebildet, zwar nicht sehr umfänglich (das verbieten schon die hohen Preise), aber doch für den Sehenden wahrnehmbar. Hier herrschen ziemlich feste Preise. In der ersten Zeit waren diese noch, gemessen an heute, bescheiden. Immerhin kostete beispielsweise auch damals schon ein Pfund Kaffee etwa 25, Tee 40-50 Mark. Gegenwärtig soll sich ein Pfund Kaffee auf 250 Mark stellen. Es scheint tatsächlich für diesen verrückten Preis noch hin und wieder gekauft zu werden. Abschließend kann zu diesem irregulären Handel und Wucher nochmals gesagt werden, daß er das stabile Preisgefüge nur oberflächlich berührt. Natürlich greift die Regierung ein, wenn ihr solche dunklen Geschäfte zu Ohren kommen.

Eben war ich bei der Sparkasse. Es ist erhebend, mit welchem Fleiß und Geschick die weiblichen Arbeitskräfte tätig sind. Man hat die Empfindung, daß sich die jungen Damen bewußt sind, ein wie wichtiges Werk sie tun. Ich sah an den verschiedenen Schaltern nur zwei Männer, alle anderen Angestellte Frauen. Das sei auch einmal gesagt, daß während dieser Kriegsjahre meine Abrechnungen an der Sparkasse genau so gestimmt haben wie vorher. Wie an der Sparkasse so ist es bei allen Ämtern. Überall wird die Arbeit ganz überwiegend von Frauen getan, gut getan. Dafür können die Männer zu Heereszwecken herausgezogen werden. Gerade in letzter Zeit sind wieder zahlreiche Einberufungen geschehen.

18.9.1943

Von Tag zu Tag ist jetzt eine verhältnismäßig ruhige Zeit in Wesel. Zwar ist bei Tag und Nacht gelegentlich Fliegeralarm, doch meist nur Voralarm und nur für kurze Zeit. Gerade diese Ruhe trägt erheblich zur Beruhigung der Gemüter bei, wozu dann noch der so außerordentlich günstige Verlauf der Ereignisse in Italien hinzutritt.

Eine besonders die Männerwelt interessierende Frage ist die der Tabakversorgung. Die Tabakkarte hat sich, das darf man sagen, sehr gut bewährt. Schiebungen und Außerkartenverkauf scheinen nur sehr selten vorzukommen, wenigstens ist mir kaum etwas bekannt geworden. Das ist recht beruhigend für jedes Raucherherz. Es läßt sich der Mangel auf diesem Warengebiet dann besser ertragen. Denn das kann nicht verkannt werden, daß die Zuteilung immer knapper wird, so daß zur Zeit 100 Gramm Tabak für die Pfeife die Punkte für 28 Tage der Männerkarte erfordern. Da bleiben nur einige Pfeifen für den Tag. Angesichts dieser Knappheit sind nicht wenige dazu übergegangen, selber Tabak zu pflanzen. Gerade jetzt werden die Pflanzen reif, und man beginnt, sie zu verarbeiten. Da kamen eine Reihe von vier Aufsätzen in der N[ational] Z[eitung] (vom Landwirtschaftsrat Spiecker in Brünen) recht zu passen, die von den Anpflanzern mit großem Interesse gelesen und aufgehoben wurden. Ich hatte Gelegenheit, wiederholt frisch selbstgemachten (von Reichsbahnrat Schubert) Tabak, und auch eine Zigarre zu rauchen. Gar nicht übel.

27.9.43

Auf eine bemerkenswerte Erscheinung sei hier hingewiesen. Wie die Anlagen der Stadt in gutem Zustande erhalten werden, so erfreut auch die

Ausschmückung der militärischen Gebäude und Höfe im Sinne der Schönheit das Auge. Vielfach sind die militärischen Gebäude an Fenstern oder Balkonen mit Blumen geschmückt. Sogar auf den Exerzierplätzen, so etwa bei dem bei der 43er Kaserne sind gärtnerische Anlagen zu finden. Die schönsten Anlagen kann man bei den Schuppen des früheren Artilleriedepots auf dem Kaiserring finden, das jetzt als Lagerräume für Lebensmittel des Heeresstandorts dient. Es ist eine wahre Augenweide, die sorgfältig gepflegten Blumenbeete und schön geschnittenen Bäume zu betrachten.

Hinzuweisen ist darauf, daß von der nächsten Woche ab die Zuteilung von Weizenbrot erheblich erhöht wird; so daß sogar die Zuteilung zu Beginn des Krieges überschritten wird.

[3.]10.1943

Der Fliegeralarm setzt sich in der gewohnten Weise fort. Seit einiger Zeit ist ziemlich regelmäßig gegen 22 Uhr Alarm. Die Flugzeuge überfliegen fast durchweg Wesel auf dem Hinflug, einzelne auch beim Rückflug. Jedoch bleibt Wesel fast ganz von Abwürfen verschont. Vor einigen Tagen nur ist eine Bombe in Flüren auf den Friedhof am Sackert gefallen.

Eine sehr gute Einrichtung, die zwar schon länger besteht, aber erst in letzter Zeit allgemeinere Verbreitung gefunden hat, ist der Drahtfunk. Mit guten Rundfunkapparaten, besonders da, wo ein Fernsprecher im Hause ist, kann man während des Fliegeralarms fortgesetzt die, übrigens von weiblicher Stimme angesagten, Nachrichten über den Flug der feindlichen Maschinen hören. Diese Einrichtung trägt sehr zur Beruhigung der Bevölkerung bei. So ist es recht beruhigend, beim Abklingen der Angriffe oder auch nach Entwarnung zu hören, daß die Maschinen, die man noch in der Luft hört, deutsche seien.

Vor einigen Tagen fuhren wir um 5.38 Uhr von Wesel in der Richtung Oberhausen ab. Der Zug war so besetzt, daß wir zuerst stehen mußten. Es sind in der Hauptsache Berufstätige, die von hier, auch schon von Emmerich und den zwischenliegenden Stationen ins Industriegebiet fahren. Entsprechend sind die Abendzüge, wie man gleichfalls feststellen kann, wieder sehr besetzt. Im Industriegebiet selber ist ein ganz enormer Verkehr. Man freut sich für die Leute, die täglich so hin- und herfahren, wenn einmal, wie heute, ein Sonntag ist.

In der Nacht von heute auf morgen (3. zum 4.10.) [wird] die Uhr eine Stunde zurückgesetzt, die Normalzeit statt der bis jetzt geltenden Sommerzeit wird wieder eingeführt. Lichtersparnis und Vermeidung der Spitzen im Gas- und Stromverbrauch in den frühen Morgenstunden.

Heute steht in der Nationalzeitung ein lesenswerter Aufsatz über „Unliebsame Kinobesucher". Die jungen Mädchen machen sich tatsächlich dort ziemlich breit. Es soll ihnen, soweit sie amtlich zugelassen sind (betr. Alter), der Besuch nicht verwehrt werden, aber sie sollen sich entsprechend benehmen.

Heute Erntedankfest. [Randeintrag: Große Feier in Berliner Sportpalast beigelegt.] Es wird in diesem Jahre mit Recht überall mit Betonung gefeiert. Ist die Ernte doch gut bis sehr gut. Bergleute aus dem Industriegebiet sind dazu in erheblicher Zahl eingeladen im Sinne des Gedankens „Stadt und Land Hand in Hand".

Anfertigung von Spielzeugen für die Kinder, besonders die Kleinkinder, soll wie im Vorjahr von den Organisationen, vor allem der Frauenschaft-Frauenwerk in die Wege geleitet werden.

Heute nachmittag den Heuberger Turnplatz besucht. Handballspiel. Marine gegen die KSG. Mülheim. Sehr interessant, weil tüchtige Gegner auf beiden Seiten. Weniger interessant war das Fußballspiel: Wehrmacht (Heer) gegen die starke Elf des Gladbecker Spielvereins. Eindeutig die besseren Spieler auf Seite der gut aufeinander eingespielten Gladbecker.

Gespräch mit Herrn Geerdes von der Keramag über die dort beschäftigten Ukrainerinnen. Sie sind dorthin schon bei dem ersten Schub vor stark anderthalb Jahren gekommen. Bei ihnen gibt es Lehrerinnen, Studentinnen usw. Sie sind durchweg recht fleißig. Machen sich auch gerne fein. Wo sie an die gute, neue Kleidung kommen, verraten sie nicht.

Es werden in letzter Zeit wieder viele Männer eingezogen, auch ungediente Leute älteren Jahrgangs, so etwa Herr Stadtinspektor Höpken vom Städtischen Ernährungsamt (etwa 43-44 Jahre), Herr Jörrissen von der Niederrheinischen Bank (etwa im selben Alter), vor einiger Zeit schon Herr Studienrat Aufderhaar vom Gymnasium. Für Herrn Höpken ist Herr Stadtinspektor Hülsmann als Vorstand des Ernährungsamtes eingetreten. Zweiter Mann des Amtes ist Herr Reismann (Stadtsekretär). Über die Besetzung im einzelnen des Ernährungsamtes werde ich demnächst einmal hier berichten.

Einschub: Einiges über die Heimatflak in Wesel (hingeschrieben am 30.1.1943)

Kurze Mitteilung von Major G. Seit Frühsommer (Juni) 1942 gibt es in Wesel eine Heimatflak. Wesel war der erste Ort, wo eine solche Heimatflak aufgestellt wurde. Zu dieser Heimatflak wurden Männer im noch nicht oder nicht mehr wehrdienstpflichtigen Alter von 16-60 Jahren herangezogen. Auf freiwilliger Grundlage bis zu 65 Jahren. Eine Reihe Männer von 60-65 Jahren tatsächlich dabei. Zuerst für alle Untersuchung auf Diensttauglichkeit. Die betreffenden Leute sind in ihrem Beruf voll beschäftigt. Die Dienstleistung in der Heimatflak geht nebenher. Die Ausbildungszeit dauert drei Wochen. Praktisch und theoretisch. Dann jede dritte Nacht zur Dienstleistung herangezogen, auf Wache. An der Peripherie der Stadt aufgestellt, z.B. Brünerlandstraße, Rheinbrücken, Aue, Straße von der Zitadelle zur Dinslakener Landstraße. Bisher haben in der Zeit noch keine direkten Angriffe auf Wesel stattgefunden. Doch muß die Flak gelegentlich, wenn die feindlichen Flieger tief gehen, schießen, auch nach dem Überfliegen, um die Rohre zu leeren. Soweit G.

5.10.1943

Eben habe ich mir die „Luftschutzschule" des Kreises Rees in der Gantesweilerstraße, in der ich ja schon öfters war und deren Entstehung ich schon vor Jahren miterlebt habe (zu nennen ist da besonders Herr Heger), nochmal etwas genauer angesehen. Sie ist aus einem alten Schuppen auf früheren Heeresgelände hergestellt. Links und rechts vom Eingang liegen zwei große Unterrichtsräume, in denen etwa je 60 Sitzplätze sich befinden, die aber darüber hinaus je noch wenigstens 50 Leute zu fassen vermögen. Mit Unterrichtsmaterial gut versehen. Zwischen den beiden Unterrichtsräumen befindet sich das nette Lehrerzimmer, eine kleine Küche zur Essenbereitung bei Tagungen Auswärtiger oder ganztägiger Schulungen und die sauberen Klosettanlagen. Die Türen all dieser Zimmer führen auf einen kleinen Vorraum, in dem neben der Büste des Führers die alte und neue Fahne des Reichsluftschutzbunds aufgehängt sind. Weitere Vorführungsräume der Hauptschule liegen gegenüber dem Schulgebäude in der Tiefe der alten Kasematten, zu denen man auf einem bequemen Gang gelangt. Geradeaus liegt der Gasmaskenprüfungsraum, nach rechts ein saalartiger Raum, in dem die zu Schulenden sachgemäßes Feuerlöschen gezeigt bekommen.

Das Eisenwerk Kraft ist zum Teil wieder in Gang. Bis jetzt ist eine Belegschaft von 250 Mann beschäftigt, die bald auf 400 gebracht werden soll. Von Mülheim aus verlegt. Der städtische Viehhof, der dort bisher untergebracht war, wird demnächst in einem in Angriff genommenen Neubau nahe dem Schlachthof untergebracht (Mitteilung vom Herrn Bürgermeister).

[7.]10.1943

Gestern besuchte ich die städtische Gärtnerei an der Brünerlandstraße. In Abwesenheit des Stadtgärtners Sardemann, der zugleich den städtischen Friedhof unter sich hat, führte mich Fräulein Karola Pflüger. Die Anlagen sind recht sehenswert, wenn sie auch zur Zeit wegen des fortgeschrittenen Jahres nicht mehr in vollem Flor sind. Hier werden die Bäume und Sträucher vorgezogen, die später ihren Platz im Glacis und den anderen Anlagen finden. Ebenso wachsen hier die Blumen heran, die unser Auge auf den schönen Schmuckplätzen der Stadt erfreuen. Unter den Treibhäusern ist besonders das zur Aufzucht von jungen Pflanzen zu nennen. Zu bemerken ist, daß trotz des Mangels an Arbeitern, besonders geschulten, die Anlagen die vielen schönen Blumen für die Anlagen und die städtischen Büros zu liefern imstande sind.

Am selben gestrigen Tage besuchte ich Herrn Lehrer Hans van den Bruck, den Leiter der Heilkräutersammlung für den Kreis Rees und im besonderen für die Sammelstelle Wesel. Der Kreis Rees hat neun Sammelstellen, unter denen die in Wesel die umfänglichste ist. Sie umfaßt außer dem Bezirk der Stadt Wesel noch eine Reihe nahe gelegener Gemeinden, so etwa Obrighoven, wo Lehrer Mertens ein besonders fleißiger Sammelvater ist. Die Sammlung der Heilkräuter wird in erster Linie von den Schulen durchgeführt; ein Lehrer nimmt sich jeweilig der Sache an. Auch die HJ sammelt daneben, sie liefert ihre Ergebnisse jedoch an den Schulsammelstellen ab. Die ganze Aktion liegt in der Hand der „Reichsgemeinschaft für Heilpflanzenkunde und Heilpflanzenbeschaffung e.V. Weimar", für uns Gau Abteilung Essen. Die diesjährige Sammlung begann im April, so daß am 6. 5. die ersten Ergebnisse von Lehrer van den Bruck nach Essen und an die Firma Gebr. Blumberg versandt werden konnte; es begann mit Gänseblümchen. Hier werden gesammelt etwa: Ackerschachtelhalm, Birkenblätter, Bohnenschalen, Brennesseln, Brombeerblätter, Eberesche, Eisenhut, Erdbeere, Gänseblümchen, Hagebutten, Heidekrautblätter, Himbeerblätter, Löwenzahn, Wurzeln der Quecke, Schachtelhalm, Spitzwegerich und Vogelknöterich. Gewaltig ist die Masse der gesammelten Güter. Es waren bis zum 6.10. bereits 5676 kg. Ein ganz stolzes Ergebnis ging am 15.9. nach Essen ab: 777,7 kg, ein halber Waggon voll. Das war noch nicht dagewesen. Seitdem hat die Sammelstelle Wesel schon wieder über 200 kg zusammen. Herr van den Bruck lieh mir das Buch von Dr. Karl Geith: „Deutschlands Jugend sammelt Heilkräuter" aus der Schriftenreihe „Biologie. Zeitfragen". Verlag Kurt Stenger, erschienen 1937 mit einem Vorwort von Gauleiter und Reichswalter Fritz Wächtler. Nach einleitenden Ausführungen über die wirtschaftliche und ethische Bedeutung der Heilkräutersammlung durch die Jugend gibt dieses vorzügliche Buch, das ich in einem Zug durchgelesen habe, eingehende Angaben über das Sammeln, Trocknen, Lagern, Verpacken und den Versand der Heilkräuter und geht dann im einzelnen auf die einzelnen zu sammelnden Heilkräuter ein.

Das aufgekommene Geld für die abgelieferten Heilkräuter wird von der versendenden Stelle an die Schulen anteilmäßig weitergegeben. Den Schulen ist die Verwendung des Geldes anheimgestellt. Meistens werden den Sammlern wohl Sparkassenbücher gegeben. Auch wohl zu Gemeinschaftszwecken verwandt: Bücher usw.

10.10.1943 (Sonntag)

Gegen drei Uhr nachmittags flogen etwa eine halbe Stunde lang etwa sechs Wellen feindlicher Flugzeuge über die Stadt hinweg in östlicher Richtung. Die Flugzeuge fuhren so hoch, daß sie mit bloßem Auge kaum wahrnehmbar waren, wozu auch das dunstige Wetter beitrug. Der Drahtfunk meldete:"Die Spitze der feindlichen Flugzeuge hat Wesel erreicht." Von hier flogen die Feinde nach Münster: erhebliche Schäden in Wohnvierteln dort; dagegen wurde ein großer Teil des anfliegenden Feindes vernichtet. (Hier als Beleg ein Zeitungsartikel eingeklebt.)

1.11.1943

Wenn auch die feindlichen Flieger seither die Stadt Wesel oftmals über- flogen haben, so hat sie doch keinen Schaden genommen. Seit etwa acht Tagen haben uns die feindlichen Flugzeuge ziemlich in Ruhe gelassen. Gestern abend zwar war wieder Alarm, durch einige Störflugzeuge verursacht. In Wesel ist es recht still; nur die Soldaten bringen einiges Leben in die Stadt. Vorvorige Woche hat der Reichsmarschall [Göring] den Westen besucht. Bei Gelegenheit des Besuchs des Fliegerhorsts auf der Bönninghardt will man ihn auch in Wesel gesehen haben.

Zur Zeit werden Ausbesserungsarbeiten an den Bürgersteigen in der Hindenburgstraße vorgenommen. Auch bessert man einzelne Straßen aus. Vielmals finden jetzt Parteiversammlungen statt zur Stärkung der Haltung unseres Volkes. Vorzüglich wird die Rede des Kreisleiters von Moers, Dr. Bubenzer, die ich selbst nicht gehört habe, genannt. Es ist kein Zweifel, daß solche Veranstaltungen für alle Volksgenossen von großer Wichtigkeit und Wirkung sind.

Einiges über das Weseler Städtische Wirtschaftsamt. Es hat jetzt außer dem allergrößten Teil der Kommandantur auch das Gebäude in deren Hof inne. Im ganzen sind 29 Personen beim Wirtschaftsamt beschäftigt, meist Mädchen und Frauen. Drei Beamte sind hier tätig: Herr Hülsmann (nach Einsatz von Herrn Höpken bei der Wehrmacht) als Vorstand, Herr Reismann und Herr Mertens. Unter Herrn Hülsmanns Oberaufsicht bestehen vier Abteilungen:

Abteilung: Spinnstoff, Schuhe, Fahrradreifen usw. Reismann

Abteilung: Herr Bäumler - Krankenhäuser usw.

Abteilung: Herr Isselburg - Sonderzuteilungen Milch usw. Zusatzkarten

Abteilung: Abrechnungsstelle für die Geschäfte - Beamter Mertens in dem Nebenhaus.

Die Stadt Wesel ist schon seit längerer Zeit in erheblichem Maße Einkaufsstadt für Bombengeschädigte der Städte des Industriegebiets und anderer Städte geworden. Davon erhielt ich heute morgen bei längerem Aufenthalt in einem Textilgeschäft einen augenscheinlichen Eindruck.

5.11.1943

Heute Mittag gegen ein Uhr Fliegeralarm. Feinde flogen geschwaderweise ein. Der Alarm dauerte zwei Stunden. Zeitweise heftiges Schießen. Man sah auch die rückkehrenden feindlichen Flieger.

16.11.1943

Seit Wochen kommen die feindlichen Flieger fast regelmäßig gegen sieben Uhr abends. Der Alarm dauert dann ein bis zwei Stunden; gestern Abend z.B. zwei Stunden. Es handelt sich durchweg um Störflüge über dem Industriegebiet. Es sind einzelne Maschinen, die einfliegen und dann das Gebiet überkreisen, durchweg im Halbbogen. Sie fliegen entweder von der Maas oder vom nördlichen Holland in das Reichsgebiet ein, wobei vielfach Wesel berührt wird. Einigemale meldete der Drahtfunk auch, daß sie Bomben abgeworfen hätten. Im Drahtfunk läßt sich die Bahn der feindlichen Flieger gut verfolgen. Die Meldungen folgen rasch aufeinander, oft wie gestern abend alle zwei Minuten. Er verfolgt die einzelne Maschine, so daß man die Fluggeschwindigkeit gut beobachten kann. Nächstens werde ich einmal einzelne Meldungen des Drahtfunks hier mitteilen.

Am 31.10. wurde die hiesige Zweigstelle der Deutschen Bank im Zuge der Freimachung von Arbeitskräften wie auch in anderen Städten ähnlicher Größe wie Wesel geschlossen. Ich war gegen Ende Oktober dort. Es war ein großer Betrieb, der erkennen ließ, welch außerordentliche Maßnahme diese Schließung bedeutet und welch große Folgen sie hat. Einige der Bankbeamten werden von benachbarten Stellen derselben Bank übernommen.

17.11.1943

Vom Kommandeur der Marineflakschule VI, Wesel, Fregatten-Kapitän Dr. Craemer, eingeladen, besuchten meine Frau und ich gestern abend den Hausmusikabend im Standortoffizierheim am Kaiserring. Es waren ziemlich zahlreiche Gäste erschienen. Das Ganze trug einen festlichen Charakter. Die Veranstaltung fand statt in dem großen Saal, der einen prächtigen Rahmen für das Konzert abgab. Wie der Rahmen so der Inhalt. Selten habe ich ein so gutes Konzert gehört. Unter den Mitwirkenden ragte durch Können besonders Obergefreiter Helbig, in Zivil Konzertmeister, hervor. Nächst ihm am Flügel Stabsgefreiter Hoffmann. Unter den gebotenen Stücken gefielen vor allem die Serenade aus dem Streichquartett Opus 89 von Haydn, das Konzert sinfonica für Violine und Viola von Mozart und der Kaiserwalzer von Johann Strauß. Reicher Beifall belohnte die Mitwirkenden. Gerade waren die Künstler im Begriff, eine Zugabe am Schluß zu geben, da ertönte Vollalarm, und alles löste sich rasch auf. Ein feiner, genußreicher Abend.

Fregatten-Kapitän Dr. Craemer (Mitte), Leiter der Marineflakschule Wesel.

19.11.1943

Besuch bei dem Herrn Kommandeur der Marineflakschule VI, Wesel, in der ehemaligen 43er Kaserne (Stabsgebäude). Außerordentlich liebenswürdig von Herrn Fregattenkapitän Dr. Craemer empfangen. Zunächst Dank für Einladung zu dem Konzert am Mittwochabend. Craemer freute sich sehr darüber, gab mir noch einige Einzelheiten, betreffend Mitwirkende bei dem Konzert. Meine Bitte, mir die Besichtigung der Schule zu gestatten, konnte er, lebhaft bedauernd, leider aus dienstlichen Gründen nicht nachkommen. Doch erfuhr ich aus dem längeren Gespräch mancherlei: Die Schule ist im März 1942 von Swinemünde nach Wesel verlegt worden. Damals war Craemer auch schon Leiter der Schule. Sein damaliges Schulgebäude in Swinemünde wurde von einer anderen Marineflakschule beansprucht, die die See und Schießplätze nötig hatte. Da sich nun Wesel als Garnisonsort gemeldet hatte und hier die freistehenden Kasernen vorhanden waren, die Schule hier auch wegen ihres rein theoretischen Unterrichts See und Schießplätze nicht nötig hat, wurde sie hierhin verlegt. Der Herr Kommandant versicherte mir, es gefiele ihnen in Wesel sehr gut, fügte auch hinzu, daß vorgesehen sei, die Schule auch nach dem Kriege in Wesel weiterhin bestehen zu lassen. In der 43er Kaserne liegt eine Kompagnie, alle anderen Gebäude dienen Schulzwecken; andere Einheiten liegen in der Kaserne auf der Esplanade und in der 7er Kaserne. Die Schüler werden aus der Front hierher geschickt, zu verschieden langer Zeit und zu Lehrgängen zusammengesetzt. Es unterrichten etwa 120 Lehrkräfte an der Schule, also ein sehr großer Apparat.

22.1.1944

Es ist geraume Zeit vergangen, seitdem ich hier keine Aufzeichnungen gemacht habe. Das hängt teilweise mit der Anfertigung einer längeren Arbeit über die Heimkehr der Zivilgefangenen 1919/1920 über Wesel, in der Hauptsache aber damit zusammen, daß hervortretende Ereignisse in der Zwischenzeit in Wesel nicht vorgegangen sind. Zwar kommen die feindlichen Flieger, wie man fast sagen kann, fast täglich über Wesel oder wenigstens berühren sie, um mit dem Drahtfunk zu sprechen, den Raum Wesel, ohne Schaden zu tun. Gelegentlich fällt eine Bombe in der Nähe, so vor etwa zwei Wochen auf das Bahngleis Wesel-Hamborn, an der Straßenunterführung eben jenseits von Lippedorf, aber bisher hat die Stadt selber keinen Schaden bekommen.

Vielleicht darf ich an dieser Stelle etwas Persönliches einflechten. Am 30.November 1943 weilte der Regierungspräsident in Wesel. Ich war von stellvertretenden Landrat Reim aufgefordert, eine kurze Führung zu übernehmen. Das geschah am 30. November 1943. Es war höchst anregend, insbesondere da der Regierungspräsident Dr. Burandt sich als bemerkenswert unterrichtet und interessiert erwies. Die Sache hat mir Spaß gemacht. Ein besonderes Dankschreiben des Präsidenten vom 8.12. habe ich gern gelesen.

Weihnachten und Neujahr gingen still dahin. Das Wetter zeichnet sich durch verhältnismäßige Milde aus, so daß der Kohlenverbrauch sich in mäßigen Grenzen hält. Dabei war und ist es meist neblig. Eine Reihe von Tagen kamen daher wohl auch die Flieger wenig oder gar nicht, doch sind sie letzthin wieder sehr rührig geworden. Unsere Abwehr hat sich aber bemerkenswert verstärkt.

Ein Wort über die Reichsbahn mag hier noch Platz finden. Fahrpläne werden zwar noch gedruckt, aber in die Hände des Publikums kommen sie nur noch selten. Umso wichtiger ist eine zuverlässige Beratung am Bahnhof. Da ist nun Wesel obenauf. An der Auskunftstelle sind einige junge Angestellte tätig, die die beste Auskunft zu erteilen imstande sind. Vielfach bei gängigen Zügen gleich aus dem Kopfe. Wie überall an größeren und mittleren Bahnhöfen werden Ankunft und Abfahrt der Züge und andere für den Reisenden wichtige Angaben durch Lautsprecher bekanntgegeben. Die Fahrgäste haben sich bestens daran gewöhnt, und die Sache klappt. Die Züge sind jetzt meist außerordentlich besetzt. Wir sind verschiedentlich morgens um 5.38 Uhr nach Oberhausen gefahren. Auch dieser Zug war schon ganz besetzt, ja überfüllt, selbst in der 2. Klasse. Was die Post angeht, so hat sie auch eine Neuerung eingeführt: die Leitpostzahl. Unser Bezirk (Düsseldorf) hat die Zahl 22. Hoffen wir, daß das dazu beiträgt, die oft späte Zustellung von Postsachen wenigstens einigermaßen zu verhindern.

Noch ist die Aufmerksamkeit zu lenken auf die geschickte Propaganda: Kohlenklau, jetzt Kohlenklaus Helfershelfer (22./23. Januar Frau Düsterblick, die „Miese"), Der Schattenmann (Feind hört mit) in Zeitungen und an Schaufenstern. Sind alle in fortlaufender Reihenfolge aus den Zeitungen zu entnehmen. Trotz des Warenmangels ist auch die Reklame nicht ausgestorben, sie geht darauf aus, die betreffenden (Marken)Artikel im Gedächtnis der Leute lebendig zu erhalten.

Noch ein Wort über die Gefangenenlager, die ich vielleicht einmal besichtigen müßte, leider muß man hinzufügen, wenn es möglich wäre. Das größte Lager in Wesel ist das in der verlängerten Fischertorstraße rechts, der sog. Pionierpark. Augenblicklich liegen dort Franzosen, eine Strafkompanie. Das zweite Lager ist das in der Nähe der Zitadelle, rechts davon an der Spielstraße. Das dritte am Alten Wolf im Übungsheim des Polizeihundevereins an der Luisenstraße.

Um das noch nachzutragen: Im November hatten wir 67 mal Fliegeralarm (alter Art), im Dezember 62 mal.

28.1.1944

Das Wetter ist dauernd wechselvoll, jedoch nicht kalt. Vor allem regnet es viel, auch herrscht oft starker Nebel. So ungemütlich das Wetter ist, den einen Vorteil hat es, daß die feindlichen Flieger nicht so häufig kommen wie sonst. Auch ist der Kohlenverbrauch erheblich geringer als in den kalten Vorjahren. Man hört übrigens davon, daß in der nächsten Zeit noch mehr Militär nach Wesel kommen soll. Bleibt abzuwarten.

6.2.1944

Es hat sich bisher nicht bewahrheitet, daß weitere Truppen nach Wesel kommen sollten. Lediglich etwa 400-500 Eisenbahner haben zwei Nächte hier, und zwar in der Oberschule für Mädchen, übernachtet, vor etwa 14 Tagen. Vor acht Tagen Feiern zum 30.1., die in Wesel wie allen Orten in dieser Gegend durch feindliche Flieger gestört wurden. In Wesel etwa 15 Minuten nach Beginn, kaum daß der Redner mit seinen Ausführungen begonnen hatte. So ging es die ganze Woche über mit Fliegeralarm um die Mittagszeit. Gerade jetzt, während ich hier schreibe, Sonntagsmittags um zwölf Uhr, schon wieder sog. Voralarm (drei mal lang). Heute ist ein förmlicher Frühlingstag, heller Sonnenschein, während im allgemeinen das Wetter sehr wechselvoll ist.

Freitag, den 10.2.1944

Gestern lernte ich den Ritterkreuzträger Major Heilbronn kennen, der hier Kommandeur eines Panzerbatallions ist, aber in kurzer Zeit als Regimentskommandeur wieder ins Feld geht. Er erzählte sehr interessant. Er war in derselben Division wie Oberst Schultz und dessen guter Freund. Auch Rommel kannte er gut. Heilbronn hat unter seiner Führung den Frankreichfeldzug mitgemacht. Rommels ganzer Sinn ist lediglich auf das Soldatische gerichtet.

22.2.1944

Gestern Luftkampf über Wesel. Feindliche Flugzeuge wurden abgeschossen. Besatzung rettet sich durch Fallschirmabsprung. Die Leute wurden über die Ostseite der Stadt weg in nordwestlicher Richtung getrieben. Nachher als Gefangene zum Teil durch die Stadt eingebracht.

Das Wetter ist schon seit etwa 14 Tagen empfindlich kalt. Der Koks fliegt nur so weg.

23.3.1944

Seit gestern sind zum besonderen Schutz der Rheinbrücken längs des Rheines hier Fesselballons eingesetzt. Ich war eben einmal in der Nähe und zählte stark 60 Ballons, die in verschiedener Höhe stehen, zwischen etwa 75-200 m schätzungsweise. Es soll außerdem noch schwere Flak hierher kommen. In der Stadt werden die Maßnahmen mit gemischten Gefühlen aufgenommen. Man befürchtet, daß die Aufmerksamkeit der Feinde allzu sehr auf Wesel gelenkt werde.

Wie immer in der letzten Zeit Fliegeralarm. Schwere feindliche Flugzeuge überfliegen die Stadt gegen elf Uhr; zwar infolge der Wolkendecke nicht sichtbar.

23.4.1944

Am 20. Stadt geflaggt [für] Führers Geburtstag. Am gestrigen Tage und in der vergangenen Nacht riß der Alarm kaum ab. In der Nacht gegen zwei Uhr usw. Terrorangriff auf Düsseldorf. Die Rückflieger nahmen ihren Weg vielfach über unser Gebiet. Dabei entwickelten sich häufige Luftkämpfe. Der Himmel war zeitweise taghell erleuchtet. Zu verschiedenen Malen konnten Abschüsse feindlicher Flugzeuge beobachtet werden. Die Stimmung, man kann auch sagen Haltung, der Weseler Bevölkerung ist gut. Dazu trägt nicht wenig das letzthin wohl bemerkbare Standhalten unserer Front in Rußland bei wie auch in Italien.

8.6.1944

Anfang Juni wurde eine große Luftschutzaktion in Werk gesetzt, und zwar von der Luftschutzführung in Gemeinschaft mit der Partei. Diese Aktion wird im Bezirk des Kreises Rees, zumal auch in Wesel mit großem Eifer betrieben. Das Nähere läßt sich gut aus den Tageszeitungen ersehen. Mitten in diese Aktion platzte die Nachricht von der Invasion der Anglo-Amerikaner in die Normandie in der Nacht vom 5. zum 6. Juni, um zwölf Uhr. Um dieselbe Zeit wurde hier bei uns sog. Voralarm gegeben, dem aber nicht, wie gewöhnlich, Hauptalarm folgte. Der Voralarm dauerte lange an. Am Morgen des 6. (Dienstag) erfuhr die Weseler Bevölkerung, wie allenthalben in Deutschland, durch das Radio Näheres über die kriegerischen Ereignisse an der nordfranzösischen Küste. Die Erregung war groß, aber gehalten. Das Weseler Stadtbild zeigt schon Veränderungen infolge des lange erwarteten Ereignisses. Man sieht nur noch wenige Soldaten in der Stadt. Am Dienstagabend gegen acht Uhr wurde in den Kinos bekanntgegeben, daß sämtliche Soldaten der hier in Garnison liegenden Marschkompanien herauszukommen hätten und befehlsgemäß ihre Kasernen aufzusuchen hätten. Von den hier zur Teilnahme an Lehrgängen der Marineflakschule weilenden Soldaten sind außerdem bereits eine erhebliche Zahl nach Westen in Bewegung gesetzt worden.

In den Vortagen sind viele deutsche Flieger über unser Gebiet nach Westen geflogen. Eines von ihnen ist in der Aue verunglückt. Die drei Mann Besatzung sind tot. Man sagt, daß das Flugzeug an der Sperrballonkette bei den Rheinbrücken gescheitert sei. In den Nächten von Dienstag auf Mittwoch und von Mittwoch auf heute kamen, wie in all der Zeit vorher, die feindlichen Flugzeuge wieder hier im Westen an, gegen zwölf Uhr wieder. In der erstgenannten Nacht hatten wir Voralarm, in der letzten auch Hauptalarm.

5.7.1944

In der vergangenen Nacht gingen im Stadtbezirk von Wesel von einem Störflugzeug vier Sprengbomben nieder; und zwar die erste an der Kaspar-Baur-Straße / Ecke Lipperheystraße, in dem Frau Schreiber und Studienrat Birtel wohnen. Das Haus wurde an der [der] Lipperheystraße zugekehrten Seite getroffen. Die Ecke des ersten Stockwerkes wurde weggerissen, die Wohnung im ersten Stock vollständig vernichtet. Auch die Wohnung Birtel im Erdgeschoß so stark beschädigt, daß sie unbewohnbar ist. Helfende Hände waren bald zur Hand. Die in der Nähe liegenden erlitten Schaden an Türen, Fenstern und Dächern. Auch an ziemlich entfernt liegenden Häusern wurden Fensterscheiben zertrümmert (Kurfürstenring, Gantesweilerstraße, Baustraße usw.). Größerer Schaden entstand auch durch die zweite Bombe am Nordglacis am und im Haus der Kreisfrauenschaft und dem links danebengelegenen. Die dritte Bombe fiel im Glacis in der Nähe des Offizierspeisehauses, ohne wesentlichen Schaden zu tun. Ähnliches gilt für die vierte Bombe, die am Mölderplatz niederging. In Wesel erwartet man allgemein größere Angriffe in den kommenden Nächten. Menschenverluste sind nicht zu beklagen.

14.7.1944

Bemerkenswert ist, daß seit einigen Tagen das Postauto nach Brünen nicht mehr verkehrt. Nach einer Mitteilung in der Zeitung handelt es sich um eine vorläufige Maßregel. Nach einer Mitteilung, Bekanntgabe in der Zeitung, ist der Personenverkehr bei der Reichseisenbahn forthin an bestimmte Bedingungen geknüpft. Die einzelnen Punkte werden bekanntgegeben. Seit einigen Tagen finden sich hier auf dem dem Reich gehörigen großen Grundstück an der Gantesweilerstraße bei nächtlichem Alarm Soldaten ein, die an einer Reihe ausgehobener Schützen- bzw. Splitterschutzlöchern mit Waffen Aufstellung nehmen. Wozu diese Maßmahme? Sonst fließt das Leben in Wesel verhältnismäßig still dahin. Doch unter dieser Oberfläche ist jedermann von der Frage bewegt: Was mag werden?

Es sei noch darauf zurückverwiesen (wozu ich wegen der damaligen Gichterkrankung nicht kam), daß vor nicht zu langer Zeit zwei Weseler Ärzte gestorben sind: der Facharzt für innere Krankheiten Dr. Theo Knipper und der praktische Arzt Dr. Max Lohmüller. Ich habe sie beide gut gekannt, besonders Herrn Knipper. Die Daten ihrer Todestage wären aus der Zeitung nachzutragen, wo auch Würdigungen ihrer Berufstätigkeit und Persönlichkeit gegeben wurden. Beider Hingang bedeuten ein schwerer Verlust für Wesel und die nähere (Lohmüller) und weitere Umgebung (Knipper), zumal in dieser Kriegszeit, in der ohne[hin] großer Ärztemangel herrscht. Dr. Knipper starb weit vor der Zeit an einem Gehirntumor, bei der zweiten schweren Operation in Berlin-?, wo sein Schwager Bennemann als Oberstabsarzt ein Lazarett leitet. Dr. Knippers Ableben hinterläßt eine außerordentlich große Zahl Patienten, die bei ihm Heilung suchten. Er war ein Arzt von Gottes Gnaden. Noch ist darauf hinzuweisen, daß schon vor einigen Jahren, auch schon im Kriege, Dr. Pooth gestorben ist, praktischer Arzt, auch tüchtig in seinem Beruf und ein liebenswerter Mann.

21.7.1944

Der gestrige Abend stand unter dem starken Eindruck des Attentats auf den Führer.

Die Soldaten erscheinen seit einigen Tagen bei Alarm nicht mehr auf der Wiese uns hier in der Gantesweilerstraße gegenüber. Das kommt daher, daß sie ausgerückt sind (aus der Notkaserne in der Pergamentschule).

25.7.1944

Viel bemerkt und viel besprochen wurde hier in Wesel die seit vergangenen Montag eingetretene Einführung des deutschen Grußes auch bei der Wehrmacht. Vgl. dazu auch anliegende Zeitungsnotiz [nicht vorhanden].

12.8.1944

Zwei Vorgänge bewegen, wie ganz Deutschland und weit darüber hinaus, auch unser kleines Wesel: Die Aufdeckung des Attentats gegen den Führer und die Bestrafung der Schuldigen, wobei der Tod durch den Strang als gerechte Sühne empfunden wird. Zweitens die Vorarbeiten zum totalen Kriegseinsatz, die allenthalben auch hier bei uns tiefgreifende Änderungen mit sich bringen wird. Diese Dinge sind so allgemeiner Natur, daß sie bei einer späteren Darstellung am besten aus den Zeitungen entnommen werden. Zugleich wandern die Gedanken fortgesetzt zu den Fronten, in diesen Tagen zumal zur Normandie und der Bretagne. Was geht bei Le Mans vor? Wird es unseren tapferen Truppen gelingen, den Vormarsch dort zum Stehen zu bringen?

27.8.1944

Am heutigen Sonntagmorgen fielen eine Anzahl Bomben im Rheingelände. Viele erwiesen sich als Blindgänger.

4.9.1944

Heute morgen ging ein großer Transport nach Goch zum Schanzen, zum Aufwerfen von Befestigungen an der Grenze, ab. Er bestand aus Erwachsenen beiderlei Geschlechts und aus Jugendlichen, hauptsächlich Jungen, doch auch Mädchen. Die vier oberen Klassen der Jungenoberschule wurden geschlossen eingesetzt, von Mädchen einige, die wohl unter der Leitung von Frauenschaftsmitgliedern für die Verköstigung zu sorgen haben.

Dies und die Vorgänge um den totalen Kriegseinsatz bringen eine gewisse Belebung des öffentlichen Lebens mit sich.

5.9.1944

In der vergangenen Nacht kamen Scharen von Müttern mit ihren Kindern hier durch Wesel durch, die in den Niederlanden weilten, dorthin früher als Evakuierte aus dem Industriegebiet geschickt. Am Morgen fuhr ein großer Transport Schanzarbeiter vom Weseler Bahnhof an die Grenze (wohl nach Goch). In Nachbargemeinden (z.B. Schermbeck), auch hier in Wesel sind zahlreiche Betriebe geschlossen worden, damit ihre Arbeiter an den Verschanzungen an der Grenze arbeiten. Die Stadt ist sehr still. Jeder denkt: Was mag nun werden? Auch Militärtransporte kommen durch den Bahnhof, meist in Richtung Schermbeck, wohl nach Münster, um dort wohl neu zusammengestellt zu werden. Wie ich noch höre, sind die ganze Nacht durch Autos und Truppen durchgekommen.

6.9.1944

Die Nacht durch hörte man dauernd Autos über die Ringstraße rollen. Gestern abend zu später Abendstunde wurde von Luftschutzbeauftragten durch die Stadt angesagt, daß man sich auf den Fliegeralarm nicht mehr sicher verlassen könne. Es müsse damit gerechnet werden, daß feindliche Flieger auch ohne vorherige Luftschutzwarnung auftauchen. Besonders gewarnt werde noch vor Tieffliegern. Dieselben Warnungen sind auch, wie ich höre, im Duisburger Bezirk gegeben worden.

Man hört, die feindlichen Flieger hätten in Venlo schlimm gehaust. Hier in Wesel sollen Autos mit vielen Leuten angekommen sein.

7.9.1944

Wieder kamen gestern abend und die Nacht durch zahlreiche Autos hier durch. Am Bahnhof herrschte Hochbetrieb. Zahlreich kommen Mütter mit Kindern, auch Väter durch, von Holland her. Nach der Grenze hin gehen Züge mit Soldaten und Schanzmännern. Es wimmelt von Soldaten, die nach Holland fahren, nicht in Sonderzügen. In Sonderzügen jedoch die Schanzmänner, aus dem Industriegebiet kommend.

8.9.1944

Zahlreiche Autos und Lastwagen kommen durch, stehen auch an vielen Stellen der Stadt unter Bäumen aufgereiht. Heute vormittag gegen elf Uhr geschah ein Luftkampf zwischen einem feindlichen Flugzeug und deutschen Jägern. Ich war gerade in der Notunterkunft des Stadtarchivs in einer der Kasematten in der Zitadelle. Dort scheint die Hauptphase dieses Kampfes gewesen zu sein. Wie ich gerade höre, sollen am Rheinhafen zwei Männer durch Bordbeschuß des Flugeugs getötet worden sein. Diese Nachricht hat sich bestätigt. Es hat außerdem Verletzte gegeben.

10.9.1944

Gestern wurde hier am Vormittag ein deutsches Flugzeug durch englische Jäger verfolgt und manövrierunfähig geschossen. Der eine Mann Besatzung sprang mit dem Fallschirm ab und landete hier nahe dem Eingang des Friedhofs, dicht vor der Wirtschaft [Bröckerhoff, Inhaber:]Gertönis. Der Mann soll außer einer Unterkieferverletzung heil davongekommen zu sein. (Wäre an der Luftschutzstelle noch nachzuprüfen). Am Sonntag, dem 10. und am Montag, dem 11.9. war über Tage fortgesetzt Luftalarm. Am Montagnachmittag von etwa sechs Uhr bis sieben Uhr dreißig geschehen andauernd feindliche Einflüge. Das Motorengeräusch und zeitweise das Bullern der Flak und Stottern der Maschinengewehre reißt nicht ab. Wesel bleibt, soweit man hört, verschont.

Allmählich werden nun auch die letzten Reserven zum Schanzen an der Grenze bei Goch (genauer bei dem Dorfe Hassum, dicht an der holländischen Grenze, 46 km Bahnstrecke von Wesel) herangezogen. Der Leiter der Aktion ist befehlsgemäß der Kreisleiter des Kreises Rees.

Wie man zuerst gerüchtweise, jetzt aber als ganz sicher hörte und hört, ist in den letzten Tagen H[itler]. durch Wesel durchgekommen (eine Stunde verweilt habend). Zu ihm hat sich hier der Reichsführer SS Himmler gesellt. In Autos haben sie die Rheinbrücke überfahren, offenbar zur Besichtigung der Schanzarbeiten an der Grenze.

13.9.1944

Gestern wieder zweimal langandauernder Vollalarm, am Vormittag und am Nachmittag.

14.9.1944

Am gestrigen Tage hielt der Alarm an wie am voraufgehenden. Wieder wurde die Stadt von zahlreichen feindlichen Bombern, besonders aus dem Gebiet Gelsenkirchen-Buer kommend, auf dem Rückflug überflogen. Viel Militär in der Stadt, wie ich bei einer kurzen Fahrt mit dem Rade feststellte. Unter den Bäumen der Ringstraße stehen zahlreiche Auto- und Pferdekolonnen.

15.9.1944

Der Zustrom von Fahrzeugen von Westen und Nordwesten hält an. Wesel bietet ein ziemlich kriegerisches Bild. Damit auch hier der Humor in diesen ernsten Tagen nicht fehle, sei erwähnt, daß es heute im größten Teil von Wesel keine Milch gab; die heute fällige war schon gestern abend ausgegeben worden. Grund: Heute wurde der Molkereiverwalter von Obrighoven, von wo Wesel hauptsächlich beliefert wird, beerdigt; daran nahmen die Weseler Milchhändler zahlreich teil.

16.9.1944

Elf Uhr dreißig, gerade wieder Vollalarm. Die Abordnung Soldaten (etwa zehn) bauen ihr Maschinengewehr auf der mir gegenüberliegenden

Wiese auf gegen Tiefflieger. Die Stimmung der Soldaten, die hier von der Front ankommen, scheint nicht schlecht, ja zuversichtlich zu sein. Ich hörte von drei Feldärzten, die heute nach Amsterdam abreisen und zuversichtlich sind.

17.9.1944

Heute reißt der Alarm überhaupt nicht mehr ab. Plötzlich gegen halb drei Uhr nachmittags hört man am Drahtfunk davon, daß im Raum zwischen Nimwegen, Kleve und Emmerich feindliche Luftlandetruppen niedergegangen seien. Diese Nachricht wurde ergänzt durch eine Nachricht aus ziemlich sicherer Quelle, daß auch Lastensegler heruntergekommen seien. Nicht lange danach kam durch den Drahtfunk die Meldung, daß es sich nur um eine geringe Zahl Luftlandetruppen handele, die außerdem hauptsächlich auf den genannten Raum benachbarten holländischen Gebiet niedergekommen sei: Jeder, der Beobachtungen, diese Dinge betreffend, mache, solle er der nächsten Wehrmachtsstelle oder entsprechenden Flakstelle melden.

Inzwischen sind die Soldaten hier gegenüber auf der Wiese verschwunden. Wie man hört, sind viele Soldaten aus Wesel mobil gemacht und in Marsch gesetzt worden. Außerdem haben sämtliche Urlauber in Wesel den Befehl erhalten, sich bis heute abend im Wehrmachtsheim zu stellen.

In einem fort werden wir von deutschen Fliegern in Richtung Nordwesten überflogen.

19.9.1944

Der D-Zug Holland-Wien, der hier in Wesel um 11.41 Uhr abfährt, fährt jetzt Emmerich-Wien. Gestern haben Soldaten hier auf der Wiese während des Alarms gegen Mittag Vernebelungen angestellt. Die Einrichtungen dazu sind schon vor einigen Tagen gemacht worden, die Vernebelung ging ganz ordentlich, verzog sich aber ziemlich rasch.

22.9.1944

Der vorgenannte D-Zug nach Wien fährt nicht mehr. Am 19.9. gegen drei Uhr fielen eine ganze Anzahl Sprengbomben jenseits des Bahnkörpers in der Nähe der Artillerie-Kaserne, besonders am Quadenweg. Dort wurde ein Haus, etwa 150 m von der Artilleriestraße entfernt, auf der linken Seite getroffen. Es gab 16 Tote, die sich im Keller aufhielten. Besonders tragisch ist der Tod der drei Geschwister Schroer (von dreizehneinhalb bis vier Jahren), deren Vater vor kurzem am Fusternberger Fort, wo die Familie wohnt, durch Fliegerbomben getötet wurde. Die Mutter liegt schwer krank im Hospital.

Die Schanzer von der Grenze waren bei Beginn der Luftoffensive der Feinde im Raum Nimwegen-Arnheim in Eilmärschen ins Land zum Rhein hin gerückt. Große Trupps hielten sich auch einige Tage in Wesel auf, wo sie in Schulen lagen. Sie wurden von der NSV sehr gut versorgt. Sie haben sich überaus lobend über das gute Essen ausgesprochen. Gestern am Abend sind die letzten wieder zum Schanzen an die Grenze mit Sonderzug abgefahren. Das wird mit Recht als eine gewisse Beruhigung der Lage aufgefaßt. Doch hat man sehr spürbar die Empfindung, es sei die Ruhe vor dem Sturm.

24.9.1944 (Sonntag)

Gestern andauernd Alarm, bis gegen elf Uhr abends. Die Nacht, wie überhaupt die letzten Nächte, ruhig. Jetzt aber (neun Uhr) schon wieder Voralarm (öffentliche Luftschutzwarnung). Was mag der Tag wieder bringen? Vorigen Sonntag begann die Luftlandung der Engländer im südniederländischen Raum Nimwegen - Arnheim. Was ist seitdem alles geschehen! Man glaubt nicht, daß erst eine Woche verflossen sei. Doch nun steht die Front. Wie ich einer Zeitungsnotiz entnehme, kommandiert Marschall Model die gesamte Westfront von den Niederlanden bis zur Burgundischen Pforte.

28.9.1944

Gestern war in Wesel in Hinsicht auf Luftgefahr ein besonderer Tag. Um 7.45 Uhr Öffentliche Luftschutzwarnung; acht Uhr Vollalarm. Das ging den ganzen Tag bis in die Nacht so weiter, teils überfliegende Bomber, teils Jäger waren stetig in der Luft. Am Vormittag gegen zehn Uhr war ein besonderer Höhepunkt. An einzelnen Stellen in der Stadt gingen einige schwere Bomben nieder; so in der Demmerstraße, wo das Warenlager des Kolonialkaufmanns van Randenborgh getroffen wurde. Häuser der Nachbarschaft wurden in schwere Mitleidenschaft gezogen, eins fast ganz zerstört. An der Esplanade, gerade vor der ehemaligen Festhalle an den Gas- und Wasserwerken ging eine Bombe nieder, die die Front der Festhalle zum Teil eindrückte und alle Fensterscheiben, auch die des Gaswerkes (Verwaltungsgebäude) zertrümmerte.

DIE LUFTSCHUTZMASSNAHMEN IN WESEL

Gastwirt **Gerhard Bölting**

Meldung an den Reichsluftschutzbund in Wesel
Stadtarchiv Wesel N25

Wesel, den 13. Januar 1943

An
den Reichsluftschutzbund
z.H. des Blockwarts Herrn Merl
Wesel, Reeser Landstraße

 Ich nehme Bezug auf die heute mit Ihnen gehabte Rücksprache über die Luftschutzkellerverhältnisse auf der Reeser Landstraße und mache nochmals darauf aufmerksam, daß in der weiteren Umgebung meines Hauses rund 20 zum Teil kinderreiche Familien ohne ausreichenden Schutz gegen feindliche Bombenangriffe sind. Die Keller in meinem Hause haben Schwemmsteindecken, die selbst bei Stabbrandbomben keinen genügenden Widerstand bieten. Die Keller fast aller Nachbarhäuser haben lediglich Holzbalkendecke ohne Unterputz und sind deshalb vollständig ungeeignet. Zahlreiche Familien suchen den auf meinem Hofe vorhandenen alten Eiskeller auf. Dieser ist so feucht, daß das Wasser selbst bei gutem Wetter von den Wänden rinnt. Bei Regenwetter läßt die Decke dieses Eiskellers erheblich Wasser durch, so daß sich die Insassen nur mit einem Regenschirm darin aufhalten können, wenn nicht der Zutritt wegen der meistens auftretenden Wasseransammlung überhaupt unmöglich ist. Bei den letzten feindlichen Fliegerangriffen trat der Mangel an ausreichenden Luftschutzräumen wieder besonders in Erscheinung. Man muß sich diesen Zustand einmal ansehen, wenn allabendlich weinende Frauen und Kinder in diese unwürdige Unterkunft ziehen. Ich bemerke noch, daß ich mit meiner Familie bei Fliegerangriffen ebenfalls diesen Keller aufsuchen muß, weil mein Keller keinen Schutz gewährt.

 Ich habe Sie auch darauf aufmerksam gemacht, daß in der Nähe meines Hauses eine an die Reeser Landstraße grenzende Grundstücksparzelle vorhanden ist, die der Stadtgemeinde Wesel gehört und für die Errichtung eines genügend großen Bunkers geeignet wäre. Wegen dieser Frage habe ich mich bereits auch schon an die Stadtverwaltung gewendet und mich bereit erklärt, das betreffende Grundstück zu erwerben und darauf selbst einen vorschriftsmäßigen Bunker zu errichten. Die Stadt hat diesen Vorschlag abgelehnt (Schreiben vom 16.11.42 -XIII) mit dem Bemerken, ich könnte auf meiner Besitzung hinter meinem Hause für mich und die Nachbarschaft einen Luftschutzkeller errichten. Daraufhin habe ich mich dem Herrn Stadtinspektor Lisner vom Bauamt gegenüber sogar bereit erklärt, das betreffende Grundstück, falls es die Stadt später zur Straßenerweiterung benötigen sollte, dieser kostenlos wieder zurückgeben würde, was Herr Lisner mit dem Bemerken ablehnte, die Stadt wolle von mir nichts geschenkt haben.

Ich bitte den Reichsluftschutzbund, sich hier einzuschalten, denn es herrscht in den in Frage kommenden Familien bereits erheblicher Unwille darüber, daß diese Zustände nicht abgeändert werden. Den Leuten ist bekannt, daß in Flüren und Bislich zahlreiche Bunker bereits erbaut sind und wundern sich mit Recht darüber, daß hier bisher nichts geschehen ist.

Heil Hitler!

G. Bölting

Architekt **Hermann Merl**

Meldung an den Reichsluftschutzbund in Wesel
Stadtarchiv Wesel N25

19. Januar 1943

An den
Reichsluftschutzbund
Wesel

Im Nebengebäude der Gastwirtschaft Lisner, Wesel, Reeser Landstraße 22, hat man nun, veranlaßt durch den letzten Bombenschaden in der
Feldmark, zu den bisherigen elf Personen, acht Familie Müller, drei Familie
Freyer noch weitere acht Personen der Familie Secklär hinzu eingemietet. Es
sind also in dem kleinen, nach meiner Ansicht abbruchreifen, Haus 19
Personen untergebracht. Der vorhandene Luftschutzraum genügte kaum für
die erste Personenzahl, genügt aber nicht für die jetzige Personenzahl. Ich
beantrage als Blockwart, daß sofort Abhilfe geschaffen wird und mache den
Vorschlag, daß zwei Familien in dem benachbarten, fast leerstehenden Haus
der Frau Witwe von Marle untergebracht werden.

Die Zustände in dem benannten Haus sind unhaltbar und bedürfen der
sofortigen Wandlung. Bei der Familie Müller ist der Mann Soldat, seit circa
sechs Wochen, die Mutter von sieben Kindern ist gelähmt und muß ständig
das Bett hüten. Bei Alarm müssen Nachbarn und Kinder die Mutter in den
circa 120 Meter entfernten Luftschutzkeller von Marle fahren, da das
Herunterbringen in den Hauskeller unmöglich ist. Die Familie haust nun in
einem Raum (also acht Personen). Diese Familie sollte man im Haus von
Marle unterbringen. Was nicht hierhin gehört, aber doch erwähnt zu werden
verdient, die 19 Personen haben keinen benutzbaren Abort und müssen den
Eimer benutzen, und was macht man mit den Fäkalien?

Bitte also um sofortige Abhilfe, da ich als Blockwart diesen Zustand
nicht dulden darf.

Heil Hitler!

Blockwart
[Merl]

Kaufmann **Reinhold Brand,** Wesel

Briefe an seinen Freund Hermann Wolbring in Lichtenau bei Paderborn
Auszüge vom 14.7.1942 - 8.4.1944
Privatbesitz

Wesel, den 14.7.1942

Lieber Hermann!

Nun kann ich vorläufig zu meinem großen Bedauern meinen für die nächsten Tage angekündigten Besuch nicht ausführen, da ich gestern plötzlich gemustert worden bin und nun mit vielen andern Genossen zur Heimatflak eingezogen worden bin. Das bedeutet halb Zivilist, halb Soldat. Ab heute beginnt die Ausbildung auf mehrere Wochen täglich ab vier Uhr bis zur Dunkelheit. Im übrigen geht die Zivilarbeit nebenher. Nett, nicht wahr? Nach beendigter Ausbildung gibt es dann Nachtdienst alle paar Nächte in der Stellung. Näheres weiß ich auch nicht, und man kann ja nicht alles schreiben.

Jedenfalls weiß ich, daß ich keine freie Zeit vorläufig haben werde und mir für absehbare Zeit jede Urlaubsmöglichkeit genommen ist. P. Kampen ist auch wieder dabei und viele andere unserer Jahrgänge und älter !!! Auch Jüngere. Man ist also jetzt nichts Halbes und nichts Ganzes mehr. Ständig gebunden durch Betrieb und Dienst. Nun, auch das wird vorübergehen und ich hoffe, daß ich Dir dann vielleicht nach der Ausbildungszeit, wenn der Dienst festliegt, doch noch von allen diesen Dingen mündlich erzählen kann. ...

Mit den besten Grüßen

Dein Reinhold

Wesel , den 26. März 1943

Lieber Hermann!

... In letzter Zeit war es zum Verrücktwerden. Darüber mehr ein anderes Mal mündlich! - Außerdem darf ich mich Dir vorstellen als 'Zugführer und Wachtmeister der Landwehr der Flakartillerie' bei der Heimatflak in Wesel!!! Diesen Posten habe ich auch seit 1.3.43 inne und bin Inhaber einer gar schönen Uniform, mit allem, was dazu gehört!! Der Dienst läßt sich so noch ertragen, wenn es nicht schlimmer wird. Aber Zeit für sich hat man kaum noch. Das wird ja bei Dir nicht anders sein und nicht anders werden, solange der Krieg eben dauert. Und wie lange ist das noch? Zu meinem Zug bei der Flak gehört als Kanonier auch u.a. Bäckermeister Hülshorst von der Kurzen Straße. Eigentlich müßten Anton Temming und Karl Hessling auch dabei sein; dann hätte man die Rheinstraße und den Entenmarkt zusammen. Aber die beiden sind nicht in dem Klub. Sonst alles richtige Weseler Dickköppe älteren Datums vom Rhein und dem Stadtgebiet zwischen Rhein und Fischmarkt so ungefähr. ...

Für heute die besten Grüße und Wünsche für Dich und Deine Frau

Dein Reinhold

Wesel, den 24. Februar 1944

Lieber Hermann!

... Denn wir alle haben ja kein ruhiges Leben. Jetzt soll man auch noch einmal im Monat am Sonntag Wehrsportdienst mitmachen! Aber ich werde verzichten, zumal ich gerade genug Sport bei der Flak etc. mitmachen muß. Man ist doch kein Jüngling von 1914 mehr!!! Man kann auch alles übertreiben. Sonst ist hier, Gott sei Dank, alles beim Alten. Heute habe ich zu Hause Einquartierung in Gestalt eines Feldwebels bekommen. Scheint ein ganz anständiger Mensch zu sein. ...

Mit besten Grüßen von Haus zu Haus

Dein Reinhold

Wesel, den 8. April 1944

Lieber Hermann!

... Hier ist, der Zeit entsprechend, alles in Ordnung. Bedingt "kv" [kriegsverwendungsfähig] bin ich offiziell noch nicht: Aber "gvh" [garnisonsverwendungsfähig Heimat] ist ja wohl dasselbe und "Landwehr I" bin ich schon lange. Bei der Flak habe ich jetzt noch eine Sonderfunktion bekommen. Das bedeutet mindestens mehr Dienst! Habe ja auch Zeit genügend dafür! Zum SA-Wehrsport wollte man mich auch noch holen. Ich habe aber energisch abgewinkt und mal so meinen Tagesablauf den Herren zur Kenntnis gebracht. Da war die Sache natürlich aus. Auch meine Herren Söhne haben über Mangel an HJ-Dienst nicht zu klagen. Reinhold ist bei der HJ-Feuerwehr und muß bei jedem Voralarm und einen über den andern Tag (bzw. nachts) bei Luftwarnung heraus. Dazu kommt noch ein bis zweimal in der Woche abends sonstiger HJ-Dienst. Dafür trägt er auch eine grüne Kordel als Hauptscharführer, und die Nachtruhe bei uns ist natürlich nur in Streifen zu genießen. Hermann-Josef ist jetzt auch in der HJ und hat drei bis viermal in der Woche Dienst. Dazu Schule, die bei jeder Vorwarnung unterbrochen wird. Es kommt vor, daß an einem Tage kaum eine Stunde ordentlicher Unterricht ist. Was soll denn da noch dabei herauskommen? Reinhold war kürzlich in einem Wehrertüchtigungslager in Kitzbühel zum Wintersport. 14 Tage. Sehr gutes Essen, und es hat ihm viel Freude gemacht. Denn im Herbst wird er wohl zum Arbeitsdienst müssen, und dann winkt der Kommiß. Herr Gott, wenn doch der Kram einmal zu Ende wäre!! ...

Kommende Nacht (zum ersten Feiertag) habe ich Flakdienst. Gott sei Dank beginnt der jetzt erst um 8.30 Uhr bis morgens um 6 Uhr. Das ist schon besser als im Winter um 17 Uhr. Ich habe ganz ordentliche Leute dabei. U.a. Bäckermeister Hülshorst von der Kurzen Straße. Da kann man wenigstens sich mit unterhalten, wenn man stundenlang draußen sein muß. Denn es ist ja nicht immer während des Alarms etwas für uns los. ...

Für heute alle Gute und unsere besten Grüße!

Reinhold

Polizeihauptmann **Wilhelm Schyns**

Die Arbeit der Polizeidienststelle Wesel
bis zum März 1945
(1. Teil)
verfaßt für das Gedenkbuch 1951/52
Stadtarchiv Wesel N25

Vom Juli 1942 bis zur Besetzung Wesels durch die alliierten Truppen am 23.3.1945 war ich Leiter der Polizeidienststelle Wesel. Neben den rein polizeilichen Aufgaben, die im Kriege nicht gering waren, hatte ich einen fast erdrückenden Arbeitsbereich in der Durchführung der Luftschutzmaßnahmen. Nach den seinerzeit bestehenden gesetzlichen Bestimmungen war der Bürgermeister Ortspolizeiverwalter und auch gleichzeitig örtlicher Luftschutzleiter, d.h., er hatte im Rahmen der ihm zur Verfügung stehenden Möglichkeiten alles zu tun, was zum Schutz der Bevölkerung gegen Luftangriffe erforderlich war. Sachbearbeiter in Luftschutzangelegenheiten war ich als Leiter der Polizei.

Während in Luftschutzorten erster Ordnung größere Einheiten Feuerlöschpolizei, Instandsetzungsdienst und Luftschutzsanitätsdienst aufgestellt und mit staatlichen Mitteln ausgerüstet wurden, war Wesel Luftschutzort dritter Ordnung und mußte aus eigenen Mitteln gestützt auf die bereits am Ort bestehenden Organisationen, wie Feuerwehr, Technischen Nothilfe und Deutsches Rotes Kreuz, einen möglichst hohen Grad der Gefahrensabwehr zu erreichen suchen.

Es gab zwar Möglichkeiten, staatliche Mittel für den Bau von Luftschutzunterkünften und Warnanlagen zu erhalten; der Weg von der Beantragung bis zur Bewilligung war jedoch lang und dornenvoll. Die schließlich bewilligten Mittel waren unzulänglich, und wenn das Geld zur Verfügung stand, fehlten immer noch Material und Arbeitskräfte. Alles, vom Nagel bis zum Ziegelstein, war zwangsbewirtschaftet und ohne Bezugsberechtigung nicht zu erlangen. Bei der bestehenden Überorganisation kannte sich schließlich niemand mehr aus, welche Stellen für die Materialgenehmigung zuständig waren.

In der Erkenntnis, daß nichts wichtiger war, als die Maßnahmen durchzuführen, die zum Schutz für Leib und Leben der Bevölkerung erforderlich waren, bewilligte der Bürgermeister die Mittel, so weit er es überhaupt verantworten konnte. Dank der stets rührigen Mitarbeit der Führer der

Löscharbeiten auf dem Gelände der bombardierten Ziegelei Block am 21. Oktober 1940.

Feuerwehr, der Technischen Nothilfe und des Roten Kreuzes, gelang es auch, diese Organisation auf eine beachtliche Einsatzstärke zu bringen. Trotz größter Schwierigkeiten wurde manches an Neuausrüstung beschafft: Motorspritzen, Fahrzeuge, Schlauchmaterial, Wasserrohre, Schaufeln, Hacken, Schweißgeräte, Tragbahren, Verbandsmaterial usw. Zusätzliche Feuerlöschbrunnen und Löschwasserentnahmestellen an Rhein, Lippe, Isselkanal und Hafen wurden angelegt, um auch im Falle der Zerstörung der Wasserversorgung überall noch genügend Löschwasser zur Verfügung zu haben.

Das Luftschutzwarnsystem wurde durch zusätzliche Sirenen erweitert, damit bei Fliegeralarm auch die im entferntesten Ortsteil Wohnenden vor der drohenden Gefahr rechtzeitig gewarnt werden konnten.

Die Bevölkerung wurde über die Gefahren eines Luftangriffs immer wieder aufgeklärt und in den Schutzmaßnahmen geschult und beraten. Es wurde insbesondere Wert auf die Ausbildung in der Löschung von Brandbomben gelegt, damit Brände bereits in der Entstehung bekämpft werden konnten, bevor es zu größeren Schadenfeuern kam. Weiter erhielt die Bevölkerung Unterweisung in der ersten Hilfeleistung und im zweckmäßigem Aufbau von Luftschutzräumen.

Vom RLB [Reichsluftschutzbund] wurden die Selbstschutztrupps aufgestellt, die sogenannte Blockfeuerwehr. Es stellte sich heraus, daß kaum in einem Hause die erforderlichen Selbstschutzkräfte vorhanden waren. Als Notbehelf wurde daher in jedem Häuserblock ein Selbstschutztrupp von acht bis zehn Mann aufgestellt, der die Aufgabe hatte, den Block bei Fliegeralarm zu überwachen und beim Eintritt eines Schadenfalles sofort die im Rathaus befindliche Befehlsstelle zu benachrichtigen, erste Hilfe zu leisten und im Falle eines Brandes die Brandbekämpfung unmittelbar in Angriff zu nehmen. Obwohl diese Selbstschutztrupps völlig mangelhaft ausgerüstet und ausgebildet waren, haben sie oft Hervorragendes geleistet. Die Ausrüstung an Schaufeln, Äxten, Luftschutzhandspritzen, Wassereimern usw. war dem Hausinventar des betreffenden Häuserblocks entnommen. Das sofortige Eingreifen der Selbstschutztrupps hat manchen größeren Brandschaden verhindert.

Immer schwieriger wurde es, die Einsatzkräfte der Feuerwehr, der Technischen Nothilfe und des Deutschen Roten Kreuzes stärkemäßig auf dem unbedingt erforderlichen Stand zu halten. Durch fortgesetzte Einberufung zur Wehrmacht, zur Heimatflak, durch Heranziehung von Kräften durch das Arbeitsamt zum auswärtigen Arbeitseinsatz, seitens der NSDAP zu auswärtigen Schanzarbeiten oder anderen Obliegenheiten innerhalb der Parteiorganisationen, zum Volkssturm usw. wurden ausgebildete Kräfte der Feuerwehr, der Technischen Nothilfe den Einsatztrupps entzogen.

Es mußten immer wieder neue Kräfte ausgebildet werden. Es war überhaupt kaum noch möglich, brauchbare Kräfte zu bekommen, da infolge der Überorganisation jeder doppelt und dreifach erfaßt war.

Schon zu Beginn des Krieges war eine ganze Anzahl öffentlicher Luftschutzräume im Stadtgebiet eingerichtet worden. Dabei handelte es sich um größere, bereits vorhandene Kellerräume, die gegen Einsturzgefahr einen verstärkten Ausbau erhalten hatten und mit Notausgängen, Frischluftzufuhr, Licht- und Sitzgelegenheiten versehen worden waren.

Diese öffentlichen Schutzräume dienten dazu, den bei Eintritt von Luftgefahr auf der Straße befindlichen Personen für die Dauer des Alarms Unterschlupf zu bieten. Im übrigen waren die Hauseigentümer verpflichtet, in jedem Hause für die Bewohner einen Luftschutzraum einzurichten, was jedoch infolge Raummangels oft nicht möglich war. Durch Mauerdurchbrüche waren diese Luftschutzräume miteinander verbunden worden. Selbst unter den Nebenstraßen, Hofräumen und Toreinfahrten waren unterirdische Gänge geschaffen worden, damit im Falle eines Hauseinsturzes die Insassen

Befehlsstelle des Reichsluftschutzbundes in Wesel am Großen Markt neben Café Maas.

eines Schutzraumes Möglichkeit zum Entkommen hatten. Diese Maßnahme hat sich gut bewährt. Ganze Straßenfluchten waren unterirdisch miteinander verbunden. Es bestand z.B. die Möglichkeit, vom Großen Markt aus, durch die Kellerräume des Rathauses, wo sich die Befehlsstelle des örtlichen Luftschutzleiters befand, unter dem Fischmarkt hindurch in die Kellerräume des Marienhospitals zu gelangen. Durch das Kellergewirr des Marienhospitals, welches aus vielen verschiedenartigen Gebäulichkeiten bestand, konnte man schließlich durch einen unterirdischen Gang unter der Feldstraße hindurch zum Keller des städtischen Krankenhauses gelangen und von hier aus die Esplanade erreichen.

Wer mit den dortigen Verhältnissen nicht genau vertraut war, fand sich in diesen Kellerlabyrinthen allerdings nicht zurecht, zumal nach jedem größeren Luftangriff die Stromversorgung aussetzte und die Notbeleuchtung nicht immer zu Stelle war oder bei entstehender Panik nicht gefunden wurde.

Bei zunehmender Heftigkeit und Häufigkeit der Luftangriffe, etwa von Mitte 1944 ab, und bei der Verwendung schwererer Abwurfmunition wurde ein Teil der Bevölkerung derartig verängstigt, daß sie sich in ihrem eigenen Luftschutzraum nicht mehr sicher fühlte. Sie suchte lieber die schon überfüllten öffentlichen Schutzräume auf, weil sie sich in größerer Gemeinschaft geborgener fühlte. Das aber war falsch. Kein Luftschutzraum in Wesel war bombensicher, sondern bot nur Schutz gegen Bombensplitter und hielt im günstigsten Falle bei Einsturz des Hauses stand. Je kleiner er war, desto größer war die Gewähr, daß er der herabstürzenden Trümmermasse widerstand. Andere verließen bei Ertönen des Alarmsignals sofort die Stadt. Mit Kraftwagen, Motorrädern, Fahrrädern und zu Fuß, teilweise unter Mitführung geringer Habseligkeiten, suchten sie außerhalb der Stadt ins Freie zu kommen. Dann setzte an den Ausfahrtstraßen der Stadt jeweils eine panische Flucht ein.

So führte die Überfüllung der öffentlichen Luftschutzräume zu fast unhaltbaren Zuständen. Die Belüftung war nicht ausreichend. Die Alarme steigerten sich auch auf drei bis vier Mal täglich und dauerten stundenlang. Sitzgelegenheit war nur für eine normale Belegung vorhanden.

Manche Räume waren feucht und konnten nicht genügend geheizt werden. Schon bei der Zerstörung der Städte Emmerich und Kleve im Oktober 1944 war es der Bevölkerung, die nicht berufstätig war, dringend nahegelegt worden, sich in weniger gefährdete Gebiete bringen zu lassen. Die Möglichkeit dazu bestand durch Einsatz von Sonderzügen, wobei auch größere Mengen an Gepäck mitgenommen werden konnten. Von dieser Gelegenheit wurde nicht genügend Gebrauch gemacht. Die Frauen mit berufstätigen Männern wollten sich nicht von diesen trennen. Auch lehnte man ab, Kinder oder alte Leute allein wegzuschicken. Viele kamen wieder zurück, weil sie es am neuen Unterbringungsort nicht so angetroffen hatten, wie sie erhofft hatten.

Trotz der Schaffung neuer Luftschutzräume im Sommer 1944 am Hansaring, Klever-Tor-Platz, in der Sandstraße, am Mölderplatz usw., trotz Evakuierung in größerem Umfange und obwohl viele Menschen bei Fliegeralarm die Stadt verließen, überfüllten sich die öffentlichen Luftschutzräume mehr und mehr. Durch die langen, fortgesetzten Alarme und die bereits eingetretenen größeren Zerstörungen, die zahlreiche Todesopfer gefordert hatten, wurde die Bevölkerung immer mehr verängstigt. Die meisten suchten den Luftschutzraum im eigenen Hause nicht mehr auf, sondern drängten sich in die öffentlichen Luftschutzräume. Nicht selten verfielen Frauen in Schreikrämpfe, wenn Bomben in der Nähe abgeworfen wurden, oder erlitten einen Nervenzusammenbruch.

Als die alliierten Truppen Holland bereits besetzt hatten, konnte immer erst dann alarmiert werden, wenn die Flugzeuge bereits da waren und die Bomben schon fielen. Infolgedessen weigerten sich viele, nach der Entwarnung den Luftschutzraum zu verlassen, weil sie bei einem erneuten Alarm befürchteten, den Luftschutzraum nicht mehr rechtzeitig zu erreichen. So richteten sie sich notdürftig eine Schlafgelegenheit im Luftschutzraum ein und lebten von dem mitgebrachtem Proviant. In einem Falle mußte ich einer Frau im dichtgedrängten Luftschutzraum bei ihrer Niederkunft Beistand leisten, bis endlich ein Arzt herbeigeholt werden konnte.

Von der Befehlsstelle des örtlichen Luftschutzleiters im Rathauskeller wurden die Luftschutzkräfte eingesetzt. Ihm standen Fachführer der Polizei, Feuerwehr, Technischen Nothilfe und des Roten Kreuzes zur Seite. Einsatzkräfte waren am Berliner Tor, im Feuerwehrgerätehaus, in der Zitadelle usw. untergebracht. Dort hatten sie sich im Falle des Alarms einzufinden. Die Befehlsstelle war telefonisch mit dem Warnkommando verbunden, so daß sie stets über die jeweilige Luftlage orientiert war. Weitere Verbindungen bestanden zur Turmüberwachung und zu einer größeren Anzahl Beobachtungsstellen im Stadtgebiet, die von Polizeibeamten besetzt waren und ihre Beobachtung beim Eintritt von Schadenfällen sofort der Befehlsstelle mitzuteilen hatten. Außerdem waren die Fachführer in der Befehlsstelle mit ihren Einsatzkräften telefonisch verbunden, so daß diese sofort benachrichtigt werden konnten. Für den Fall des Versagens der Telefonanlage bestand ein Meldedienst zur Nachrichtenübermittlung.

Maßnahmen beim Eintritt von Schadenfällen waren: Ärztliche Betreuung der Verletzten und deren Unterbringung, Einrichtung von Notsanitätsstellen mit Verbandsvorräten und Operationsmöglichkeiten, Unterbringung und Verpflegung Obdachloser, Sicherstellung geretteten Hausrats aus zerstörten Häusern, Erkennung und Bestattung von Todesopfern, Aufrechterhaltung der Nachrichtenmittel mit den benachbarten Orten, um Hilfskräfte anfordern zu können, Bereitstellung von Fachtrupps zur Schadenhebung in der Wasser-, Strom- und Gasversorgung, Versorgung mit Trinkwasser bei Zerstörung des Wasserwerks, Maßnahmen für den Fall der Verwendung chemischer Kampfstoffe.

Wir arbeiteten mit den in Wesel liegenden Wehrmachtseinheiten zusammen. Sie leisteten, wenn immer möglich, oftmals Hilfe bei eintretenden Notfällen.

Regierungsbaurat **Fritz Fischer**

Der private Luftschutz in Wesel
verfaßt 1951/52 für das Gedenkbuch
Stadtarchiv Wesel N25

... Der Krieg, der soviel Tod, Zerstörung, Hunger, Leid und Sorge in Deutschland verursachte, hat von allen deutschen Städten besonders stark die Stadt Wesel, die ehemalige Perle des Niederrheins, heimgesucht.

Die geographische Lage der Stadt, die Grenznähe und damit die Frontnähe, brachten es mit sich, daß Wesel bei Einflügen der Feindflugzeuge immer wieder im Warnrundfunk genannt wurde. Hier wurden mit die ersten Bomben abgeworfen, hier wurden auch mit die ersten Feindflugzeuge abge-schossen, und hier haben in den letzten Phasen des Krieges die Bomber ganze Arbeit geleistet und unersetzliche Werte jahrhundertelanger Arbeit von Händen und Gehirnen Weseler Menschen zerstört. Fragt man mich heute, ob damals auch alles getan wurde, um die Opfer an Menschen so gering wie nur möglich zu halten, muß ich verneinen.

Bei der rein schematischen Einteilung der Städte in Gefahrenzonen I., II. und III. Ordnung wurde Wesel von Berlin aus in die Reihe der weniger gefährdeten Luftschutzorte eingeteilt und erhielt deshalb auch keine Mittel zur Verfügung gestellt, um allerdings kostspielige, aber bombensichere Bunker bauen zu können. Alle von uns gestellten diesbezüglichen Anträge wurden rundweg abgelehnt.

Wenngleich auch schon Jahre vor Beginn des Krieges in Deutschland die luftschutzmässige Erziehung der Bevölkerung, ähnlich wie in anderen Ländern Europas, in Angriff genommen und ihre Durchführung dem Reichs-luftschutzbund, d.h. dem zivilen Luftschutz, übertragen wurde, blieb diese Arbeit doch nur Stückwerk. Wie überall, so auch in Wesel, wurde die Bevöl-kerung in Lehrgängen in der ersten Hilfe, im Feuer- und Gasschutz und Schutzraumbau ausgebildet, um mit den primitivsten Mitteln den größtmög-lichsten Schutz zu erzielen.

Die von Woche zu Woche, von Monat zu Monat immer schwerer und wirksamer werdenden Angriffswaffen und Bomben machten alle Vorberei-tungen und Maßnahmen des Luftschutzes illusorisch. Alle Arbeiten und Vorbereitungen der Männer und Frauen in Wesel zum Schutze von Haus und Leben konnten mit der Kriegstechnik nicht Schritt halten, und so nahm das Verhängnis seinen Lauf. Es bedeutete das Ende einer einst blühenden Stadt. Den schweren und immer wirksamer werdenden Angriffswaffen gegenüber

Luftraumüberwachung auf dem Wasserturm, 1940/41.

nützte keine Speicherenttrümmerung, keine Feuerpatsche, keine Einstellspritze, keine Volksgasmaske, auch nicht die abgestützten Kellerdecken.

In den letzten Kriegsjahren waren es nur wenige Tage und Nächte, wo das unheimliche Getöse der Warnsirenen nicht ertönte, und oft mußte man mehrere Male hintereinander den Luftschutzraum aufsuchen. Dann mußten in den Krankenhäusern die Kranken in die Keller transportiert werden, in den Altersheimen die alten Menschen, und welche Mühe und Arbeit dies für das Pflegepersonal bedeutete, weiß nur der, der es miterlebt hat. Voll Ehrfurcht verneigen wir uns vor den Ordensschwestern und ihren Helfern, die Tag und Nacht ihren schweren Dienst verrichteten. Dankbar muß man auch das luftschutzmäßige Verhalten der gesamten Weseler Bürger anerkennen, das sehr viel dazu beigetragen hat, daß die Zahl der Opfer nicht noch größer wurde.

Unheimlich waren die Nächte, wenn nach Alarm die Menschen über die Straßen in die wenigen öffentlichen Schutzräume flüchteten - hier und da die Rufe "Licht aus!" ertönten - wenn einer eine Taschenlaterne aufblitzen ließ oder ein Fenster nicht gut verdunkelt war. Wer erinnert sich nicht an den schaurig-schönen Anblick der am nächtlichen Himmel stehenden "Christbäume", d.h. wenn vom Feind 30 bis 40 Leuchtbomben, an Fallschirmen hängend, abgeworfen wurden und acht bis zehn Minuten ihr Ziel tageshell anstrahlten und man mit klopfendem Herzen dem Getöse der fallenden und einschlagenden, Tod und Verderben bringenden, Explosionen der Bomben lauschte. Mit Schaudern denken wir heute an die Brand- und Sprengbomben zurück, ob es nun Stab-, Phosphor-, Sprengbomben, Minen oder Bomben mit Zeitzünder waren oder Flaschen mit flüssigem Phosphor mit für Saboteure bestimmter Gebrauchsanweisung in drei Sprachen. Alles Mittel, um jung oder alt, Mann oder Frau zu töten.

Trotz allem haben die Weseler mit größter Verbissenheit und letztem Einsatz Leib und Leben, Gut und Blut und ihre Stadt verteidigt.

Schon viele Monate vor dem Kriegsende waren fast alle noch einsatzfähigen Männer zum Militär oder sonstigem Dienst eingezogen, und zur Verteidigung der Heimatstadt verblieben bei Luftangriffen nur noch Frauen, Kinder und alte Männer.

Technische Nothilfe, Feuerwehr, Soldaten, die mit zur Hilfe herangezogen wurden, und Luftschutzwarte konnten, trotz größtem Einsatz, das Ende der Stadt nicht aufhalten.

Eine organisierte Hilfe war zum Schluß nicht mehr möglich, und so mußte dann die Stadt schließlich geräumt werden. Schmerzlich die großen Verluste an Menschenleben, besonders an den größeren Schadensstellen, Escherhaus, Stams, Weseler Hof usw. Grauenhaft auch die Zerstörung des

Kinderheimes, wo während der Bergungsarbeiten ein zweiter Angriff erfolgte und die Helfer zwang, die Arbeiten einzustellen und in den alten Kasematten der Luftschutzschule Schutz zu suchen.

Mit Schaudern denkt der Verfasser an all die schrecklichen Stunden zurück, an die vielen verstümmelten, verschütteten und verbrannten Menschen, an die wie irrsinnig herumlaufenden Frauen und Kinder, die ihre Angehörigen suchten und zum Teil in dem Inferno der letzten Angriffe dann den Tod fanden.

Abschließend kann ich nur sagen, daß die Stadtverwaltung, an der Spitze Bürgermeister Borgers, und eine große Zahl Weseler Männer und Frauen ihr Möglichstes getan haben zum Schutze der Stadt und ihrer Bürger. Möge ein gütiges Geschick es verhüten, daß nochmals ein Krieg uns droht, dessen Ausgang wir im Zeitalter der Atom- und Wasserstoffbombe nur schaudernd ahnen können.

DIE VORSORGLICHE AUSLAGERUNG DER VERWALTUNG

Bürodirektor **Karl Heinrichs**

"Sicherstellung von Schriftgut und Kunstgegenständen"

aus seinem Bericht "Die Aufgaben der Stadtverwaltung in der Zeit des Zusammenbruchs 1945 und die Auswirkungen der Zerstörungen" vom 16.1.1952
Stadtarchiv Wesel N25

... Nach der Bombardierung der Stadt Emmerich im Oktober 1944 mußte damit gerechnet werden, daß auch die Stadt Wesel von größeren feindlichen Fliegerangriffen nicht verschont bleiben würde. Im Einvernehmen mit der Kreisverwaltung, der Provinzialverwaltung und anderer interessierter Stellen wurden die wichtigsten Akten, Verträge, Urkunden und Kunstgegenstände der Gemeinden des Kreises Rees nach auswärts verlagert. Am 28.11.1944 wurden von der Stadt Wesel mittels Sammeltransportes 16 Kisten in einen Kalischacht in Volpriehausen untergebracht. Auf diese Weise gelang es, das wertvollste Material zunächst sicherzustellen. Es handelt sich im einzelnen um folgende Unterlagen:

1. sechs Kisten mit Urkunden und Handschriften des Stadtarchivs
2. eine Kiste mit wertvollen Büchern und Handschriften, Festschriften usw. der Stadtbücherei
3. drei Kisten mit Kauf- und Tauschverträgen, Pacht- und Mietverträgen, Feuerversicherungspolicen, Gehaltskarten der Städtischen Beamten und drei Schreibmaschinen
4. eine Kiste mit Fluchtlinienplänen, Wirtschafts- und Baustufenplan, Ortssatzungen, Fortschreibungsunterlagen und der Notkartei der Abteilung Familienunterhalt
5. zwei Kisten mit den Notkarteien der Gewerbe- und Grundsteuer, der Kanal- und Müllabfuhrgebühren und der Personenstandsaufnahme für 1941
6. zwei Kisten mit der gesamten Volkskartei und den Fotokopien der Familienkartei des Einwohneramtes
7. eine Kiste mit Personalakten der aktiven Polizeibeamten, Polizeireservisten usw.

Ein großer Teil dieser Unterlagen wurde bei einer Sprengung durch Besatzungstruppen, die in diesem Schacht vorgenommen wurde, vernichtet. Weitere Akten usw. wurden im Luftschutzkeller der Dortmunder Aktien-Brauerei in Obrighoven, bei der Familie Fr. Mölleken und in der Getreidemühle von Körner in Obrighoven sowie im Fort Fusternberg sichergestellt. Als die feindlichen Heere im Februar 1945 auf der linken Rheinseite weiter vordrangen, und ihre Absicht erkennen ließen, bei Wesel über den Rhein zu setzen, sind die Personalakten mittels Pferdefuhrwerk von der Dortmunder Aktien-Brauerei zur Arbeiterkolonie Lühlerheim geschafft worden, wo sie leider nach dem Einmarsch der feindlichen Truppen durch Fremdarbeiter verbrannt wurden.

An Kunstgegenständen wurden u.a. sichergestellt:
a) die wertvollen silbervergoldeten Ehrenbecher der Stadt und zwei kleinere silberne Becher
b) das berühmte Gemälde „Die Eidesleistung" von Derik Baegert.

Dagegen ist die im Rathaus vorhanden gewesene Gemäldegalerie, die die Bildnisse vom Großen Kurfürsten bis zum letzten deutschen Kaiser zum Teil in Überlebensgröße enthielt und die in einer Kasematte am Kaiserring und im Berliner Tor untergebracht war, nach den Bombenangriffen spurlos verschwunden. Trotz aller Bemühungen der Archivverwaltung in Düsseldorf und der Stadt gelang es bisher nicht, den Verbleib dieser Gemälde zu ermitteln. ...

Polizeihauptmann **Wilhelm Schyns**

Die Unterbringung des Stadtarchivs
(2. Teil aus seinem Bericht über die Arbeit der Polizeidienststelle)
verfaßt 1951/52 für das Gedenkbuch
Stadtarchiv Wesel N25

... Das Stadtarchiv der Stadt Wesel ging bis in die ältesten Zeiten zurück, war sehr reichhaltig und äußerst wertvoll. Seit Beginn des Krieges war es in Düsseldorf untergebracht und, weil es in Wesel sicherer zu sein schien, wurde es wieder im Frühjahr oder Sommer 1944[1] nach Wesel zurückgeholt und in einer Kasematte der Zitadelle untergebracht. Es war die Kasematte, rechts neben dem Zitadellenhaupttor, also gegenüber der Schillkasematte. Hier wurde es durch den damaligen Direktor des Stadtwerkes in Regalen wohlgeordnet untergebracht. Die schweren Eichentüren waren mit einem starken Verschluß untergebracht. Der Tordurchgang des Haupttores war durch die Wehrmacht zugemauert worden und diente als Munitionslagerraum. Auf das Zitadellenhaupttor ging eine Fliegerbombe nieder und schoß in den hohen Munitionsstapel. Die Granaten explodierten nur zum Teil. Die Tür zu dem Archivraum wurde aus den Angeln gerissen, die Regale im Archivraum brachen zusammen, der Archivinhalt aber blieb unversehrt. Mit Hilfe von Wehrmachtsangehörigen verrammelte ich die Tür mit Balken, um das Archiv zu sichern. Ich habe mich später immer wieder von dem Vorhandensein des Verschlusses überzeugt und ihn wieder befestigt, wenn er sich gelöst hatte. Ich hätte gern dieses Archiv der Nachwelt erhalten, wenn eine Unterbringungsmöglichkeit vorhanden gewesen wäre.

Ich trug einem Oberstleutnant der Wehrmacht, der im Zitadellengelände einen Verteidigungsabschnitt ausbauen ließ, die Bitte vor, mir bei der Bergung des Archivs zu helfen. Er sagte mir sofort Unterstützung zu und riet mir, es auf einen Lastkraftwagen aufs Geratewohl in Richtung Westfalen davonzufahren und wollte mir einen Lastkraftwagen dieserhalb zur Verfügung stellen. Da diese Bereitstellung des Wagens sich um mehrere Tage verzögerte, kam der Plan nicht mehr zu Ausführung, weil die alliierten Streitkräfte inzwischen über den Rhein kamen. Ob das Archiv später doch erhalten blieb, habe ich leider nicht mehr erfahren, aber es war bis zum letzten Tag vor der Besetzung noch fast völlig unversehrt. ...

vgl. Hollweg, Tagebuch, 1943ff.

Otto von Werder (Landrat des Kreises Rees von 1935 bis 1945) und sein Nachfolger **Johannes Kesseler** (Landrat von März bis September 1945)

Die Tätigkeit der Kreisverwaltung zu Kriegsende 1945
Auszüge
verfaßt 1951/52 für das Gedenkbuch
Stadtarchiv Wesel N25

Hatten im Laufe der Kriegsjahre Angriffe einzelner Feindflugzeuge und kleinerer Verbände bereits beklagenswerte Opfer an Blut und Gut gefordert und sichtbare Zerstörungen angerichtet, so hatte doch unsere engere Heimat bis weit in das Jahr 1944 hinein die Schrecken des Krieges nur am Rande erlebt. Allgemein gab man sich der Hoffnung hin, das allnächtlich über und in den Industriezentren tobende, apokalyptische Geschehen möchte an uns vorübergehen. Diese Sachlage änderte sich schlagartig, als der Durchbruch amerikanischer Panzer im Herbst 1944 die Kanalfront aufrollte und die Räumung der besetzten Westgebiete erzwang. Sie gab dem Feind die Möglichkeit, das "Unternehmen Holland" durchzuführen und damit den Krieg in unsere engere Heimat zu tragen. In den Donner der Flakbatterien mischte sich alsbald das immer näher heranrollende Echo der angreifenden feindlichen Artillerie. Ein Blick auf die Karte ließ klar erkennen, wohin sich die Stoßkraft des feindlichen Angriffs richten mußte. Das Kreisgebiet, besonders aber die Stadt Wesel als Verkehrsknotenpunkt mit zwei festen Rheinübergängen, war in den Brennpunkt der Ereignisse gerückt, die sich nun schnell und in einem unvorstellbar katastrophalen Ausmaß abwickeln sollten.

Der erste Schlag traf die Stadt Emmerich, die am 7. Oktober 1944 einem schweren Luftangriff zum Opfer fiel. Innerhalb von Stunden ward ein aufstrebendes, blühendes Gemeinwesen in ein grauenerregendes Trümmerfeld verwandelt. Zahlreiche Opfer unter der friedlichen Bevölkerung waren das Ergebnis dieser sinnlosen Heldentat. Schwer getroffen wurden anschließend die Stadt Isselburg wie auch der Ortskern der Gemeinde Schermbeck, in denen die Bomben gleichfalls umfangreiche Zerstörung anrichteten und unter der Zivilbevölkerung ihren Blutzoll forderten. Zwar waren alle möglichen versorgungsmäßigen, organisatorischen und technischen Vorsichtsmaßnahmen von verantwortlicher Stelle getroffen. Es zeigte sich aber schon bald, daß bei dem Ausmaß der hereinbrechenden Katastrophe der Erfolg aller menschlichen Vorsorge und Planung nur beschränkt sein konnte. Am besten haben sich, um das vorweg zu nehmen, die Räumungsmaßnahmen bewährt, die teils behördlich durchgeführt, teils von der Bevölkerung aus eigenem Antrieb vorgenommen wurden.

Die Versorgungslage hatte sich unter der langen Dauer des Krieges auf allen Gebieten erheblich zugespitzt. Die eigentliche Lebensmittelversorgung konnte noch bis zuletzt planmäßig durchgeführt werden, obschon die Ergänzung der Lagervorräte bei den Großverteilern unter dem Einfluß des immer mehr fühlbar werdenden Einsatzes der feindlichen Jagdbomber mehr und mehr ins Stocken geriet. Zuletzt war der Verkehr fast völlig lahmgelegt. Auch die bei der Kreisverwaltung errichtete "Fahrbereitschaft", die einer besseren Ausnutzung des noch vorhandenen Transport- und Laderaumes wie auch der sparsamen und möglichst nutzbringenden Verwendung der Treibstoffzuteilungen diente, vermochte den täglich wachsenden Schwierigkeiten kaum noch zu begegnen. Die Freigabe an Textilien, Schuhwaren, Möbeln, Hausrat usw. ermöglichte nicht einmal mehr die Zuteilung des notwendigsten Bedarfs an die Bombengeschädigten. Eine geordnete Allgemeinverteilung konnte schon lange nicht mehr vorgenommen werden. Auch die Hausbrandversorgung geriet trotz der Nähe des Kohlenreviers ins Stocken, da auch hier die Transportfrage nahezu unlösbar geworden war. Eine weitgehende Umstellung auf Wassertransporte begann eben anzulaufen, war aber auch durch Jagdbomberangriffe dauernd gefährdet.

Die Kreisverwaltung hatte bereits im Spätsommer begonnen, sich weitgehend auf den Ernstfall einzurichten. Das Obergeschoß des Kreishauses wurde völlig geräumt. Wertvolles Archiv- und Aktenmaterial ward zusammen mit dem der kreisangehörigen Städte und Gemeinden nach Mitteldeutschland abtransportiert, entbehrliches Mobiliar, technische Einrichtungen und Apparaturen der Kreisbildstelle ausgelagert und in sicheren Räumen untergestellt. Das Kreishaus selbst wurde luftschutzmäßig ausgebaut. Ein zwei Meter hoher Erdwall wurde unter tätiger Mithilfe des Personals rund um das ganze Gebäude aufgeschüttet. Ein unterirdischer Gang in den Park hinaus sicherte den Ausgang aus dem Gebäude für den Fall eines Einsturzes. Endlich war an der Nordseite des Parks ein Rundbunker, ein sogenannter "Moerser Pott", acht Meter tief mit einem Fassungsvermögen für 50 Personen ebenfalls unter Arbeitseinsatz der Gefolgschaft erbaut worden. Leider war dieser am Unglückstage wegen Betonierung des Einganges weder zugänglich noch benutzbar.

Die Fortführung der noch verbleibenden Verwaltungsaufgaben, insbesondere auf dem Gebiet der Ernährung und der Versorgung, erforderte die Sicherstellung von Arbeitsplätzen auch außerhalb des Kreishauses. In

Würdigung dieser Notwendigkeiten stellte der in weiten Bevölkerungs-
kreisen geschätzte und durch seine jahrelange ehrenamtliche Tätigkeit mit
der Kreisverwaltung verbundene Landrichter a.D. Küster bereitwilligst die
erforderlichen Räume auf seiner Besitzung Haus Weißenstein zur Verfügung.
Die Wahl dieser Örtlichkeit diente vor allem der Sicherstellung der
Verbindung mit dem nördlichen Kreisgebiet. Weitere Ausweichdienststellen
waren bereits seit Herbst 1944 in verschiedenen Gebäuden der Gemeinde
Hamminkeln in Betrieb sowie in Obrighoven und Drevenack in Einrichtung
begriffen. Hier fand die Verwaltung auf Bohnekamps Hof, dessen Besitzer
im Felde stand, trotz der bereits bestehenden Überbelegung mit Weseler
Flüchtlingen Unterkünfte, so daß, neben Büroräumen, auch eine Unterbringung von Bürokräften sowie die Einrichtung einer Gemeinschaftsküche ermöglicht werden konnte. Endlich wurden Arbeitsbaracken im Walde von
Lühlerheim errichtet, in welchen der Bürobetrieb für den Fall einer Aufgabe
von Haus Weißenstein fortgesetzt werden konnte. Zunächst befanden sich
mit dem Landrat nur noch die Leiter der wichtigsten Dienststellen und das
allernotwendigste Personal im Kreishaus.

Zur Fortführung des Rationierungssystems waren auf Veranlassung
der Kreisverwaltung auch in Wesel in den verschiedenen Stadtteilen
Behelfskartenstellen vorbereitet, in denen an gesicherter Stelle das erforder-
liche Büro mit Kartenmaterial bereitstand, damit durch die im voraus
bestimmten Beamten und ihre Einsatzleute die kartenmäßige Versorgung
und notfalls unter Einsatz von Großküchen, DRK- und NSV-Kräften auch
eine Massenverpflegung durchgeführt werden konnte. Die benötigten
Lebensmittel hierfür waren gleichfalls sichergestellt. Soweit waren alle
Vorbereitungen gediehen, als der 16. Februar 1945 herangekommen war.

DIENSTLEISTUNGEN IM KRIEGSALLTAG

Lehrerin **Gertrud Serbin**

Der Unterricht der Schule an der Böhlstraße 1939-1945
verfaßt 1951/52 für das Gedenkbuch
Stadtarchiv Wesel N25

... Wie stark beeinflußten die Kriegsereignisse dieser Zeit unser Schulleben! Darf überhaupt noch von einem Schulunterricht gesprochen werden? Nein! - es war zur Unmöglichkeit geworden, Kinder planmäßig zu unterrichten. In der Böhlschule, die in drei verschiedenen Unterrichtsschichten die Weseler Kinder fassen mußte, da die beiden großen Schulen in der Pergamentstraße und am Hansaring vom Militär besetzt waren, waren inzwischen die Luftschutzräume am wichtigsten geworden. Zum Glück gab es dort große, helle Räume, mit einfachen Bänken ausgestattet und mit elektrischem Licht versehen, aber sie reichten nicht für alle Kinder einer Unterrichtsschicht aus, so daß stets eine bestimmte Gruppe über die Straße zum Luftschutzraum einer Seifenfabrik gehen mußte. Während des Klassenunterrichts waren Lehrer und Kinder darauf eingestellt, beim Alarmzeichen in bestimmter Anordnung schnellstens den Luftschutzkeller aufzusuchen. Es konnte sein, daß es nur für kurze Zeit war und der Unterricht fortgesetzt werden konnte, aber oft mußten wir mehr als ein oder zwei Stunden oder gar darüber hinaus hier mit den Kindern zubringen. Die Minuten schienen oft wie Ewigkeiten, aus der bangen Sorge, was kann geschehen. Es war nicht auszudenken, wenn etwas geschah bei so vielen Kindern, auf deren Gesichtern die Angst zu lesen war, wenn das Surren der Flugzeuge über uns hörbar wurde. Wie schwer wurde bei mehrstündigem Kelleraufenthalt das Ruhigbleiben der Kinder! Wir lasen oft einfach Erzählungen vor, um ihre Aufmerksamkeit zu haben und Ruhe zu halten. Galt es doch auch, durch Stille die Luft möglichst lange frisch zu erhalten. Wie mögen sich die Eltern in der Alarmzeit um ihre Kinder in der Schule oftmals gesorgt haben - auch um ihren Heimweg!

Mit den letzten Monaten des Jahres 1944 wurde unser Niederrheingebiet täglich bedrohter - die Alarme bei Tag und Nacht häuften sich. Emmerich wurde in Schutt und Asche gelegt, Kleve in Angriffen zerstört, Goch und Xanten später. Die Bewohner flüchteten in Scharen nach dem noch fast verschonten Wesel, um von hier aus weiter in Transportern ins Innere des Reiches geleitet zu werden.

Mit wachsender Bedrohung wurde der Schulunterricht in der Schule unmöglich. Auf Anordnung wurde er als geschlossener Klassenunterricht aufgehoben. Die Lehrpersonen hatten die Anweisung, die Kinder in Gruppen um sich zu sammeln und sie zu unterrichten. Ich bildete aus der Klasse drei Gruppen - ein Teil der Kinder war inzwischen mit den Müttern evakuiert. Eine Schülerinnengruppe unterrichtete ich in der Wohnung der Eltern der Schülerin Reibstein am Berliner Tor. Mit den im Berliner Tor untergestellten Bänken der Pergamentschule richteten die Eltern Reibstein einen Wohnraum als Klasse ein. Die im Gebiet des Berliner Tors wohnenden Kinder meiner Klasse fanden sich dort ein; eine andere Gruppe unterrichtete ich in einem kleinen Kellerraum des Staatlichen Gymnasiums, was insofern günstig war, als im Alarmfalle der Luftschutzkeller gleich nebenan war. Eine dritte Gruppe Kinder sammelte ich in meiner Wohnung. Und doch war dieser Gruppenunterricht nur ein Notbehelf. Immer wieder wurde er durch die Alarmsirenen unterbrochen oder ganz aufgehoben, bis mit der völligen Zerstörung aller Unterricht auch sein Ende fand. ...

Schwester **Lina Leuers**

Die Arbeit im Marien-Hospital während der Kriegsjahre 1939-1945
Auszüge (1. Teil)
Archiv der Evangelischen Kirchengemeinde Wesel

... In den Notjahren herrschte jedoch ein gutes Einvernehmen zwischen Wehrmacht und Krankenhaus. Als Seelsorger waren die Pfarrer Schomburg und Janßen zuständig. Ein ebenfalls klares und freundliches Einvernehmen bestand zwischen dem Marien-Hospital und dem Krankenhaus; galt es doch, stets auszugleichen durch Röntgenfilme, OP-Instrumente, Narkosemittel etc. Die Apothekenversorgung beider Häuser befand sich in den Händen von Stabsapotheker Liman.

Während der Einberufung vom Internisten Dr. Pernic übernahm Chefarzt Dr. Wippern die schwerwiegenden Fälle im Krankenhaus und Dr. Mühlbradt operierte mit im Marien-Hospital.

Dr. Bennemann war zur Zeit Chirurg im Marien-Hospital. Soweit ich mich erinnere, wurde Dr. Bennemann durch das Kuratorium nahegelegt, das Arbeitsfeld zu verlassen.

Das Kriegsgeschehen im Raume Niederrhein griff durch Bombenabwürfe immer mehr auf Wesel über. Tag und Nacht standen wir in Alarmbereitschaft. Da nur ein Aufzug zur Verfügung stand, galt es, zuerst die Wehrmacht in den Luftschutzräumen unterzubringen; danach Säuglinge, Kinder und die privaten Kranken. Alles verlief reibungslos. Helfende Hände standen stets zur Verfügung.

Auf Veranlassung des Landrates, Bürgermeister Borgers und Kreisleiter Kentrat wurde 1943 damit begonnen, im Parkgelände des Städtischen Krankenhauses zwei Baracken mit Hilfe von Kriegsgefangenen aufzustellen. Die Aufgabe der Gefangenen war es, unter stärkster Bewachung einen unterirdischen Gang zu bauen. Der Gang führte durch die Kellergeschosse des Krankenhauses, Feldstraße, Kellergeschoß Marien-Hospital bis zum Rathaus.

Als die Bombenangriffe heftiger wurden, bekamen wir von der Regierung Düsseldorf den Befehl, die Wehrmachtssoldaten [und] die zivilen Kranken in den Kellergeschossen unterzubringen. Es wurde ein OP-Raum und ein Kreißsaal eingerichtet. Die Küche verblieb in der Parterre, die Vorräte in den Kellerräumen. Längst war unser Teil-Lazarett ein Kriegs-Lazarett geworden.

Apotheker **Hans Liman**

"Apothekendienst während der Weseler Schicksalstage"

Auszüge (1. Teil)
verfaßt 1951/52 für das Gedenkbuch
Stadtarchiv Wesel N25

... Es war merkwürdig, daß weite Kreise der Bevölkerung sich mit der Parole, Wesel sei zur Lazarettstadt erklärt worden und würde infolgedessen nicht angegriffen und zerstört werden, zufriedengaben. In Wirklichkeit wurde schon Oktober 1944 das Reservelazarett Wesel mit seinen sämtlichen Abteilungen zur Auflösung abtransportiert. Gleichzeitig wurde die Standortapotheke aufgelöst und zum großen Teil einem nachfolgenden Kriegslazarett übergeben. Auch dieses Kriegslazarett hielt sich in dauernder Marschbereitschaft und wurde nach kurzer Zeit verlegt. Die Auflösung des Reservelazarettes leitete meine Entlassung von der Wehrmacht ein und entband mich von der Verantwortung als Luftschutzleiter für Lazarette und Krankenhäuser.

Aus Erfahrungsberichten, die über Luftangriffe auf Großstädte gemacht worden waren, ging immer wieder die Notwendigkeit hervor, außerhalb des eigentlichen Gefahrengebietes eine mit den notwendigsten Arzneimitteln ausgestattete und sofort einsatzbereite Apotheke einzurichten. Nach längerem Verhandeln erhielt ich in den ersten Dezembertagen 1944 eine Raum in den Kellern der Dortmunder Aktienbrauerei zu diesem Zweck zugewiesen. Die Zusammenstellung der Medikamente erfolgte ebenfalls nach den Erfahrungsberichten. Die spätere praktische Erfahrung hat gezeigt, daß die Auswahl richtig war.

Am 15. Januar 1945 traf ich, nach meiner endgültigen Entlassung aus dem Heeresdienst, wieder in Wesel ein. Schon der nächste Tag brachte meine Einberufung zum Volkssturm. Einspruch des Gesundheitsamtes und des Landrates stellte die Angelegenheit zurück.

Zum 1. Februar wollte ich die Leitung meiner Apotheke wieder selbst übernehmen und meinen Vertreter ablösen. Nach dem Angriff auf Emmerich hatte ich für meine Familie in den Steinbergen bei Drevenack Quartier gemacht. Die Einflüge der feindlichen Luftwaffe wurden immer stärker, am hellichten Tag überfliegen Hunderte von Maschinen unser Gebiet, ohne eine Bombe abzuwerfen. Es hatte den Anschein, als ob Wesel tatsächlich geschont werden sollte. ...

DIE BOMBARDIERUNG DER STADT WESEL IM FEBRUAR 1945

Rudolf Andriessen, Kreiswehrführer der Freiwilligen Feuerwehr, und seine Frau Grete

Briefe an ihre Tochter Erika in Erlangen
Auszüge der Briefe vom 29.9.1944-27.2.1945
Privatbesitz

Liebe Erika!

Gestern, Mi[ttwoch] morgen, hatten wir die erste Kostprobe eines Fliegerangriffes auf unser Eigentum Kreuzstraße. Diesmal nur sämtliche Scheiben kaputt, sonst alles gut gegangen. Bomben fielen in die ehemalige Festhalle, Hinterhäuser Ketteler, Brandstraße, Feuerwache. Der Gasometer brannte. Es sieht in unserer Nachbarschaft Kreuzstraße wüst aus. Leider auch eine Feuerwehr-Helferin tot. Wir haben uns wieder ganz in den Keller verzogen.

Herzliche Grüße
Deine Eltern.

Wesel, den 28. Sept. 1944, 8 Uhr.

Liebe Erika!

... Im Wehrmachtsbericht hast Du die Stadt Emmerich nennen hören. Das ist Veranlassung, daß auch wir allerlei gepackt haben. In Brünen bei Hermann Isselhorst, Brünen 111, werde ich heute eine Kiste unterstellen mit all den verzeichneten Sachen. Ob es da sicherer steht, wissen wir nicht. Wir wollen aber alles etwas verteilen, damit wir nicht eines Tages blank dastehen.

Ein großer Teil der Bevölkerung rückt ab, und das ist z.T. auch richtig, z.B. von Frau Elsinghorst mit Tochter und Enkelin nach Frankfurt. Mutti bleibt natürlich, vielleicht nur einstweilen. Wäre es nun möglich, dort in Erlangen ein Zimmer zu mieten, das wir jederzeit zur Verfügung haben, damit sich Mutti dort einrichten kann, denn wo soll sie sonst hin! Der Krieg hat hier Formen angenommen, die selbst die ruhigsten und zuverlässigsten Leute beunruhigen. ... Nun soll Dich das alles nicht ängstigen. Freue Dich, daß Du dahinten bist. Es wird auch noch mal wieder anders kommen. ...

Nun also fernerhin alles Gute.

Herzliche Grüße
Deine Eltern

Wesel, den 10.Okt. 1944, 18 Uhr.

Liebe Erika!

... Diese Woche haben wir mal etwas Ruhe mit Alarm gehabt, das machte wohl das schlechte Wetter. Noch in der Samstagnacht vom 14. und 15. Oktober flogen die Bomber wohl direkt über Wesel, die Duisburg angriffen. Es war ein furchtbares Motorengeräusch. Nachdem nun der 14. und 15. Okt. gnädig an Wesel vorübergegangen sind, hat sich die Bevölkerung etwas beruhigt, soweit sie noch hier sind. Du glaubst gar nicht, wie viele Leute fortfahren. Jeden Abend fährt jetzt ein Zug von hier in den Gau Magdeburg, dort kommen die Flüchtlinge erst in ein Lager und werden dann später verteilt. Von diesem Teil der Flemmingstraße halten Deine Eltern vorläufig die Stellung in Wesel. Göddes sind mit ihrem Hab und Gut nach Marienthal ausgewandert. Frau Krüger mit den Zwillingen, ebenso Frau Peters mit dem Kleinen sind Mittwoch abend abgefahren. Die alten Sages fahren Sonntag oder Montag mit einem Lazarettzug, ebenso die Mutter von Frau Tenhaeff. Frau Tegtmeier ist verschwunden, wie auch Frau Barchfeldt. Hardts haben ihr Haus geschlossen. Große Empörung herrscht in Wesel darüber, daß die "Plutokraten" ihre Möbel auf Lastwagen fortbrachten, woher auf einmal der Treibstoff?
    Was sagt man in Erlangen zum Volkssturm? Vati hat sich freiwillig gemeldet. Was uns kaputt macht, sind die Luftangriffe. Das arme Volk! Hier hört man öfters Kanonendonner. ...

Nun herzliche Grüße
Deine Mutter.

Wesel, den 21.10.1944

Wesel, den 21.1.1945

Liebe Erika!

... Diese Woche verlief wie gewöhnlich, schnell und ohne besondere Zwischenfälle, nur mußten wir zweimal nachts in den Keller - und wieder ist fast an derselben Stelle wie vor drei Wochen eine Bombe gefallen. Dieses Mal zum Glück ins freie Feld. ...

Die russische Offensive macht sicher auch in Erlangen großen Kummer. Vati fürchtet, daß es hier im Frühjahr auch eines Tages über uns hinweg braust. Es scheint eben aus zu sein, wie traurig und furchtbar es auch ist. Heute morgen wurde hier das Volksopfer eingesammelt. Ich hatte ein Säckchen voll alter Lappen, ebenso noch einen alten Teppich. ...

Liebe Erika!

Nur ganz kurz die Mitteilung, daß die Amerikaner am 1.2.45 (Donnerstag) Wesel bombardiert haben. Uns ist es gut ergangen, viele Scheiben kaputt, die Türen sind schlecht gängig, aber nachdem heute morgen wieder Licht da ist, atmen wir schon wieder auf. Die Wasserleitung versagt einstweilen noch. Man sagt, die Brücken wären gemeint gewesen, sie stehen aber noch. Im einzelnen Dir all die Schäden mitzuteilen, würde zu weit führen. Jedenfalls genügt es einstweilen für unsere so schmucke Vaterstadt. Du kannst Dir denken, daß damit viel Lauferei verbunden war, gebrannt hat es auch tüchtig.

Die Post- und Bahnverbindung wird noch langsamer werden, denn die Züge rundum verkehren nicht. Deshalb schicke ich denselben Brief heute und morgen.

Nun habe ich mit den beiden Feuerwehr-Kameraden Kleinherbers und Bußmann-Schermbeck vereinbart, daß sie bei Einsätzen in Wesel und wenn sie mich dann nicht auf den Brandstellen sehen, sich um unser Haus auf der Flemmingstraße kümmern sollen. Das haben sie beide schon treu besorgt, denn vor den Einsätzen am 1.2. sind sie zuerst an unserem Haus vorbeigefahren. ...

Schreiben muß ich Dir noch, daß, wenn wirklich uns etwas Ernstes zustoßen sollte, Du unter keinen Umständen nach Wesel kommst. Zur Zeit ist das kaum noch möglich, und Du verdirbst Dir Deine Zukunft, ohne uns dann noch helfen zu können.

Also immer noch den Kopf oben, nur alles gut vorbereitet, damit jeder weiß, was er zu tun hat.

Gerade werde ich unterbrochen von der Mitteilung, daß das Lippe-haus sozusagen am Boden liegt, daß das Bootshaus stark angekratzt ist. Heute morgen um 8 Uhr kommt Frau Sage, daß ihr Mann tot im Bett liegt, und sie ganz alleine sei.

Elsinghorsts schlafen einstweilen bei uns, obgleich sie bisher nur Glasschäden haben.

Herzliche Grüße
Deine Eltern.
Wesel, Samstag, 3. Februar 1945, 10 Uhr.

Wesel 5.2.1945

Liebe Erika!

Nun hat uns der Engländer auf Dein Zimmer getrieben, wo wir einen gemütlichen Sonntagnachmittag verleben wollten, doch soweit sind wir noch nicht. Es gibt noch immer allerhand zu schaffen, die größte Sorge macht das Dach bei dem augenblicklichen niederrheinischen Sturm und Regen.

Wie es Dienstag plötzlich Tauwetter gab, da stellten sich die feindlichen Flieger wieder mehr ein, das schöne Frühlingswetter am Donnerstag ließ sie aber besonders übermütig werden, und da hat es auch Deine Vaterstadt besonders getroffen. Es gab kurz nach zwei Uhr zum zweiten Mal Vollalarm, und ich war im Keller am Strümpfe aufhängen. Plötzlich kam Frau Vigier angerannt mit der Nachricht: breite Einflüge zwischen Eindhoven und Goch. Wie ich nach oben war, um die Fenster loszustellen, fielen schon die ersten Bomben und zwar auf der Büdericher Insel. Kurze Zeit hinterher fielen wieder welche, wie alles still war, sah Vati sich oben um und kam mit der Nachricht herunter, daß die obere große Scheibe am Blumenfenster kaputt sei. Da nun längere Zeit alles ruhig war, ... habe mich umgezogen. Nun meldete der Drahtfunk wieder große Einflüge bei Goch. Wir also wieder in den Keller, und kurze Zeit hinterher kam es dann auch angebraust und wir hörten die Bomben fallen. Da gab es dann ein ordentliches Geklirre in unserem Haus, Vati ging später herauf und wir hörten ihn immer von neuem Rufe des Erstaunens ausrufen. Jetzt, wo alles einigermaßen in Ordnung ist, ist der Schaden halb so schlimm. Schade ist nur, daß das große Blumenfenster jetzt ganz kaputt ist, ebenso die Scheiben in der Schiebetür. Dann ist unsere Schlafzimmerlampe heruntergefallen, und die

Porzellanschalen bis auf zwei kaputt. Das Badezimmer hat nichts mitbekommen, ebenso dein Zimmer nicht. In der Küche ist das Fenster aus den Fugen geflogen, doch der Milchtopf mit dem Geld stand bzw. lag noch unversehrt draußen auf der Fensterbank. Vati hat sich dann gleich an das Dach begeben, und konnte es auch wieder in Ordnung bringen. Überall lag alles voll Kalk und das ganze Haus sah wüst aus. Zwischendurch kam Herr Klausen und berichtete, das Haus neben Schneiderrath auf der Schillstraße habe einen Volltreffer. Wir sollten auch mal da oder dorthin telefonieren. Doch Telefon, Licht und Wasserleitung waren vorläufig ausgefallen. Da kam uns dann unsere Pumpe zustatten, ich konnte sogar einmal Frl. Grönheim mit einem Eimer Wasser beglücken. Ich habe festgestellt, daß gemeinsames Leid die Leute mehr verbindet als gemeinsame Freude. Frau Tenbült hatte den Angriff mit Grete und Eva in der Stadt erlebt und war sehr erstaunt, daß auch an ihrem Haus allerhand passiert war. In der Schillstraße ist das Haus von Unverdroß und Klusemann vollständig zerstört und die nächsten Nebenhäuser wie Ruhrmann und Kaldenhoff nicht mehr bewohnbar. In der Stadt sind vollständig zerstört die Adlerapotheke, Knorr, Piepefrank, Übing, Apollotheater, Reeh und noch viele Häuser nebenan, wo man aber schon nicht mehr weiß, wer darin wohnte. Von der Post ist das ganze Dach und unten alles im Durcheinander, auf der Pergamentstraße große Zerstörungen, ebenso auf dem Entenmarkt. In der Stadt gibt es wohl wenig ganze Schaufenster mehr, auf der Hindenburgstraße natürlich kein ganzes Fenster mehr. Auf der Esplanade sind viele Bomben gefallen, überall das gleiche, trostlose Bild. Abends hat es noch tüchtig gebrannt durch umgestürzte Öfen, die Garage Rütter ist auch hin. Wohl dreißig Tote sind zu beklagen. Doch kennen wir niemand. Plutokraten wie ... haben die Scheiben schon wieder eingesetzt!!!

In den Tagen waren allerhand Leute hier, teils um Wasser zu holen, teils um Vati zu sprechen, so z.B. Freitag morgen der Landrat, der gleich auf den Speicher ging, um Vati am Dach zu helfen. Samstag morgen kam aber Frau Sage bitterlich weinend, ihr Mann lag tot im Bett. Die Tochter war in der Stadt, ich bin dann mit ihr gegangen und sah nun den alten Sage tot im Bett liegen. Vati rannte zum Arzt, die Putzfrau, die bald kam, zum Pastor, der sehr schnell da war und ihm noch die letzte Ölung gab. ... Die Toten sind jetzt fast zu beneiden.

Elsinghorst haben zwei Nächte hier im Keller geschlafen, da ununterbrochen Jabos herumflogen und gestern sogar in die Stadt geschossen haben.

Von Onkel Hugo kam ein Brief, Tante Mieze und Gerda sind auf dem Weg nach Itzehoe, in Wickrath muß es doch sehr brenzlich sein. Onkel Hugo will, wenn er fliehen muß, zuerst hierhin kommen. Hoffentlich steht unser Haus dann noch. Leider konnten wir Dein schönes Paket immer noch nicht fortschicken, was ich sehr bedaure, da die Lebensmittelrationen ja verkürzt werden. In dem gestrigen Brief waren 150 Gramm Fleischmarken. Hoffentlich sehen wir uns gesund wieder.

Für heute allerherzlichste Grüße
Deine Mutter

Wesel 12.2.45

Liebe Erika!

Leider ist diese Woche vergangen, ohne daß wir Post von Dir hatten, das ist denn immer sehr schade. Dafür brachte uns aber die Zeit wieder allerhand Aufregungen. Mittwoch abend hatten wir Vollalarm, unser Haus bebte von andauerndem Kanonendonner und Bombeneinschlägen. Vati und ich meinten schon, ein Weltuntergang könnte nicht schlimmer sein. Freitag sagte denn auch der Heeresbericht von der Beschießung unsererseits der Front. Lise Spicker, die Donnerstag abend hier übernachtete, sie hatte vier Stunden von Issum bis hierher gebraucht, erzählte uns, daß man es in Issum vor Gedröhn nicht hätte aushalten können. Samstag mittag sind leider wieder hier Bomben gefallen und zwar dieses Mal in der Korbmacherstraße, bei Kühlers, auf das Amtsgericht. So wird das Stadtbild von Wesel allmählich immer mehr verwüstet. Schlossers schickten uns kurz hinterher ein riesiges Ölgemälde zur Aufbewahrung. Ihr Haus ist nur noch ein Trümmerhaufen, ebenso das Haus von Holtfort und Goch. Auf diesen Schrecken hin haben wir hier noch allerhand in den Keller getragen, und dann hat Vati sämtliche Gardinen abgenommen. Es sieht also bei uns ziemlich ungemütlich aus, und unser Trockenkeller wird das reinste Möbellager. Heute mittag haben Vati und ich einen einsamen Spaziergang durch die Aue gemacht. Wir mußten uns nach all den Aufregungen einen frischen Wind um die Nase wehen lassen. Erst dachten wir, der Weg wäre nicht passierbar durch das Hochwasser, doch ein netter, schon etwas älterer Leutnant sagte uns, daß wir ruhig am Rhein vorbeigehen könnten. Begleitet wurde dieser Spaziergang durch andauernden Kanonendonner. Wieder in der Schillstraße angelangt, fragte uns Frau Kyll, ob Wesel geräumt würde. Vati ist mal schnell zum Landratsamt gegangen, es war aber noch nichts bekannt. Hoffentlich ist es auch nicht nötig.

Sonst will ich mich nach Gummersbach durchschlagen. Im Heeresbericht hörst Du ja auch alles und machst Dir sicher große Sorge um ums. Doch bis heute geht es uns noch gut. Wir trinken langsam den Weinvorrat aus und lesen viel. Vati stöbert in Velhagen und Klasing, ich las Briefe und Tagebuchblätter von Paula Modersohn, sehr lebendig; jetzt lese ich Klara Schumann. Wir wollen immer noch hoffen, daß doch alles noch gut geht und wir uns hier gesund und froh wiedersehen dürfen.

In herzlicher Liebe grüßt Dich
Deine Mutter

Wesel, 17.2.45

Meine liebe, liebe Erika!

Heute, am Geburtstag Deines lieben Vaters, muß ich Dir mitteilen, welch schwerer Schicksalsschlag uns betroffen hat. Du hast sicher im gestrigen Wehrmachtsbericht von Wesel gehört, und da hat uns auch großes Leid betroffen. Unser lieber Vater lebt nicht mehr, er hat mit den Sorgen und mit dem Kummer dieser Stadt nichts mehr zu tun, und ist in Gottes ewigen Frieden heimgegangen.

Gestern um 12 Uhr gab es Hauptalarm, Vati und ich waren in der Hauptsache im Keller, wenn es ruhig war, gingen wir wieder nach oben. Nun wurde von Rees angewiesen, daß es dort an allen Ecken und Enden brannte. Da die Alarmierung nicht klappte, entschloß sich Vati nach Rees zu fahren. Inzwischen waren hier in Wesel auch Brände gemeldet, da einige Bomben gefallen waren, was wir kaum bemerkten. Vati hat viel hin und her telefoniert, wie alles ruhig war, fuhr Vati ab. Wir hatten keinen Strom und konnten so auch keinen Drahtfunk hören. Kaum war Vati fort, kam ein neuer Verband, der einen großen Bombenteppich auf Wesel warf. Vati war bis zum BDM-Heim gekommen und war links herum wieder zur Zitadelle gefahren. Hier hat ihn Herr Klausen gefunden, neben dem Wagen knieend, er hatte einen Sprengkörper im Kopf und war wohl sofort tot.

Gott gebe es, daß er einen sofortigen, sanften Tod hatte. Leider hat unser schönes Haus in der Flemmingstraße einen Volltreffer bekommen und ist nur noch ein wüster Trümmerhaufen. Die Decke des Luftschutzkellers hat gehalten, darum lebe ich noch. Ich bin denn über die Trümmer geklettert und in Trapps Bunker gelaufen. Während der furchtbaren Bombardierung habe ich nur an Vati gedacht und auf der Erde liegend nur "Rudi, lieber Rudi" gerufen. Heute morgen kamen Schermbecker Feuerwehrleute, die Vati in unserem Haus in der Kreuzstraße aufgebahrt haben. Ich bin jetzt mit Tenbülts in der Abelstraße und fahre nach Vatis Beerdigung nach G[ummers]bach. Leider kann ich nicht an meine Kleider kommen und habe nur das alte schwarze Kleid und meinen Pelzmantel. Wäsche und Silber haben wir gerettet, auch Bettzeug. Ich schreibe Dir alles so, es ist zu traurig, mit einem Schlag hat alles ein Ende. Unser lieber Vater, dem wir alles zu verdanken haben, er ruhte so still in seiner letzten Pflichterfüllung. Wir leben nun hier in einer Angst, daß wir nochmal so etwas Furchtbares mitmachen müssen. Hoffentlich dürfen wir uns gesund wiedersehen.

In herzlicher Liebe
Deine Mutter

[ohne Datum]
Meine liebe Erika!

Soeben rief Tante Elly an und daß Onkel Heinz Dir Nachricht durch einen Offizier hat geben lassen. Ich bin nun seit gestern nachmittag bei Onkel Georg. Nachdem wir Sonntag wieder einen Angriff mitgemacht hatten in dem leichtgebauten Hause in der Abelstraße, hielten meine Nerven es nicht mehr aus, noch länger in Wesel zu bleiben. Montag früh bin ich zuerst zum Friedhof gegangen, und vier Männer haben mir Vaters Sarg auf unsere Begräbnisstelle gebracht. Dann habe ich Feuerwehrleute gebeten, ein Grab zu machen, Beerdigungen im früheren Sinne mit Pastor finden vorläufig nicht statt. Jeder darf seine Lieben selbst zur letzten Ruhe geleiten. Wie nun gegen 10 Uhr Onkel Georgs Fahrer mit einem kleinen Lastwagen kam, da war es mir, als wenn eine innere Stimme mir sagte, fahre mit, und wie gut es gewesen ist, da Montag nachmittag ja der schwerste Angriff auf Wesel war und kein Schutz für die Bevölkerung. Ich glaube, daß dies auch in Vaters Sinne war, der liebe Gott möge mir diesen Schritt verzeihen, aber ich habe in der Hauptsache an Dich gedacht, liebe Erika. Wie schwer es für mich war, allein auf dem Friedhof Abschied von Vaters Sarg zu nehmen, kannst Du Dir wohl denken. Ich habe schöne Tannenzweige von den Anlagen aus dem Schillviertel auf den Sarg gelegt. Auch der Abschied von der Flemmingstraße war für mich so schwer. Alles, alles zerstört, und kein Mensch mehr da. Mit dem Fahrer bin ich denn nochmal auf der Kreuzstraße gewesen, und wir

Auf einem vorgedruckten Formular konnte man während des Krieges seinen Angehörigen ein „Lebenszeichen" geben. Hier lautet die Nachricht jedoch: „Kreiswehrführer heute 9 Uhr beigesetzt. Pastor Janßen sprach."

haben die Leder aus dem Hause geholt, auch hier ist alles vorbei, wie denn ganz Wesel ein einziger Trümmerhaufen ist.

Ich habe von so viel lieben Bekannten Abschied genommen, die alle auf dem Lande waren oder auf dem Wege dahin. Es ist mir soviel Liebe entgegengebracht worden und wir müssen Onkel Georg immer dankbar sein für alles, was er uns getan hat. Ebenso der Feuerwehr, die noch dafür gesorgt hat, daß Vati einen Sarg bekam. Ich konnte nicht mehr in dem Hause in der Abelstraße bleiben, denn da waren bis jetzt noch keine Bomben gefallen, Frau Tenbült hatte den Standpunkt, sie wollten zusammen sterben. Heute drängte [sie] aber auch aufs Land und fuhr nach Bislich. Herr Tenbült ließ die Sache wohl auch an sich herankommen, er unternahm nichts weiter, um seine Familie zu retten. Hoffentlich leben sie noch. Von unsern nächsten Bekannten sind Herr Lähnemann und Marianne tot, aus unserer Nachbarschaft Pastor Hof, Herr Kyll und Annemarie. Viele liegen unter ihren Häusern begraben, die sicher nie herausgeholt werden, da die Front ja so nah ist. Was ich für traurige Bilder gesehen habe in Wesel und auf der Fahrt nach hier, kann ich Dir nicht schreiben. Brenners haben mich mit soviel Liebe aufgenommen, ich muß ja auch erst alle meine Bescheinigungen haben, bevor ich nach Gummersbach fahre. Zwei Anhänger voll Sachen haben wir gerettet, zuletzt konnte man aber nicht mehr in das Haus, es war zu gefährlich. Der Fahrer hat auch unsern Wagen nach hier geschleppt. Liebe Erika, Du kannst Dir wohl denken, daß mir alles nicht richtig zum Bewußtsein gekommen ist, daß Vater nicht mehr lebt und daß wir keine Heimat mehr haben. Da müssen wir zwei mit größter Liebe zusammenhalten und das Schwere tragen. Wie gerne käme ich zu Dir nach Erlangen, doch dann halte ich dich ja nur im Lernen auf. Zu wem sollte ich in Erlangen auch gehen? Wie wird der Krieg auch für uns enden, jetzt irgendwelche Pläne zu machen, ist zwecklos. Jetzt will ich nur hoffen und darum beten, daß wir zwei uns nochmal gesund wiedersehen. Wir müssen immer unserm lieben Vater dankbar sein, der so für uns sorgte und arbeitete.

Nun grüßt dich in herzlicher Liebe
Deine Mutter

Mülheim [gestrichen: Wesel], den 27.2.45

Meine liebe Erika!

Hoffentlich hast Du bis jetzt meine Post bekommen und Du weißt so ungefähr, wie es mir geht. Wie sehr ich mich nach Dir sehne, kannst Du Dir wohl denken, und ich kann nur noch darum beten, daß wir zwei uns im Mai gesund wiedersehen. Es ist doch zuviel, was ich auf einmal erleiden mußte. Der Tod unseres lieben Vaters, dessen Leben nur Sorge und Hilfe für uns war, dann der furchtbare Gedanke für mich, ob der Sarg zur letzten Ruhe bestattet ist. Aber darum konnte ich nicht mehr in Wesel bleiben, niemand war ja mehr da, und ich glaube, dies wäre auch nicht in Vaters Sinn gewesen. Herr Schlosser hat mir aber sein Versprechen gegeben, daß Feuerwehrleute sein Grab bereiten würden.

Wie ich in unserm zertrümmerten Keller saß, da hatte ich noch den Lebenswillen, hier heraus und rette dich in Trapps Bunker. Ich habe dann die Steine vor dem Kellerfenster oder vielmehr vor der Schutzwand fortgeräumt und bin herausgekrochen. Aber seit der Zeit bin ich wie gelähmt und habe wohl sehr vieles falsch gemacht. So habe ich z.B. noch keine Papiere, ein

Herr vom RWE wollte sie mir besorgen, doch vergißt er es wohl immer. Onkel Georg wollte mit mir heute nach Schermbeck fahren, um noch die restlichen Sachen abzuholen, doch war an seinem Kühler etwas. So werden von allen Seiten die Hände gebunden. Sehr schmerzlich ist mir auch der Verlust meiner Kleider und Mäntel, die alle in dem Trockenraum hingen. Vatis Anzüge sind dagegen gerettet. Wie gut, daß wir einige Tage vorher unsere Wäsche in Koffer verpackt hatten zur eventuellen Flucht. Jetzt mache ich mir die bittersten Vorwürfe, hättest Du doch dies so oder so gemacht, doch es ist alles zwecklos. Es ist eben vorbei.

Nun habe ich alle Lebensversicherungen angemeldet, aber auf keinem Papier steht eine richtige Anschrift. Niemand hatte eben mit einer solchen Katastrophe gerechnet. Vati hatte Dir ja wohl auch eine Versicherungsabschrift geschickt. Wir müssen nun darum kämpfen, daß uns dies erhalten bleibt. Es ist zu schade, daß Du nicht mal kommen konntest, doch Vater sagte immer, Erika soll dableiben, damit es ihrem Examen nicht schadet. Ich habe nur noch den Wunsch, baldigst mit meinen Sachen in Gummersbach zu sein. Verständnis für meine Lage haben ja nur die Leute, die selbst so etwas schon mitgemacht haben. Uns fehlte ja auch das Verständnis für Bombardierte. Brenners sind sehr lieb zu mir und tun alles für mich, wir müssen ihnen stets dankbar sein, doch ist Onkel Georg auch sehr belastet mit seiner Arbeit. Ich denke jetzt oft an Hedwig Schmitz, wie ärgerlich war Vati, wenn sie immer mit neuen Wünschen kam. Hoffentlich geht es Dir, mein liebes Kind, einigermaßen.

Es grüßt Dich in herzlicher Liebe
Deine Mutter

Arbeiter **Gerhard Ripkens**

Brief an die Familie Hollweg
Privatbesitz

Wesel, den 7.2.45

Liebe Familie Hollweg!

Hoffentlich sind sie, Herr Doktor, nebst Frau noch gesund und munter, welches bei uns auch Gott sei Dank bis jetzt noch der Fall ist. Denn heute ist es tatsächlich schon ein Glück, wenn man dasselbe noch schreiben kann. Vorige Woche hat der Tommy uns schwer mitgenommen. Man wird es Ihnen, Herr Doktor, wohl bereits mitgeteilt haben, daß dieses Mal auch unsere liebe Heimatstadt Schreckliches erlebt hat. Und nun, Herr Doktor, komme ich zunächst zum Grund meines Schreibens. Die Wohnungsvermittlungsstelle Wesel, Herr Weringloer und Herr Hunsmann, haben heute Ihre Wohnung durch eine Bombengeschädigte belegen lassen. Ich will Ihnen das kurz mitteilen, wie ich dieses so schnell gewahr bekommen habe. Heute nachmittag erschien bei uns auf dem Werk eine Dame und wollte zum Betriebsmeister. Ich frug die Dame, in welcher Angelegenheit sie den Meister sprechen möchte. Sie antwortete, daß sie die Wohnung von Dr. Hollweg bekommen hätte, da sie bombengeschädigt sei und wollte die Wasserleitung geöffnet haben. Ich habe ihr geantwortet, da haben Sie den richtigen Mann angetroffen, der dieselbe gesperrt hat. Ich habe die Dame gefragt, wer sie denn sei, da sagte sie : Frau Kriwenku [Griwenka], hat drei Kinder. Herr Doktor, Sie werden sie wohl nicht kennen. Es ist das Tabak- und Zigarettengeschäft zwischen August Knorr und Liman auf der Hindenburgstraße. Ich habe der Frau auch zu verstehen gegeben, daß ich die Familie Hollweg auch kenne. Die Frau sagte, sie würden sich sehr in Acht nehmen mit den Sachen und würden alles gut in Ordnung halten. Es sind auch einige Scheiben zertrümmert, im Schlafzimmer zwei und in Ihrem Arbeitszimmer zwei Stück. Ich habe der Frau versprochen, die Fensterrahmen morgen zum Glaser zu bringen. Den Schlüssel von der Wohnung hatte die Frau schon, wie sie zu uns kam. Jetzt soeben habe ich erfahren, die Wohnungen der Evakuierten würden alle durch die Beschädigten belegt. Es hat dieses Mal sehr viel Obdachlose gegeben. Der Tommy hat hier ausschließlich mit den schwersten Sprengbomben gewütet. Ich hatte auch kein Dach mehr über dem Kopf und keine Fensterscheibe mehr. Das Dach habe ich selber notdürftig wieder zugemacht und morgen muß ich nach Feierabend zum Verglasen gehen, denn wenn man auf einen Fachmann warten will, dann ist der Krieg lange vergessen. Die Hindenburgstraße von der Tückingstraße bis an die Heubergerstraße stehen fast nur noch Ruinen, dasselbe Pergamentstraße, Ecke Beguinenstraße, auf dem Entenmarkt sind auch vier Häuser umgelegt. In dem Hause Wolbring liegen heute noch elf Tote, wo man noch nicht beikommt. Das Postamt ist auch förmlich ausgeblasen. Dort sind drei Bomben gefallen und hat drei Tote gekostet. Esplanade vor dem Gaswerk und Festhalle sind sechs Bomben gefallen. Auch unser Werk hat schwer gelitten. In der Feldstraße Ecke Kramperstraße-Pollmannstraße ist auch nur noch ein Trümmerfeld. Auf dem Fusternberg waren auch sechs Tote. Im ganzen sollen es etwa 30 Tote sein. Auch Friedrichsfeld hat man schwer mitgenommen. Ich kann nur eines bestätigen, daß es während der Bombardierung tüchtig geschaukelt hat. Lieber Herr Doktor, alles kann man ja nicht schreiben, aber ein kleines Bild können Sie sich machen, wenn ich sage, daß drei Viertel der Bürger Wesels keine Scheiben mehr hatten.

Nun will ich schließen in der Hoffnung, daß uns der Herrgott doch bald den ersehnten Frieden schenkt, denn das gesamte Volk ist doch jetzt genug gequält worden. Denn der Krieg wird von Tag zu grausamer, oder soll es bis zum letzten Gartenhäuschen gehen?

Es verbleibt Ihnen, Herr Doktor nebst Frau und tausend Grüßen Ihre Familie Gerhard Ripkens. Schreiben Sie bitte kurz wieder. Auf Wiedersehen.

Superintendent **Dr. Heinrich Müller,** Diersfordt

"Des alten Wesels Sterben"
verfaßt 1951/52 für das Gedenkbuch
Stadtarchiv Wesel N25

Es ist Freitag, 16. Februar 1945. Die Uhr zeigt einige Minuten vor 16 Uhr. Ich schließe den Unterricht. Die wenigen Kinder, die noch gekommen sind und um den Tisch der Wohnstube des Pfarrhauses in Diersfordt sitzen, wollen aufstehen.

"Ihr bleibt noch hier, geht zu den andern in den Keller, ich will nachsehen, wie es draußen steht, es ist wieder Fliegeralarm." Nicht zum ersten Male an diesem Tage. Um die Mittagszeit, halb eins, waren die Bombeneinschläge unheilverkündend nach Norden in der Richtung Rees und nach Süden von Wesel her zu hören. Wo wird es jetzt hingehen? Schon dringt das Motorengeräusch der herannahenden Bomber in unsere Ohren. Weit lehne ich mich zum Fenster des Studierzimmers hinaus, um ihre Bahn am Himmel zu verfolgen. Offenbar ist das Rheintal die richtungweisende Linie, es geht stromaufwärts. Aber da eine scharfe Wendung, fast wie im rechten Winkel, und schon zeigt das vorderste Flugzeug eine weiße Rauchwolke. Im nächsten Augenblick dröhnen die Einschläge unheimlich in unser Ohr, ein furchtbarer Schrecken erfaßt uns und schafft sich Luft in lautem Aufschrei: "Wesel! Wesel!"

Welle auf Welle folgt, Geschwader auf Geschwader lädt seine furchtbare Last über der unglücklichen Stadt ab. Dunkelschwarzer Rauch steigt zum Himmel empor. Der Hochwald hindert uns, die Stadt zu sehen, aber die am Himmel stehende, gewaltige Rauchwolke zeigt allzu deutlich den Ort des Schreckens an. Eine halbe Stunde ist vergangen, da flattern die ersten Blätter vom Himmel herab, die aus den zerstörten Häusern mit der Rauchwolke hochgewirbelt sind und nun vom Wind ins Land hinausgetragen werden. Wir heben sie auf, Reklameblätter mit dem Stempel des Friseurgeschäftes Lisner in der Brückstraße u.a., vollständig erhaltene Briefe aus den Schubläden unbekannter Häuser. Wir lesen: "Berlin, den ... Liebe Auguste! Lange hörten wir nichts von einander. Wie geht es Euch?"

Das Herz treibt uns, sofort nach Wesel zu eilen, aber die Bitte einer Truppe, auf dem Friedhof in Flüren noch am Abend einen Gefallenen zu beerdigen, läßt es nicht zu. Spät in der Nacht treffen Freunde und Bekannte aus der Stadt ein, um ein Obdach zu suchen, und schnell füllen sich die Häuser. Die dem furchtbaren Angriff Entkommenen haben das Verlangen, sich vom Schmutz zu befreien, zu waschen und dann zu schlafen.

Am anderen Morgen um 7 Uhr haste ich zur Stadt mit vielen von allen Seiten, andere sind schon dort gewesen und kommen uns entgegen mit schrecklichen Nachrichten. Unbeschreiblich, wie die Stadt aussieht, wieviele Tote, das ist nicht zu sagen. Zunächst eile ich den Breiten Weg entlang, um von hier in die Caspar-Baur-Straße zu gelangen und dort nach dem Pfarrhaus der Gemeinde und seinen Bewohnern zu sehen. Das Haus, in dem ich selbst einmal gewohnt, ist zerstört. Niemand ist zu sehen, der Bescheid sagen könnte. Da kommt von der gegenüberliegenden Seite eine ehemalige Nachbarin heraus, erkennt mich und erzählt. Es ist niemand zu Schaden gekommen, Pastor Schomburg und Familie sind, nachdem in der Mittagsstunde das Unglück eintrat, nach Obrighoven gegangen. Ich haste weiter, um durch die Friedrichstraße nach dem Schillviertel und der anderen Pfarrwohnung in der Gabainstraße zu kommen. Längst mußte ich es aufgeben, noch mit dem Fahrrad zu fahren, man muß es tragen und über die Schuttberge hinwegheben. Die Friedrichstraße ist von Schutt und Trümmern zugedeckt. Im Schillviertel kommen mir Bekannte entgegen mit der Nachricht, Pastor Hof und Frau sind schwer verwundet gestern abend weitergeschafft worden. Näheres wissen wir nicht. Ein Blindgänger fuhr in den Keller ihres Hauses, in dem sie saßen. Die Mutter und Frau Licht sind tot. Als ich den Keller betrete, schrecke ich zurück. Vor meinen Füßen liegt eine Frauenleiche, die ich nicht mehr erkennen kann, ihr fehlt der Kopf. Auf dem Schutt steht eine brennende Karbidlampe. Später, viel später erst und auch nur stückweise, erfahren wir, was vorgegangen war, von der einzig Überlebenden, Frau Hof. Viel war es nicht. Wer kann sich später über solche Augenblicke noch Rechenschaft geben? Das Letzte, dessen sie sich erinnert, bevor sie die Besinnung verlor, war der Ruf der bewährten und treuen, verwitweten Hausgehilfin: "Meine armen Kinder." Die Nachbarn erzählten, Pfarrer Hof habe noch beim Abtransport gesprochen und seiner Frau gesagt: "Sei nur ruhig, ich bleibe bei Dir." Wenige Stunden später, abends gegen 11 Uhr, hat der von vielen so geliebte und in zehnjähriger Tätigkeit in Wesel bewährte Seelsorger in Friedrichsfeld seine Augen für immer geschlossen. Seine

Lebensgefährtin aber bewahrt wie ein heiliges Vermächtnis, daß ihr Mann am Abend vor dem Sterbetage in der häuslichen Andacht die Glaubensworte der Schrift mit ihnen gelesen habe: "Wenn ich nur Dich habe, so frage ich nicht nach Himmel und Erde. Wenn mir gleich Leib und Seele verschmachtet, so bis Du doch, Gott, allezeit meines Herzens Trost und mein Teil."

Tief erschüttert setzen wir unseren Besichtigungsgang fort und kommen in die Kreuzstraße zur Mathenakirche. Wie sieht sie aus! Das Kirchenschiff und das anschließend dahinter liegende Sittardstift liegen in Trümmern. Der Turm, soweit das Mauerwerk emporragte, ist in einem Teil noch stehengeblieben und neigt sich etwas über, als ob er im nächsten Augenblick umstürze. Hier treffe ich auf mehr Menschen und wiederholt werde ich darauf aufmerksam gemacht, doch dafür zu sorgen, daß der Turm gesprengt werde, so sei er eine große Gefahr. Die Sorge war umsonst, für seine Niederlegung sorgten in den nächsten Tagen andere. Es blieb nur ein einziger Steinhaufen übrig von dem herrlichen Gotteshaus, das hier über ein halb Jahrtausend sich erhob. Wir eilen weiter zum Großen Markt und zur Willibrordikirche. Es ist schwer, über die Schuttberge hinwegzukommen. Unser Eindruck ist der: Der Stadtteil um Willibrord ist verhältnismäßig noch am besten weggekommen. Die Häuser am Großen Markt stehen noch alle. Gewiß, es gibt kein Haus, das nicht seinen Schaden erlitten hätte. Die Dächer sind abgerissen, die Fenster zerstört, aber sonst stehen die Häuser noch. Auch die herrliche Front des Rathauses steht noch, ich sehe sie zum letzten Male. Der Bürgermeister heftet gerade am Eingang einen Anschlag an. Menschen strömen hinein und heraus, wollen sie einen Abmeldeschein, wenn sie jetzt fluchtartig die Stadt verlassen? Auch Willibrord hat schweren Schaden erlitten am Dach und Fenstern, steht aber im übrigen. Der Rendant unserer Gemeinde, Herr Maritzen, bringt gerade seine Kassenbücher nach dem Bunker im Heizkeller der Willibrordikirche. In ihm war das wertvolle Archiv der Gemeinde geborgen und nicht nur dies, alle Kirchenbücher aus dem Kirchenkreis bis zum Jahre 1800 hatten wir hier auf meine Veranlassung untergebracht. Wieviel sorgenvolle Gedanken hat uns diese Unterbringung verursacht, bis wir nach Monaten wußten, der Bunker hat die Zerstörung überstanden. Wie sah unser schönes, stolzes Gemeindehaus aus, das am neugeschaffenen Willibrordi-Kirchplatz 1906 errichtet worden war und das daran anschließende Pfarrhaus am Hansaring! Alle Pfarrhäuser der evangelischen Gemeinde waren zerstört! Aber immer konnte man noch hoffen, wenn auch kein Haus in der ganzen Stadt von dem Angriff unberührt geblieben war. Sie glich einem Schwerverwundeten. Wird es gelingen, ihn am Leben zu erhalten?

Den ganzen Sonnabend, 17. Februar, blieb es still. Kein Angriff mehr folgte. In der Frühe des Sonntags, 18. Februar, eilten viele zur menschenleeren Stadt, um aus den Trümmern noch etwas von ihrer Habe zu retten. Auch in den umliegenden Dörfern einquartierte Soldaten strömten hin im Gedanken, zu helfen und Verschüttete auszugraben, und manche fanden dadurch den Tod. Um die Mittagsstunde des Sonntags kam ein neuer heftiger Angriff, und was er übrig ließ, wurde am folgenden Tage, dem Montag, durch neue Bombenabwürfe zu Ende gebracht. Die stolzen Kirchen beider Konfessionen sanken in Trümmer. Von der Lutherkirche in der Korbmacherstraße blieben die vier Mauern übrig. Willibrord war noch am besten davongekommen. Allein, als im März das linke Rheinufer in die Hand des feindlichen Heeres gefallen war, und in dem erhalten gebliebenen Turm von Willibrord eine Beobachtungsstelle eingerichtet wurde, schlug auch die Stunde für Willibrord. Granaten vernichteten an ihr, was die Bomben ihnen übrig gelassen hatten.

Damit war der gesamte Hausbesitz der evangelischen Kirchengemeinde, soweit er im Innern der Stadt lag, dahin: drei Kirchen, drei Pfarrhäuser, das Gemeindehaus, das Jugendhaus (neben der Lutherkirche), zwei Küsterwohnungen, das Sittardstift (Wohnung für alleinstehende Frauen), zwei Kindergärten, die Schwesternwohnung (Karolinenheim) mit Unterrichtsraum (zuletzt Gemeindeamt) und das Evangelische Waisenhaus - von den Mietwohnungen ganz abgesehen. Karolinenheim und Waisenhaus am Herzogenring waren noch am wenigsten zerstört, aber hier wurde nachgeholfen durch Plünderung und Brand. Das Waisenhaus, im Sommer 1945 angezündet, brannte völlig aus.

Tausend Jahre vor Christus befinden sich an Wesels Stelle schon menschliche Siedlungen, wie der Gräberfund in der Sandstraße uns vor 40 Jahren gezeigt hat. Tausend Jahre war an der Stadt, wie wir sie kannten, gebaut worden, aber wenige Stunden genügten, um alles in Trümmer zu legen. Gründlicher hätte es eine Atombombe nicht vermocht. Das alte Wesel starb. Draußen in der Welt, auch jenseits des Ozeans, sprach man sein Beileid aus, aber die mit Wesel verbunden waren, es kannten in den Jahrhunderten seiner Geschichte und es liebten in seinen Winkeln und Gassen, verstummten in tiefem Schmerz wie um einen geliebten Freund, den man für immer verlor.

Pastor **Joseph Janßen**

Bericht über die Ereignisse im Frühjahr 1945
Auszüge (1. Teil)
verfaßt 1951/52 für das Gedenkbuch
Stadtarchiv Wesel N25

... In der Stadt Wesel entstanden in den Jahren 1939 bis 1944 vereinzelt Schäden durch feindliche Bomben. Im übrigen lag unser liebes Wesel wie eine Friedensinsel inmitten der Trümmer und Verwüstungen benachbarter Städte. Wesel wird als Lazarettstadt erklärt, so ging es von Mund zu Mund, und viele glaubten daran und wiegten sich in Sicherheit, bis der 16. Februar 1945 auch den Letzten die Augen öffnete und sie aus ihrer falschen Sicherheit aufschreckte. Wieder heulten - wie so oft in den letzten Monaten und Wochen - die Sirenen. Drei Angriffe folgten aufeinander, von denen der letzte den Untergang der Stadt bedeutete. Es war gegen 15 Uhr, als wir nach der Vorentwarnung aus dem Luftschutzkeller zur Feldstraße eilten, um nach dem Geschick des Hospitals zu sehen. Schon stand eine Schwester bereit mit einem Angestellten: "Schneller, schneller, die Polizei hat angerufen, das Brüner Tor stehe in Flammen, und Schwestern lägen unter den Trümmern!" Wir eilten hin und waren kaum an Ort und Stelle, da begann der entsetzliche Angriff, so daß wir von dem Luftdruck in den Keller hineingeworfen wurden. Gedeckt unter dem Kellergewölbe, ein paar Schritte neben den vier toten Schwestern, harrten wir 20 Minuten aus, bis der Angriff vorüber war. Dann ging's nach draußen. Wohin wir kamen, Trümmer, brennende Häuser, Menschen, denen das Grauen in den Gesichtern geschrieben stand. In dem Luftschutzraum an der Lipperheystraße lagen alte, kranke Leute, teilweise schwer verwundet. Wir halfen, so gut es möglich war. Dann ging es wieder zur Mitte der Stadt, doch der Weg war gesperrt. Die Hohe Straße stand in Flammen, und gewaltige Schuttmassen türmten sich auf. Auf einem Umweg über die Esplanade gelangten wir zur Kaserne, in der an die 200 Todesopfer unter den Trümmern lagen. Auf der Kreuzstraße brannten die Häuser, desgleichen die Speisewirtschaft Köther. Der Mathenaturm stand noch auf drei Spitzen; über den Kaldenberg, Entenmarkt kamen wir zum Hospital. Das Haus war nicht verschont geblieben, es hatte fünf Volltreffer erhalten. Außerdem lagen noch drei Blindgänger dort. Von den 700 Kranken, Verwundeten, dem Personal und den Nachbarn, die sich im Hospital befanden, verunglückte nur ein Mann, der den Luftschutzkeller nicht aufgesucht hatte, in der Bäderabteilung. Die Schwerverwundeten lagen teils im Erdgeschoß hinter Splitterschutzwänden. Obwohl ein Volltreffer an der Mauer explodierte und diese eindrückte, kam niemand zu Tode. Trotz des schweren Angriffs brach in den Luftschutzräumen keine Panik aus. Wie ein Arzt meinte, sei es auf das Gebet und den Zuspruch der Schwestern zurückzuführen. Der Weg führte nun zur Feldstraße und weiter in die Stadt hinein. Wohin wir kamen, Tote, Sterbende, Verletzte, im Stadttheater allein 70 Tote. In der Stadt wüteten große Brände, deren man infolge Wassermangels nicht Herr werden konnte.

Das Städtische Krankenhaus stand in hellen Flammen. Unvergeßlich bleibt der Anblick der Verwundeten, Kranken, die aus der Feuerzone auf Bahren weggeschleppt und zum Hospital transportiert wurden. Auf Veranlassung des Obermedizinalrats der Regierung in Düsseldorf wurden die Zivilkranken in der auf die Katastrophe folgenden Nacht abtransportiert. Die Krankenhäuser in Dinslaken, Walsum und Duisburg-Hamborn nahmen sie auf. Auch die verwundeten und kranken Soldaten mußten in andere Lazarette verlegt werden. Fieberhaft arbeiteten Ärzte und Schwestern bis zum Morgen, um den vielen Schwerverletzten, die aus den Trümmern geborgen und eingeliefert wurden, die notwendige Hilfe angedeihen zu lassen. Gegen 21 Uhr des 17.2. hatten die letzten Kranken das Hospital verlassen. Es war auch für viele Schwestern die Abschiedsstunde von der trauten Stätte langjährigen Wirkens. Am Abend des 16. halfen zwei Militärärzte der Schwester, Medikamente auf einer Station für das Ausweichkrankenhaus bergen. Durch den Luftdruck waren die Aufzugstüren weggeschleudert. Bei der Dunkelheit stürzte der Unterarzt Dr. Ulrich durch einen Fehltritt in den Aufzugsschacht. Er war leider sofort tot.

Einige Schwestern gingen nach dem in der Nähe Wesels gelegenen Lühlerheim, wo ein Ausweichkrankenhaus eingerichtet werden sollte. Die Einrichtung verzögerte sich jedoch vorerst noch. Zwölf Schwestern und einige Angestellte blieben im Marienhospital. In der Stadt herrschte reges Leben. Wer sich gerettet hatte, packte sein Bündel und verließ Wesel. Ein grausiger Anblick, auf allen Straßen die Flüchtenden zu sehen, die in der Umgebung

Schutz suchten aus dem Flammenmeer Wesels. Die meisten suchten auf dem Land Unterkommen; zum großen Teil in den Schulen der Nachbarschaft. In der Buttendickschule hatten kinderreiche Familien ihr Quartier gefunden. Zwei Klassenräume waren mit 87 Kindern belegt, dazu kamen die Erwachsenen, meistens von der Zitadelle und der Neustraße. Morgens, mittags und abends gab es von der NSV Beköstigung. Alle Mahnungen, mit dem Zuge von Drevenack weiterzufahren, nutzten nichts, die Leute wollten nicht von der Heimat weg. Bis nach einigen Tagen die Beköstigung eingestellt werden mußte. Da meinte ein junger Bursche: "Moder, lot mehr men gon, dann go wir Blage be de Bure talfen, dann brucken wir keenen Kohldamp tu schieben!"

In der Nacht vom 16. zum 17. Februar kampierten wir in einem Keller der Dimmerstraße, und als wir am folgenden Morgen Rundschau hielten, fanden wir Kirchen und Kapellen vernichtet, so daß wir nach Obrighoven mußten, um den Leuten nahezubleiben. Am 17. herrschte in der Stadt auf dem Großen Markt reges Leben. Die Flüchtlingsausweise wurden ausgegeben und für jeden, der es wünschte, 200 Reichsmark mit auf den Weg. Am Nachmittag des 17. überbrachte Medizinalrat Dr. Elsner Bescheid der Regierung in Düsseldorf, daß das Hospital unverzüglich in den Kellerräumen eine Krankenstation einzurichten hätte. Eine Stunde später wurden schon zwei Männer, die 17 Stunden unter den Trümmern gelegen hatten, eingeliefert. Da wir weder Wasser noch eine Kochgelegenheit hatten, wurden beide in später Abendstunde abtransportiert. Der nächste Tag, der 18.2., war ein Sonntag und blieb bis gegen Mittag ruhig. Plötzlich ertönten sechs Flakschüsse - das Zeichen höchster Gefahr. Kurz danach hörten wir ein einzelnes Flugzeug. Was sich auf der Straße befand, stürzte in den Keller. Die Schwestern und Stabsintendant Ewalds bargen sich im kleinen Kapellchen. Eine Schwester bat, in den langen Flur zu kommen, weil dieser keine Außenmauern habe. Sie kamen sofort der Aufforderung nach. Kaum hatte die letzte Schwester den Flur erreicht, als eine Bombe durch den Verwaltungsraum in den Keller einschlug. Alle wurden durch den Luftdruck zur Erde geschleudert. Eine zweite Bombe schlug durch den Aufzugsschacht an der andern Seite des Flures ein. Niemand hätte geglaubt, den Keller noch lebend verlassen zu können. Herr Ewalds und eine Schwester hatten den Flur nicht rechtzeitig erreicht, Herr Ewalds war zwischen der Tür eingeklemmt. Sofort eilten Soldaten zur Hilfe. Die Befreiung war sehr schwer, da die Steinlast auf die Tür drückte. Herr Ewalds reichte uns sterbend seine freie Hand; sein Brustkorb war stark eingedrückt, und als uns seine Befreiung gelang, war er bereits verschieden. Die eine Schwester konnte aus den Trümmern geborgen werden, ohne daß sie Schaden erlitten hatte.

Das Hospital erlitt bei diesem Angriff noch zahlreiche Treffer. Eine Lazarettstation Vinzenzhaus brannte aus.

Schwestern und Angestellte verließen das Haus und flohen aus der brennenden Stadt nach Spellen. Es war ein gefahrvoller Weg, da ständig Zeitzünder explodierten.

Am 19. Februar 1945 war nachmittags wieder ein schwerer Terrorangriff auf Wesel, aus dem die leidgeprüfte Bevölkerung geflohen war. Lediglich Soldaten und Bergungsmannschaften waren noch in der Stadt. Wie furchtbar die Angriffe auf Wesel waren, ging aus einem Zeugnis hervor, das der Kommandant von Oberkirchen im Sauerland einem Bewohner von Wesel ausstellte. Als er das Wort "Wesel" hörte, erklärte er: "Wesel nix gut, alles kaputt." Hierauf unterhielt er sich mit seiner Dolmetscherin, und diese erklärte uns dann: "Der Kommandant läßt Ihnen sagen, daß Wesel vollständig zerstört ist." ...

Wilhelmine Renken, Lackhausen

Erinnerungen an die Zerstörung Wesels und den Rheinübergang der Alliierten

(1. Teil)
verfaßt 1951/51 für das Gedenkbuch
Stadtarchiv Wesel N25

Seit dem 1. Februar, wo die ersten Bomben in Wesel fielen, setzte bei jedem Alarm eine Massenflucht aus der Stadt ein. Jede Straße, die nach draußen führte, war dann binnen kurzem voll von Radfahrern, Fahrzeugen aller Art, Leiterwagen, Ziehkarren, Kinderwagen usw., alten und kranken Menschen, hinterm Arm Kinder im Eiltempo mit sich ziehend. An den Straßenrändern lagen dann Menschen, die nicht mehr weiter konnten, aus Angst oder körperlichen Gebrechen. Bei Herannahen von Fliegern geht alles in Deckung. An jedem Straßenrand waren Schützengräben aufgeworfen. Alle Türen blieben Tag und Nacht offen, jederzeit bereit, fliehende Menschen aufzunehmen. Von jetzt ab wurden täglich ganze Züge ab Drevenack evakuiert. Die Bahn zum Ruhrgebiet fuhr nicht mehr. Noch waren viele Menschen beruflich gebunden oder glaubten nicht an eine Totalzerstörung.

Der 16. Februar kommt. Vor lauter Alarm dachte keiner mehr an Arbeit. Gegen vier Uhr nachmittags zum wiederholten Male Alarm, wir schalten den Drahtfunk ein, und gerade wird gemeldet: "Ein Verband feindlicher Flieger fliegt Wesel an." So schnell es geht, eilen wir in den Keller, und schon erzitterte die Erde, als ob schweres Erdbeben ist. Durch ein Kellerfenster können wir in Richtung Stadt Wesel sehen. Überall steigen weiße und schwarze Rauchwolken hoch, dann wird es still. Ich gehe noch mal schnell zum Radio, das meldet gerade neue Verbände in Richtung Wesel. Jetzt geht es wie in einem Hexenkessel, die Luft über uns voll Flugzeuge. Jeden Augenblick denken wir, das ist das Ende. Aber über uns werden die Bomben deutlich hörbar ausgeklinkt und treffen die Stadt. An sich eine kurze Zeit, allein, uns währt es eine Ewigkeit. Endlich wird es still, wir gehen nach draußen; die Stadt brennt an allen Ecken.

Die ersten Überlebenden kommen, schwarz wie die Neger und total verstört. Jeder findet Aufnahme und wird betreut, so gut es geht. Alle bringen schreckliche Nachricht mit, von eingefallenen Kellern und brennenden Häusern, von eingeschlossenen Menschen und Toten. Wir nehmen an dem

Tage sieben Personen auf. Jetzt beginnt eine Massenevakuierung, denn jeder ist bang, daß die Lebensmittel nicht reichen. Wir sind von jeder Versorgung abgeschnitten. Überall werden Massenspeisungen vorgenommen. Die meisten haben nicht einmal das Notwendigste retten können.

Am Sonntag, den 18. Februar, wird die Stadt zum zweiten Male bombardiert. Viele, die noch etwas retten wollten, kommen dabei noch um. Nach diesem Angriff wollen alle weg von hier, die Menschen bekommen wahnsinnige Angst. Die Züge werden dauernd von Jagdfliegern angegriffen, das wenige Gepäck, was ein einzelner hat retten können, geht bei diesem Tumult oft noch verloren.

Dann kommt der 19. Februar, ein Tag, den auch wir nicht vergessen, wo wir nur von weitem zugeschaut haben. Immer und immer wieder fliegen feindliche Verbände Wesel an und werfen die Bomben in allen Schutt und Trümmer. Wir halten es in unserem Keller nicht mehr aus. Obgleich es vordem taghell war, ist es jetzt stockfinster. Schwarze Rauchschwaden werden vom Wind auf uns zugeweht. Es ist nicht möglich, offenen Auges zu schauen, es regnet Asche, Papierfetzen, Holzteilchen usw. Wir ziehen unsere Mäntel aus und halten sie mit beiden Händen über den Kopf, wie einen Schirm, Kopf und Augen schützend, und sehen doch nichts als Feuersbrünste, alle Augenblick Zeitzünder explodierend und schwarzer, dicker Rauch.

Wir stehen sprachlos, denn für uns war Wesel unsere Existenz, unsere Einkaufsstadt. Aber die Menschen aus Wesel, die ihr Hab und Gut versinken sehen, rufen laut, weinen oder beten, ja, jemand geht mit erhobenen Händen laut betend über die Straße; dann weinen alle. So sehen wir die Stadt untergehen, Wesels letzte Stunde war vorüber.

Am anderen Morgen sehen wir Wesels Kirchtürme als letztes Wahrzeichen zwischen Rauch und Feuer hervorragen.

Aber auch ihre Stunden sind gezählt. Für gewisse Stunden setzte bald täglich Artilleriefeuer ein. Bald merken wir, daß direkt auf die Kirchtürme gezielt wird. Soldaten sagen uns, der Feind vermutet Beobachtungsposten. Und eines Tages sehen wir im Mathenakirchturm ein Loch, es wird mit jedem Tag größer. Wieder sehen wir heftigen Beschuß. Da ist es uns, als ob der Turm wackelt, da ein Schrei der Beobachter, der Turm neigt sich zur Seite, aber nein, er richtet sich wieder hoch und neigt sich zur anderen Seite und fällt für uns lautlos in die Tiefe. Uns war es, als wollte er grüßend Abschied nehmen.

Schwester Irmgard aus dem Josefshaus der Schwestern von der Göttlichen Vorsehung (genannt: das Brüner Tor)

"Bericht über den Untergang des Brüner Tores"
verfaßt 1949
Archiv der katholischen Pfarrgemeinde St. Martini Wesel

Man hat mich gebeten, einen Bericht zu schreiben über den Untergang und Wiederaufbau des Brüner Tores. Allerdings ist es heute, nach viereinhalb Jahren nicht leicht, es so zu schildern, als sei es jetzt geschehen. Doch solche Erlebnisse der schreckensvollen, katastrophalen Februartage 1945 lassen sich nicht einfach aus dem Gedächtnis streichen. ...

Bis zum Februar 1945 hatte uns der Bombenhagel verschont. Dann folgte eine Woche, die uns unvergeßlich bleiben wird.

Als am 9. Februar eine Luftmine das Arbeitsamt schädigte und auch die Martinikirche nicht verschonte, die im herrlichsten Blumen- und Kerzenschmuck prangte, zur Vorbereitung auf das vierzigstündige Gebet, ahnten wir noch nicht, daß unsere Vernichtung schon so nahe war. Samstags kamen flüchtende Schwestern aus dem Klever Klösterchen, die bereits am 7. Oktober heimatlos wurden und bisher in Grieth untergebracht waren. In der Nacht darauf gegen 11.00 Uhr hielt ein riesiger Autobus bei uns mit alten, kranken, teils hilflosen Menschen aus Grieth. Das Weseler Hospital konnte sie nicht aufnehmen, weil 70 bis 80 Verwundete gemeldet waren. Ein Bild des Jammers.

Was wir ihnen an Erleichterung und Liebesbeweisen bieten konnten, haben wir gern getan. Das Rote Kreuz erbarmte sich am nächsten Tag ihrer, und in Altersheimen und Krankenhäusern wurden sie beherbergt in Coesfeld und Umgegend. Mittwochs ließ unsere gute Schwester Oberin die Schwester Tharsilla ihres hohen Alters wegen durch Dr. Meyer nach Warendorf bringen, nicht ahnend, daß wir dieselbe Fahrt in Kürze, aber unter den traurigsten Umständen machen würden. Mit einer Flucht rechneten wir, und deshalb packten wir donnerstags einige Reisekörbe mit Wäscheteilen und vor allen Dingen einen Korb mit Paramenten, Anzügen und Wäsche unseres guten Herrn Kaplan Paris, der bei uns wohnte und Frontsoldat war. Freitags wollte Herr Dr. Meyer sie nach Warendorf in Sicherheit bringen, doch es war nicht mehr notwendig.

Am 16. Februar, es war Freitagsmittags, gegen 14.30 Uhr, brach über Wesel das Ungewitter herein, ein ununterbrochener, furchtbarer Bombenhagel, dem auch unser Schulhaus zum Opfer fiel. Alle Schwestern saßen in diesem Keller. Ein Einschlag - nicht überlaut - ein Beten, ein Seufzen, ein Hilferufen, - in einigen Sekunden war alles geschehen, wir waren verschüttet.

Diese Empfindungen kann ich hier nicht niederschreiben, man muß sie erlebt haben. Totale Finsternis - der Staub nahm einem den Atem - ein ganz gewaltiger Luftdruck, daß wir, ohne es zu bemerken, teilweise ohne Kopfbedeckung waren. Wir waren verschüttet, das war uns allen klar, bewahrten dabei äußerlich die Ruhe. Wie ein Blitz aus heiterem Himmel drang ein Lichtstrahl zu uns herein. O, welch eine Erlösung. Was dieser Lichtstrahl in dem Moment für uns bedeutete, läßt sich nicht in Worte kleiden. Nachbarsleute, die in unserem Wohnhauskeller Schutz beim Alarm suchten, stürmten heraus und brachten uns Licht. - "Wasser! Wasser!" klingt's heut noch in meinen Ohren - man verdurstete fast. Eine nach der anderen kletterte aus den Trümmern heraus, aber wie und in welchem Zustande? Beschmutzt, bestaubt, mit zerrissenen Kleidern. Das alles wäre nur nebensächlich. Wortlos, stumm standen wir und schauten einander an, schauten das Trümmerfeld vor uns, hinter uns und um uns. Unfaßbar! Gleich einem Häufchen Elend hockten wir auf ausgerissenen Baumstämmen und gaben unseren durstigen Kehlen das schmutzige Wasser unseres Waschbeckens. Sieben Schwestern kamen glücklich zum Vorschein, dann niemand mehr. Unsere achte Schwester Ermenhilde gab Lebenszeichen von sich, hatte ihre Beine unter dicken Steinblöcken festsitzen, aber sie rief aus dem dunklen Trümmerfeld heraus: "Laßt mich sitzen! Helft erst den anderen Schwestern! Ich rufe sie immer an, aber niemand gibt Antwort. Ich glaube sie sind alle tot!" Das klang herzzerreißend. Im Nu waren sämtliche Priester der beiden Pfarren, Kriegspfarrer Schmidt, Ärzte, Krankenschwestern und wohl 20 Soldaten an der Unglücksstelle, denn es hieß, das Brüner Tor sei am Ertrinken. Dem war aber nicht so. Die Priester waren erschüttert über die unter den Trümmern begrabenen Schwestern. Sie segneten, beteten und leisteten ihnen den letzten priesterlichen Beistand. Rettungsarbeiten begannen.

Schwester Ermenhilde kam wie durch ein Wunder mit gesunden Gliedern unter den Steinblöcken heraus, während Fräulein Bückmann erst nach zweistündiger Arbeit geborgen werden konnte, mit dreimal gebrochenen Beinen. Der Hilferuf unserer Schwester Oberin an die Soldaten: "Bitte, retten Sie unsere Schwestern!" ging einem durch Mark und Bein, aber die Feldgrauen sagten kurz entschlossen: "Ihre Schwestern sind tot, wir müssen Lebende bergen." Die vier Verschütteten waren Schwester Angela, Schwester Marita, Schwester Humilita und Schwester Servatia. Herr Kaplan Pröbsting und Herr Kaplan von Schell rissen mit aller Wucht das Tabernakel aus unserem Altar. Der Tabernakelschlüssel war mit der Sakristei in die Tiefe gegangen. Während die mutigen Christusträger das Allerheiligste zur Martinikirche in Sicherheit bringen wollten, überraschte sie der zweite Angriff gerade vor der Kirche, und unser Tabernakel mit dem Allerheiligsten wurde verschüttet, nach einigen Tagen geborgen und zur Herz-Jesu-Kirche in der Feldmark getragen. Das Dach dieses so wertvollen Schreines wurde zerschlagen, und unser Ciborium mit Inhalt war gerettet. Somit ist das Tabernakel der jetzigen Kapelle, unser einziges Vermächtnis der ehemaligen Brüner Tor-Kapelle, uns überaus wert und lieb.

Tieftraurig über den Verlust unserer vier geliebten Toten saßen wir auf den Trümmern. Mit einem Mal hieß es: Neue Flieger! Schwere Verbände! (Alarm gab es nicht, weil alle Sirenen versagten) und schon prasselten die Bombenteppiche nieder. Priester und Soldaten flüchteten in den Keller, wir flogen auseinander, zum Davonlaufen war keine Zeit. Einige Schwestern warfen sich auf den Boden. Dieser zweite Angriff war mehr als furchtbar. Der Bombenhagel dauerte 13 Minuten. Mir schienen die Minuten eine Ewigkeit. Ich erlebte diesen Angriff im Portal unseres Wohnhauses mit Schwester Zelia[1], unserem Minchen und zwei Offizieren. Die linke Außenwand unseres Wohnhauses wurde weggerissen. Wir haben unbeschreibliche Todesnöte ausgestanden. Die Offiziere meinten, sie hätten in großen Städten schon schwere Angriffe mitgemacht, aber so etwas noch nicht.

Jetzt die Not um unsere noch acht lebenden Schwestern! Nach einer Stunde kamen sie aus allen Ecken, Schwester Oberin und Schwester Ermenhilde mit verbundenem Kopf. Ein stummes Begrüßen, Tränen liefen, ohne es zu wollen. Solche Erlebnisse und Empfindungen lassen sich nicht schildern. Um uns herum Trümmerhaufen, Brand, Weinen und Stöhnen. Entwurzelte Bäume lagen kreuz und quer auf der Straße! Ich wagte mich ins Wohnhaus herein die Treppe herauf. Zu meinem größten Erstaunen stand der heilige Josef als Protektor des Hauses aufrecht im Treppenhaus auf seinem Thron in der ersten Etage. Sonst ein Bild des Grauens und der Verwüstung! Dieses Bild könnte ich nicht vergessen. Eine bleibende Stätte hatten wir nicht mehr.

Unsere vier lieben Toten sollten wir zurücklassen, wir mußten flüchten. Dunkel wurde es! Soldaten brachten Fräulein Bückmann zur Böhlschule, das Rote Kreuz sorgte für sie. Wir waren heimatlos, ebenso die Schwestern des Priesterhauses. Während die Herren der Himmelfahrtspfarre bei uns den zweiten Angriff erlebten, wurde ihre Kirche, das Priesterhaus, Krankenhaus, Kinderheim, Martinikirche, überhaupt die ganze Stadtmitte,

---

[1] Die 20jährige Novizin Zelia hat das traumatische Erlebnis, verschüttet zu sein, psychisch nicht verkraftet. Nervlich zerrüttet lebt sie heute in einem Altenheim in Brasilien.

vollständig plattgelegt. Auf Wunsch des Herrn Pastors Janßen waren die Kinder des Kinderheimes einige Wochen vorher nach Mehr evakuiert worden. Anfang Februar bekam das Kinderheim die erste Bombe und heut' am 16. den restlichen Teil. Mit unsagbar schwerem Herzen rissen wir uns von unsern vier Toten und von unsern Trümmern los. Das "Ja, Vater!" sagen war schwer, denn die Folgen des Erlebnisses spürte man stündlich, täglich, ja ich fühle es heute noch. Das Herz Jesu gab uns Kraft, und wir pilgerten im Dunkeln Richtung Obrighoven zum Herrn Pfarrdirektor Meyer. Man wagte kaum weiter zu gehen, denn vor, hinter und neben uns gingen Blindgänger hoch. Unheimlich! Wohin man schaute, Brand, Feuer, Rauch und Qualm und die reinste Völkerwanderung aller heimatlos gewordener Weselaner. Kaum unser Ziel erreicht, kam wieder Vollalarm. Nun ging's in die Schule, in den Keller zu Lehrer Mertens. Bisher kannten wir durchschnittlich keine Angst beim Alarm, aber seitdem uns unser Haus überm Kopf zusammengestürzt, zitterten und bebten wir. Herr Lehrer Mertens, der sein Haus voller Flüchtlinge hatte, nahm uns acht Schwestern und unsere Stütze, die neun Jahre bei uns war, liebevoll auf.

Nachdem wir wieder einigermaßen Mensch waren, streckten wir uns auf unsere Nachtquartiere im Keller aus. Nachts gab's wieder Alarm, drei Schüsse waren das Fliegersignal. Morgens ging's zum Gottesdienst in die Antoniuskirche. Da nur wenige über einen Mantel verfügten, gingen wir alle ohne. Hier trafen wir unsere fünf Schwestern aus dem Priesterhaus, welche wegen der großen Brände zu van Husen in Bislich geflüchtet waren. Wieviel heilige Messen morgens hier zelebriert wurden, weiß ich nicht mehr. Es waren da: Herr Pastor Janßen, Rektor Meyer, Herr Kaplan Pröbstling, Herr Kaplan Rekers und Herr Kaplan von Schell. Alle fanden sie sich hier ein, alle gleich arm, alle nannten nichts mehr ihr eigen. Herr Pastor Janßen sagte: "Ich habe nichts mehr, kein Brevier und kein Rasier!" Was jeder einzelne dem Herrgott gesagt hat??? Dem Willen nach wollten wir ein herzhaftes "Ja, Vater" sprechen. Der Heiland kannte unsere Gesinnung und sah unserem Kampf zu.

Gleich nach der heiligen Messe zogen fünf mutige Schwestern zurück nach Wesel, um noch einige Sachen mit dem Handwagen zu holen. Unterwegs wurde ihnen gesagt, unser Wohnhaus stände hell in Flammen. Und so war es. Soldaten hatten inzwischen zwei unserer lieben Toten geborgen. Schwester Angela und Schwester Humilita lagen mit blutigen Kopfwunden auf dem Brüner-Tor-Platz unter einer Decke. Dauernde Tieffliegergefahr und fortgesetzter Alarm, machten es unmöglich, die Leichen zum Friedhof zu besorgen. Särge herbeizuschaffen war ausgeschlossen, Todesopfer waren es ohne Zahl. Unser Minchen kletterte unter Todesgefahr durch die Kellerfenster des brennenden Hauses und rettete noch einiges. Morgens früh hatten liebe Nachbarn schon einige gepackte Reisekörbe mit Wäsche, darunter den Korb unseres Herrn Kaplan Paris, aus dem brennenden Haus geholt. Bauer Hemstege, der uns früher manches Gute tat, brachte uns diese Sachen mit Pferden und Wagen. Der Kindergarten Rheintor war ganz vernichtet, während der Kindergarten Lomberstraße noch teilweise stand. Und so holten die Schwestern am 19. noch einige Sachen heraus. Unterwegs überraschte sie wohl der schwerste Angriff, den sie im Chausseegraben unter unsagbarer Angst erlebten. Es war nicht mehr möglich, sich in die Stadt zu wagen. Herzzerreißend und tieferschütternd waren die Flüchtlingstrecks anzusehen. Prozessionsweise. Ob man wollte oder nicht - verließ man Wesel - in welcher Situation? Furchtbar! Mit Hand- und Kinderwagen, oft alte Mütterchen und Väterchen hockten darauf oder darin. Diese Panik läßt sich nicht beschreiben. Heraus aus den Trümmern - wohin? Viele hatten kein Ziel.

Schwester **Lina Leuers**

Die Arbeit im Marien-Hospital
während der Kriegsjahre 1939-1945
Auszüge (2. Teil)
Archiv der Evangelischen Kirchengemeinde Wesel

Am 16.2.1945 gegen 14 Uhr flogen feindliche Flugzeuge Wesel an. Der Luftangriff zerstörte das Krankenhaus schwer und verwandelte es in ein Flammenmeer. Scheiben klirrten, Kranke schrien laut auf. Ein Pfleger und eine Schwester kamen ums Leben. Sofort begannen wir, die Kranken durch den unterirdischen Gang in die Kellergeschosse des Hospitals zu bringen. Wir wurden freundlich aufgenommen und Brot und Getränke geschwisterlich mit uns geteilt.

Am 17.2., als wir uns vor Angriffen sicher fühlten, wurden die Kranken vom Rathaus aus in die umliegenden Krankenhäuser Dinslaken, Sterkrade und Hamborn abtransportiert. Ein sechsjähriges Kind rief in Angst und Verzweiflung: "Lieber Gott, mit starker Hand wirf die Bomben in den Sand." Schülerinnen, Jungschwestern und Personal hatten längst das Kriegsgebiet verlassen. Zu fünf älteren Schwestern sollten wir wertvolles Material noch retten wie Röntgenkugel, Instrumente, Wäsche etc. Krankenwagen und sonstige Wagen standen im Küchenhof bereit.

Alles wurde zunächst nach Lühlerheim geschafft, wo ein Ausweichkrankenhaus eingerichtet werden sollte. Schwester Ortrud als Aufsichtführende. Dr. Mühlbradt wollte jedoch in der Kadaver-Anstalt in Brünen ein Hilfskrankenhaus einrichten.

Es kam der Samstag, der 18.2.; alle, die wir uns überanstrengt fühlten und Ruhe herbeisehnten, sahen uns einem neuen Angriff ausgesetzt. Wir fünf älteren Schwestern flüchteten in das Hospital. Im Eingang des Hauses saßen fünf Ordensschwestern und beteten, als ein Volltreffer den Aufzug traf und ein Assistenzarzt, der sich darin befand, ums Leben kam. Wir flüchteten weiter in den Kellerraum, der zur Feldstraße hinführte. Nach Stunden der Angst und Verzweiflung wurden wir durch Männer der Organisation Todt durch die Kellerfenster herausgeholt. Die Kleidung war zerrissen, das Haar angesengt. Was wir dann sahen, war ein Bild des Grauens. Tote Menschen und Pferde, die Esplanade stand in Flammen. Die Wehrmachtsangehörigen, die unter stärksten Kellergewölben untergebracht waren, waren alle verschüttet. Nur noch ein Trümmerhaus stand in der Magermannstraße.

Der Kreisleiter mit seinem Stab und Chefarzt Mühlbradt waren längst geflüchtet, als wir zu dritt noch ausharrten. Offiziere forderten uns auf, fluchtartig Wesel in Richtung Friedrichsfeld zu verlassen. Unter Tieffliegergeschossen und Zeitzündern liefen wir Tage hindurch, um nach Duisburg zu gelangen. Von dort wurden wir evakuiert und kamen nach Lübbecke in Westfalen.

Soweit im großen und ganzen die letzten grausamen Tage vor dem Untergang Wesels. Zwei weitere Angriffe am 19. Februar ebneten Stadt und Hospital weiter ein. ...

Betriebsleiter **Wilhelm Thier**

Die Tage vom 16.-19. Februar in Wesel
verfaßt 1955 für das Gedenkbuch
Stadtarchiv Wesel N25

16. Februar 1945

Am Mittwoch, den 16. Februar 1945, saß ich allein zu Hause [in der] Bleicherstraße, da ich meine Familie vorher nach dem Sauerland gebracht hatte. Da noch keine Entwarnung gegeben wurde, blieb ich zuhause und dachte daran, meine Altertums-Sammlung in Sicherheit zu bringen. Ich nahm einige Delfter-Wandteller von der Wand; bei dieser Arbeit störte mich ein hochlehniger Sessel, der sogenannte "Bischofsessel", und ich trug ihn ins andere Zimmer. Dieser Sessel ist dann später als einziges Stück meiner 30jährigen Sammlung übriggeblieben.

Ich hörte ein Brummen in der Luft, und schon fielen die ersten Bomben im Westen der Stadt. Das Geheul der fallenden Bomben kam immer näher auf den Bahnhof. Ich ging in den Keller, der aber wegen Hochwasser voll Wasser stand. Da es mir im Keller zu unheimlich war, ging ich wieder nach oben. Die ersten Bomben trafen das Nachbarhaus; Steine und Splitter flogen quer durch Fenster und Türen. Immer mehr heulten die Bomben. 30 bis 40 fielen in unmittelbarer Nähe meines Hauses. Ich wurde von der einen bis zur anderen Wand geschleudert. Da plötzlich ein ungeheurer Krach. Wände brachen ein, Türen und Fenster flogen in den Garten, denn eine schwere Bombe war direkt in das Fenster des Luftschutzkellers geflogen.

Ein ungeheurer Druck saß in meinen Ohren. Ich lag wie betäubt in einer Ecke. Ich raffte mich auf, sprang durch ein Fenster in den Garten. Unter einer Blautanne lag ein Mädchen von etwa 16 Jahren. Ich hob sie auf, konnte aber keine Lebenszeichen feststellen. Ein kriegsgefangener Russe lag im Gartentor. Vielleicht haben beide Deckung in meinem Hause gesucht.

Ich nahm das bewußtlose Mädchen auf den Rücken und lief mit ihr über die Richelswiese. Das Schützenhaus brannte lichterloh. Ich mußte mit ihr durch dichten Rauch und Funken. Als ich über den Zaun am Bahnkörper klettern wollte, fielen wir beide in eine ziemlich tiefe Wasserlache. Wieder aus dem Wasser kriechend, schlug das Mädchen die Augen auf, und ich konnte sie gehend über den Bahnkörper führen. Die Schienenstränge standen, von Bomben zerrissen, meterhoch in die Luft. In einem Bombentrichter haben wir beide das Ende der Zerstörung abgewartet, und ich habe das Mädchen

147

zur Kommandantur im "Weseler Hof" gebracht. Doch wie sah es in der Nähe des Bahnhofs aus! Escherhaus und Wirtschaft Markett brannten, und es war nichts mehr zu retten. Am Bahnübergang lagen viele Tote und auf den Schienen ein Gespann mit zwei Pferden. Verstörte Menschen liefen aus der Stadt, an Händen und Kopf blutend, über und über weiß mit Kalk bedeckt.

Gegen Abend drangen wir in die Stadt, um nach Verletzten zu suchen. Alle Augenblicke ging eine Bombe mit Zeitzündung hoch. Ich lag am Berliner Tor; vor mir lief ein Schutzmann in der Nähe des "Prinzenhofes," als wieder eine Bombe krepierte. Der Schutzmann flog auf die Straße und war sofort tot. Ich kroch aus den Ruinen, und ganz in der Nähe krepierten die Bomben.

Aus einem Hause am Berliner Tor hörte ich ein leises Rufen. Ich drang ohne Licht in die Ruine und fand Fräulein von der Mark zwischen Balken hängend, der Fuß war gebrochen. Die Bomben hatten das ganze Treppenhaus und sie mit in die Tiefe gerissen. Ich trug sie auf dem Rücken zum Fusternberger Fort, wo sie von Ärzten und Sanitätern geschient und verbunden wurde. Bis gegen drei Uhr nachts haben wir die Verletzten auf Schubkarren und Fahrrädern zum Fort gebracht. Von dort aus wurden sie mit Autos zu den benachbarten Krankenhäusern geschafft.

Ich wußte nicht, wo ich mich noch etwas von den furchtbaren Strapazen ausruhen sollte und habe daher bei einem Franzosen im Lager geschlafen.

18. Februar 1945

Bahn und Post waren zerstört. Irgendwo wurden von den Behörden grüne und rote Karten ausgeteilt, um den Angehörigen mitzuteilen, daß man noch lebte. Solche Karten sollten angeblich schneller befördert werden. Da aber jeglicher Postverkehr unterbunden war, wollte ich diese Karten zur Post nach Friedrichsfeld bringen. Ich war gerade am Bahnhof, als wieder ein Bombenhagel über die Stadt ging. Mit dem Fahrrad kam ich noch eben bis etwa 50 Meter vor der Flutbrücke. Dort warf ich mich an den Damm. Das Hochwasser stand bis an die Straße. Da ich nur über die Straße fahren konnte, mußte ich dort liegen bleiben. Unaufhörlich rannten die Menschen aus der Stadt, unaufhörlich sausten die Bomben herunter. Drei Bomben fielen kaum zehn Meter hinter mir ins Wasser, krepierten und sausten hoch über mich weg, nach Friedrichsfeld zu. Soldaten, Zivilisten, Kriegsgefangene, Frauen und Kinder, alles rannte.

Da kam das Furchtbarste, was ich je mit meinen Augen sah. An der Seite der Straße krepierte eine Bombe und mähte buchstäblich die ganze Straße leer. Arme, Beine, Gedärme und Tuchfetzen flogen durch die Luft und verfingen sich in den Telefondrähten. Eine abgerissene Hand im Wildlederhandschuh flog mir direkt ins Gesicht. Vor und hinter mir krepierten die Bomben; hohe Wassersäulen zischten in die Luft. Menschen schrien und rannten. Die Schwestern aus dem Hospital hielten sich an den Händen fest. Ihre Kleider waren zerfetzt, über und über mit Kalk bedeckt. Sogar ihre Gesichter waren von Kalkweiß wie gemeißelt. Fast alle waren verschüttet gewesen und hatten sich gegenseitig geholfen, wieder aus dem Labyrinth herauszukommen.

Nun fragte man sich, wie war es möglich, daß noch viele Menschen in der Stadt waren, nachdem doch schon am Tage vorher alles zerstört wurde. Ja, alle Menschen haben geglaubt, an einer toten Stadt hat der Feind kein Interesse mehr. Alle wollten noch das bißchen Hab und Gut retten, was zu retten war. Das war das Verhängnis.

Mit Fahrrädern, Kinderwagen und Handwagen kamen die Männer und Frauen aus der Stadt. Es konnte kein Fliegeralarm mehr gegeben werden, da alle Leitungen zerstört waren, und so wurde die arme Bevölkerung überrumpelt. Ich glaube, daß dieser zweite Tag, der 18. Februar 1945, die größten Opfer gefordert hat. Ich selbst war zum zweiten Mal wie durch ein Wunder durch alle Schrecknisse gegangen. Nur zwei kleine Splitter in der rechten Hand und im Oberschenkel habe ich abbekommen.

Müde und abgespannt nahm mich am Abend ein guter Freund mit nach Lackhausen und gab mir Unterkunft und Gastfreundschaft.

19. Februar 1945

Der Tag begann schön, und das Wetter war mild; die Sonne lugte manchmal hinter den Wolken hervor. Wesels Bevölkerung zog mit dem bißchen Hab und Gut dem Lande zu und suchte irgendwo eine Bleibe. Wer Verwandte hatte, zog weiter und versuchte, in Drevenack oder Friedrichsfeld mit der Bahn weiterzukommen. Mit Handwagen, Kinderwagen, Fahrrädern, Rucksäcken und alten Eimern, den Sack auf dem Rücken, zogen sie ins unbekannte Ziel. Lud Lans hatte nur ein Kopfkissen und eine alte Handtasche bei sich. Das war sein ganzes Vermögen. Allen stand die Not, Furcht und Schrecknis ins Angesicht geschrieben.

Am Frühnachmittag fuhr ich mit dem Rad nach Wesel zu meinem Sägewerk an der Schermbecker Landstraße. Plötzlich flogen wieder Flugzeuge ein, bildeten einen Kondensstreifen über der Stadt. Ich suchte Deckung in den Gärten auf dem Fusternberg. Da prasselten und heulten auch schon die ersten Bomben. Der Angriff war wohl der schwerste, unaufhörlich platzten die Bomben; das Unterste wurde nach oben gekehrt. Über der ganzen Stadt stand ein Staubmeer. Über 50 Meter hoch flogen die Steinbrocken. Eine Eisenbahnweiche mit Eisenbahnschwelle flog im hohen Bogen in das Dach unserer Sägehalle. Eisenteile, Eisenbahnschienen und

Puffer von Waggons flogen bis an meine Deckung. Die Luft zitterte und vibrierte bei jeder Bombe. Weit konnte ich dieses Zittern der Luftwellen beobachten. Nach etwa einer halben Stunde konnte ich meine Deckung verlassen, holte mein Fahrrad aus dem Lager und fuhr zu meinem Sägewerk in Obrighoven. Überall in Gräben und hinter Bäumen hatten die Auswanderer Deckung genommen. Unweit hinter der Kirche in Obrighoven lagen zwei Frauen im Straßengraben - und welch eine Überraschung - ein kleines Mädchen war geboren. Tod und Auferstehung! Ein Lastwagen, der aus Richtung Schermbeck kam, wurde gebeten, umzukehren und hat Mutter und Kind nach Schermbeck ins Krankenhaus gebracht.

Heute ist das kleine Bombenwunder zehn Jahre alt. Wo mag sie wohl sein?

Maschinist **Hans Spindler** [1]

Erinnerungen an die Bombardierung Wesels im Februar 1945

verfaßt 1951/52 für das Gedenkbuch
Stadtarchiv Wesel N25

Schon im Januar 1945 wurden die Einwohner der Langen Brandstraße durch die Polizei aufgefordert, wenn möglich, ihren Wohnsitz in das
Randgebiet der Stadt zu verlegen, da die Bewohner der engen Straßen bei
einer Bombardierung stark gefährdet wären. Demzufolge nahm ich das
Angebot meines Freundes Badwitz an und schlief jede Nacht samt meiner
Tochter in seinem Hause am Drüner Weg 2/3. Tagsüber waren wir in unserer
Wohnung. Als wir am 16.2.1945 noch im Hause am Drüner Weg waren,
erfolgte ein Bombenangriff auf Wesel. Ich fuhr mit meinem Rad zur Stadt,
kam aber damit nicht weit und mußte es tragen. So ging es über die Trümmer
am Heuberg, in der Hindenburgstraße und Tückingstraße bis zu meiner
Wohnung in der Langen Brandstraße 37. Kaum hatte ich mein Rad im Hof
abgestellt, als ein neuer Angriff erfolgte. Das Verlassen des Hauses war
unmöglich. Die Bomben fielen mit unbeschreiblichem Dröhnen, Pfeifen und
Heulen. Ich stand im Hausflur an die Wand gelehnt. Plötzlich erhielt ich
durch einen Bombensplitter eine tiefe Kopfwunde, Blut lief mir über das
Gesicht, ich legte mich sofort zu Boden mit dem Kopf zur Straße und verband mich mit zwei Taschentüchern, so gut es ging. Dann muß ich für einige Zeit das Bewußtsein verloren haben, denn beim Erwachen lag ich unter
Trümmern mit den Füßen zur Straße. Der Luftsog hatte mich vollständig
umgedreht. Auf meinem linken Fuß lag ein großer Stein. Die vorbeieilende
Frau Kempkes nahm auf meine Bitten den Stein weg, aber ich konnte mich
trotzdem nicht erheben. Ich rief um Hilfe. Der Metzgermeister Röttgermann,
der sich aus dem Keller seines Hauses herausgearbeitet hatte, und ein Soldat,
Sohn des Weinhändlers West aus der Tückingstraße, halfen mir auf die Beine.
Da mein linker Fuß und das linke Schlüsselbein gebrochen waren, konnte ich
mich trotz der Hilfe schlecht vorwärts bewegen.

In meiner Nähe lag die Nachbarsfrau Schulz tot da. Auf der Hohen
Straße stand ein ausgebranntes Auto. Nach einer kleinen Rast kamen wir zur

---

[1] Spindler emigrierte wegen seiner SPD-Mitgliedschaft in den dreißiger Jahren nach Holland.

Pergamentschule. Da dort kein Sanitäter war, ging es zur Böhlschule, deren Dach hell brannte. Sanitäter brachten mich in den Keller und verbanden meinen Kopf. Nach längerer Zeit brachte mich der Sanitätswagen mit mehreren Verwundeten weg. Es ging über den Mölderplatz, vor uns zwei Sanitäter, die Obacht gaben, daß der Wagen nicht in einen Bombentrichter fuhr. In der Fluthgraf- und Reeser Landstraße brannten die Häuser links und rechts. Nach langer Fahrt wurden wir im Jugendheim am Lauerhaas ausgeladen und auf Strohsäcke gelegt, eine lange Reihe von Verwundeten, unter denen auch ein Mädchen war. Hier bekamen erst die Männer eine Spritze von dem Arzt. Aus gewissen Gründen lehnte ich sie ab. Als man aber dem Mädchen eine Spritze geben wollte und diese ablehnte, erbat ich mir diese Spritze, da ich nun die Gewißheit hatte, daß sie für mich ungefährlich sei.

Später kamen Ortsgruppenleiter usw., um das Verwundetenlager zu besichtigen. Darunter war der Ortsbauernführer Schepers. Am anderen Morgen kam es zu einem Jaboangriff in der Nähe des Jugendheimes. Schepers wurde schwer verwundet und starb in meiner Nähe. Am anderen Tage ging es auf einem mit Stroh ausgelegtem Lastauto nach Friedrichsfeld zur dortigen Schule. Dort wurde meine Kopfwunde vernäht und Schlüsselbein und Knöchelbruch verbunden. Zwei Stunden später mußte das Schulhaus geräumt werden. Wieder in einem Auto verfrachtet, ging es zum Krankenhaus Dinslaken. Kein Platz! Krankenhaus Spellen, kein Platz! Erst im Kamillushospital in Walsum wurden wir im Keller gut untergebracht, gut verpflegt und ärztlich betreut.

Robert Testrut von der Luftwarnkommandostelle

"Bericht über den Untergang Wesels"
verfaßt 1951/52 für das Gedenkbuch
Stadtarchiv Wesel N25

... Nach einigen kleinen Scheinangriffen, durch die einige Häuser zerstört wurden, erzitterten bald die Rheinbrücken unter dem Bombenhagel feindlicher Geschwader, und am 14. Februar 1945 versank der südlich nach Büderich gelegene Teil der Rheinbabenbrücke in den Fluten. Mein Hauptmann erhielt den Auftrag festzustellen, wie viele Meter der Brücke zerstört seien und fragte mich, ob ich ihn auf diesen Gang begleiten wollte.

Wir machten uns auf den Weg, und nach Überwindung vieler Schwierigkeiten seitens der Wachmannschaften betraten wir den noch stehenden, wohl fünfzehnmal getroffenen Teil. Wir hatten uns etwa hundert Meter durch Trümmer und Schutt durchgearbeitet, als uns Jabos umkreisten, und ich kann das Gefühl - wie soll ich es beschreiben? - nicht vergessen, das mich beim Anblick der halbzerstörten Brücke und des kalten Wassers befiel. Wir erfüllten unseren Auftrag und kehrten im Bewußtsein, unsere Pflicht getan zu haben, schnell zurück.

Die kommende Nacht verlief ruhig, und am Morgen des 16. Februar sah ich mich wieder im Landratsamt auf meinem Posten. Gegen zehn Uhr, ich hatte den Leiter der landwirtschaftlichen Berufsschule aufgesucht, traf ich zunächst Fräulein Pooth, mit dem Ordnen von Schriften beschäftigt. Meine Fragen beantwortete sie mit einer gewissen Erregung, was mich sehr verwunderte. Sollte sie bereits im Unterbewußtsein eine Vorahnung der Schrecken dieses Tages gehabt haben?

Gegen elf Uhr wurden sehr starke Feindverbände mit Kurs Arnheim gemeldet, und während sich die Luftschutzräume füllten, wurden feindliche Flieger bei Emmerich, Kurs Wesel gemeldet. Kaum war diese Durchgabe erfolgt, als mit fürchterlichem Getöse der erste Bombenteppich niederprasselte; der Angriff auf Wesel hatte begonnen. Meine Frage, ob alle Insassen des Kreishauses im Luftschutzkeller seien, wurde mit einem Treffer, der das ganze Haus erschüttern ließ und ängstliche Schreie und Weinen auslöste, beantwortet. Gleich darauf erschien der Hausmeister mit seiner Frau, kalküberschüttet, aber unversehrt. Er war in seiner Wohnung geblieben und erklärte, Fräulein Pooth sei noch im Hause. Sollte ihr etwas zugestoßen sein? Das nicht aufhörende Bersten der Bombenteppiche ließ sofortiges Suchen nicht zu.

Ganze Straßenzüge sanken in Schutt und Asche, die Erde erbebte, und liebgewonnene Gäßchen und Winkel gehörten der Vergangenheit an. Endlich, wir waren eine halbe Stunde dem Bombenhagel ausgesetzt, uns dünkte es aber eine Ewigkeit, war der erste Angriff beendet. Wie mochte es oben aussehen? Ich versuchte, den getroffenen Teil des Kreishauses zu erreichen und mußte feststellen, daß in diesem das Zimmer von Fräulein Pooth lag. Soll ich schildern, daß sie tot aufgefunden und ihr ein Augenblick des Gedenkens gewidmet wurde, soll ich von dem Schrecken erzählen, der mich befiel, als ich in einem Türbogen den Kopf eines Polizeibeamten sah, dessen Körper mit meterhohem Schutt bedeckt war und der immerzu rief: "Nehmt den Stein aus meinem Kreuz!"? Soll ich schildern, wie der stellvertretende Landrat Dr. Martinius, von Rees kommend, hungrig zur Gaststätte Schuhmacher ging und dort den Tod fand - durch den zweiten Angriff, der an diesem Tage Wesel galt?

Wiederum war die Hölle los, wiederum sanken ganze Stadtteile in Trümmer, und wiederum saßen wir im Luftschutzkeller und mußten erleben, daß ein weiterer Teil unserer Heimatstadt dem Erdboden gleichgemacht wurde. Das Kreishaus selbst wurde nicht getroffen, nur einige Bomben, die in Hof und Garten fielen, rissen sämtliche Panzertüren des Luftschutzkellers auf, und das Schreien und Wimmern der Insassen machte einer stillen Ergebenheit Platz. War das Weinen und Schluchzen nervenzerreißend gewesen, so war die jetzt eingetretene Stille kaum zu ertragen. Die eingedrungenen Staubwolken erschwerten das Atmen. Kein Wort wurde mehr gesprochen. Wie manches Stoßgebet mag in diesen Minuten des Grauens zum Himmel gestiegen und manches Gelübde gemacht worden sein. Doch auch dieser Angriff ging vorüber, und mit einem Dankgebet verließen wir den Luftschutzkeller, verließ ich die Stadt, um die überreizten Nerven, überhaupt den ganzen Menschen in der freien Natur zu sich selbst finden zu lassen. Nach einer Stunde zurückgekehrt, traf ich als erstes einen Polizeibeamten, der ängstlich auf das brennende Rheinglacis starrte und die Befürchtung aussprach, das Feuer könne das Kreishaus erreichen, in dem er seine kranke Frau und seine Tochter untergebracht hatte. Ich redete ihm diese Vorstellung aus und sagte ihm, daß die Entfernung zu groß sei. Seine gänzlich zerstörte Wohnung, der Anblick seiner leidenden Frau, der Gedanke an das entsetzliche Geschehen und daß ein neuer Angriff erfolgen könnte, hat ihm nachts die Pistole in die Hand gedrückt, die seinem, seiner Frau und seiner Tochter Leben ein Ende setzte.

Doch bekanntlich gehört das Leben den Lebenden, und allüberall sah man Suchtrupps beschäftigt, Verschüttete zu bergen; Ärzte bemühten sich um die Verwundeten, Tote wurden aufgelesen, das Rote Kreuz half, wo

immer nur möglich. Alle Verbindungen mit der Außenwelt waren zerstört, Ausweichstellen und Kurierdienste wurden eingerichtet, und bereits am nächsten Morgen waren die Verbindungen mit der Außenwelt wiederhergestellt. Die Ausfallstraßen waren überfüllt mit hastenden Menschen, die ihre kärgliche Habe wegschleppten, um sich bei der Landbevölkerung ein Unterkommen zu suchen oder aber mit noch fahrenden Zügen in das Innere des Landes auszuweichen. Die Stadt und ihre Umgebung glichen einem Elendsfeld, und unwillkürlich fielen mir die Worte des Franziskaners Thomas von Celano ein: Dies irae, dies illa!

Am nächsten Morgen arbeiteten die wohltätigen Helfer unermüdlich, trotz der Aufklärungstätigkeit feindlicher Maschinen. Sollte der Rest der Stadt auch noch dem Untergang geweiht sein? Die folgenden Angriffe am 18. und 19. Februar gaben darauf die Antwort.

Frau M. Ingenleuf, Wesel

Brief an Frau Hollweg

Privatbesitz

Wesel, den 20.2.1945

Liebe Frau Hollweg!

Aus unserem neuen Heim sende ich Ihnen die ersten Grüße. Wir haben keine Heimat mehr. Am Freitag zwischen drei und vier Uhr haben wir alles verloren. Mein Mann und ich waren im Bunker an der Hauptluftschutzschule. Kaum waren wir da, da fällt die erste Bombe an der Schule. Ich glaubte, mein Mann sei umgefallen, aber es hatte gut gegangen. Die zweite Bombe galt unseren Häusern. Gleich vor unserer Tür fiel die zweite. Als es einen Augenblick ruhig war, wir aus dem Bunker heraus und: unsere Häuser waren hin. Ingensands Haus hatte einen Volltreffer bekommen. Es war ein Schutthaufen. Im Garten von Zachem ein großer Trichter. Zachems Haus und Werners war der ganze Giebel weg. Und das Treppenhaus weg. Es war arg. Ich ging mit meinem Mann zum anderen Bunker und sagte Anna, daß wir arm wie eine Kirchenmaus seien. Es war dunkel im Bunker. Ich hatte Anna kaum erzählt, da kam die zweite Sendung, viel schlimmer als die erste. Der Bunker schwankte hin und her. Die Kinder schrieen, die Mütter weinten, es war fürchterlich. Wir kamen aber heil heraus. Wir hatten unser Leben noch. Hedwig Bat und Frieda Gebauer sahen aus wie die Mohren. Der Kaminschieber war herausgeflogen. Frau Schunka und Frau Geitmann waren auch noch da. Die kamen durch die Trümmer und das Geröll heraus. Sie lebten. Bei Hollweg dasselbe Bild. Die Haustüre in Trümmer. Ich kann es nicht beschreiben. Sie hätten nach diesem Angriff noch vieles herausholen können. Sie konnten noch nach oben. In unserem Haus waren auch die Treppen noch heil. Das Bettzeug und ein Bett haben wir noch in den Keller getragen, und im Keller wollten wir wohnen. Aber Samstag morgen haben wir uns aufgemacht und sind in Damm gelandet. Samstag mittag war der dritte Angriff. Ein Glück, daß wir fort waren. Gestern war der ärgste Angriff, und es wurde alles umgelegt. 4000 Tote sollen sein. Am Freitag abend brannte das Lyzeum, ein großer Brand. Um elf Uhr ruft Frieda Gebauer am Kellerloch - Fenster waren ja keine mehr - :„Frau Ingenleuf, aufstehen, Schubert brennt." Um zwei Uhr ruft Frau Geitmann und Frau Schunka: „Aufstehen, Möllenbeck brennt." Der Funkenflug ist weg. Die Häuser brannten aus. Das Eckhaus

Schubert gegenüber hatte einen Volltreffer, die Heubergkaserne mehrere. Es wird von Luyken auch nicht mehr viel sein. Gesehen habe ich es nicht. Von Dickmann und Ruhle ist nichts mehr. Es war kein Strom und kein Wasser da. Das Wasser habe ich an Kampen bei Walzenmühle geholt. Dann versagte der Motor, und ich holte das Wasser auf dem Sportplatz. Die Post hatte eine Pumpe aufstellen lassen, 50 Stufen tief. Es war eine schlimme Anstrengung. Ich hätte es aber gerne getan, wenn wir hätten bleiben können. An der Post waren viele Tote. In der Sandstraße waren die Leute verschüttet. Ich kann es Ihnen nicht alles schreiben; das kann man nur erleben. Am Freitag abend habe ich mir immer gedacht: Herr, Dein Wille geschehe, und tut es auch noch so wehe.

Nun ist es für heute genug. Ich schreibe nächstens mehr und besser. Das Ganze sitzt mir noch in den Gliedern.

Es grüßt herzlichst alle
Frau M. Ingenleuf.
Mein Mann, Tante Anna und der Junge lassen grüßen.

Paul Körner (Bürgermeister 1947-1948)

Erinnerungen an die letzten Kriegsereignisse in Wesel 1945
(1. Teil)
verfaßt 1951/52 für das Gedenkbuch
Stadtarchiv Wesel N25

Am 1. Februar 1945 kam die erste Feindwarnung. Einige Jabos warfen leichte Bomben in die Beguinen-, Pergament- und Hohe Straße. Am 10. Februar kam die zweite Warnung und es fielen bereits 40 bis 50 Bomben, hauptsächlich Gartenstraße, Mölderplatz, Korbmacherstraße, Schmidtstraße und Viehtor. Es gab einen Toten und Sachschaden, wobei viele Schaufensterscheiben in Trümmer gingen.

Am 16. Februar kam der erste schwere Angriff auf Wesel! Um 9.00 Uhr Voralarm für Jabos und 11.00 Uhr Vollalarm, jedoch zogen die großen Kampfverbände vorerst an Wesel vorbei, mit Ausnahme einiger Jabos. Diese warfen um 12.30 Uhr mehrere Bomben auf Häuser, die am Bahndamm, Breiten Weg lagen, u.a. auch auf das Einfamilienhaus des Eisenwarenhändlers Jamin. Er selbst, Frau und Tochter fanden dabei den Tod.

Der Vollalarm dauerte bis 15.00 Uhr, und um diese Zeit wurde Voralarm gegeben, so daß viele Bewohner wieder ihre Wohnung aufsuchten, um das Mittagessen einzunehmen. Plötzlich, Punkt 16.00 Uhr, gab es wieder Vollalarm, und ein großer, feindlicher Kampfverband flog Wesel an. Die ersten schweren Bomben fielen auf Kreishaus und Kornmarkt, und dann fielen Bombenteppiche auf die ganze Stadt. Die Überraschung war so schockwirkend, daß viele Bewohner nicht mehr in die Luftschutzräume flüchten konnten, und es fanden manche in ihrer Wohnung und Treppenhäusern einen grausamen Tod.

Ich selbst wurde in meinem Geschäft, Brückstraße 18, überrascht, so daß ich nicht mehr den Luftschutzraum erreichen konnte. Um 16.05 Uhr fielen die Bomben schon auf meine Geschäfts- und Lagerhäuser, Brück- und Kettlerstraße. Eine Bombe fiel in den Hofraum der Apotheke Dorenburg nieder und riß meine östliche Kellerwand auf. Durch den Sog wurde ich selbst durch eine Vortüre in eine Ecke geschleudert, so daß die herabfallenden Schuttmassen mir wenig anhaben konnten.

Um 16.25 Uhr war Wesel nicht mehr!

Ich selbst mit meiner Frau und den Nachbarsfamilien, u.a. auch Apotheker Dorenburg mit Familie, waren total seelisch zermürbt und konnten alle kaum das Unglück fassen, welches über uns hereingebrochen war. Erst nach zwei Stunden faßten wir den Entschluß, uns außerhalb der Stadt eine Unterkunft zu suchen.

Mühsam bahnten wir uns mit einem Koffer über die Ringstraße einen Weg, über Bahngleise in Richtung Schermbeck. Überall lagen Tote und Verwundete.

In der Stadt Wesel wurden an diesem Tage nicht allein Sprengbomben, sondern auch Brandbomben mit Zeitzündung abgeworfen. Was also noch nicht zerstört war, ging dann in der folgenden Nacht durch eine Feuersbrunst mit starkem Südwestwind der Vernichtung entgegen.

Am 17. Februar kamen keine feindlichen Flugzeuge und jeder versuchte, soweit seine Kräfte noch ausreichten, aus den brennenden Trümmern noch zu retten, was möglich war. In meinen Häusern Brückstraße 18 bis 20, sowie Lagerhäusern Kettlerstraße 4 bis 8, war wegen der Hitze keine Warenbergung möglich.

Am 18. Februar um 15.00 Uhr begab ich mich wieder zur Stadt. Dort wurde ich um 15.40 Uhr wieder mit Vollalarm am Postamt überrascht. Erst wollte ich nicht an einen Angriff glauben. Ich lief um mein Leben zur Kettlerstraße, da ich noch hier in meinem Keller Schutz suchen wollte. Ich kam jedoch nur bis zur eisernen Türe meines Lagers, Kettlerstraße 7. Im selben Augenblick, um 16.00 Uhr, fielen bereits Bombenteppiche vom Kornmarkt über die ganze Stadt. Durch einen Volltreffer in meinem Lager, Kettlerstraße 7, wurde ich herumgewirbelt und verlor die Besinnung. Als ich wieder erwachte, lag ich ca. zehn bis zwölf Meter weiter in meinem Lagerhaus, vor meiner Aufgangstreppe zur Schlosserei. Es kann um 17.00 Uhr gewesen sein, als ich wieder den Willen fand, nach meiner neuen Unterkunft zu gehen, doch waren meine Nerven so herunter, daß ich mich kaum bewegen konnte. Ich nahm den Weg durch die Kettlerstraße, Brückstraße, Großer Markt, Friedhof, Brüner Landstraße. Da ich aus verschiedenen Kopfwunden blutete, war ich erst bemüht, einmal einen Verband zu erhalten, aber keiner hatte Verbandszeug bei sich. Erst als ich am Friedhof Brüner Landstraße bei dem Hause Weinreich vorbeikam, erkannten mich der

Bauunternehmer Herr Vogt sen. und Herr Weinreich, und diese beiden Herren haben mir den ersten Verband angelegt.

In der Stadt selbst habe ich nach dem zweiten Angriff am 18. Februar 1945 kaum einen Menschen gesehen, dagegen war die Verwüstung [so] groß, daß man kaum durch die Trümmer steigen konnte.

Am 19. Februar flogen feindliche Flieger den dritten Angriff auf Wesel. Ich habe diese Untat von dem kleinen Wäldchen "Texas" in Obrighoven aus beobachtet.

Hedwig Hof, geb. Staudt

Tagebuch

war im Besitz von Familie Wilson

niedergeschrieben im März 1947 in Bonn unter Verwendung von Notizen der
Vorjahre

und ist von Sohn Hans der Evangelischen Gemeinde Wesel

Auszüge (1.Teil)

Archiv der Evangelischen Kirchengemeinde Wesel

übergeben worden

Hedwig Hof mit ihrem Mann, Pfarrer Heinz Hof.

... Der schicksalsschwere 16. Februar kam mit einem strahlend blauen Himmel. Den Speicher hatte ich am Tag vorher gekehrt, und in flüchtigen Gedanken streiften meine Blicke das Dach und seine Holzbalken. Mit der Hand strich ich liebkosend über das aufgespannte Faltboot, "ob wir noch einmal darin fahren werden?"

Eilig, ehe die "Jabos" auftauchten, spannte ich Leinen im Garten, und meine weiße Wäsche flatterte bald gegen den blauen Himmel.

Bruchstückhaft entsinne ich mich heute, daß Heinz am Telefon ein Gespräch mit dem Karolinenheim hatte, das ihm mitteilte, um zwölf Uhr mittags habe Pfarrer Schomburgs Haus einen Volltreffer erhalten, der Keller sei leer.

Vom unmittelbaren Untergang unserer Welt und unseres Lebens haftet nur noch wie ein ferner alpdrückender Traum ein stammelndes Gebet: "Lieber Gott hilf!" Frau Lichts letzte Worte: "Meine armen Kinder!" Heinzens Schmerzensruf: "Mein Bein, mein Bein." Dann tauchte wie im Nebel das kummervolle Gesicht von Frau Wilson auf, an die meine flehende Bitte ging: "Trennt mich nicht von meinem Mann", und Heinzens letzte Worte an mich, die tröstend und heute wie ein Vermächtnis in meinen Ohren klingen "Ich bleibe bei Dir!"

Mutter muß schweigend den Tod empfangen haben. Niedergehende Bomben, das zusammenstürzende Haus, Schmerzen oder Schreck blieben nicht als Erinnerung zurück. Als einzige angstvolle Regung behielt ich das vergebliche Haltenwollen des meinen Händen entgleitenden Bobbi. Einige Tage vorher hatte ich zu meinen beiden geäußert: "Wenn wir sterben müssen, hoffentlich bleibt der Hund nicht alleine zurück." Armer kleiner Bobbi!

Eine halbe Woche vorher wurde Xanten ausgelöscht, wie vorher Emmerich, Kleve, Goch, Kalkar und Geldern. Das Erzittern der Erde von den niedersausenden Teppichen spürten wir mit lähmendem Entsetzen in unserem Keller. Als uns die Nachricht gebracht wurde, daß Xanten schwer getroffen sei, die einzige fast unberührte Nachbarstadt, war es mir Gewißheit, daß auch Wesels Schicksal besiegelt sei. Ich bat Heinz, wenigstens für eine Woche in die Außenbezirke zu übersiedeln. Er lehnte ganz klar ab mit den Worten: "Solange noch Gemeinde hier lebt, ist mein Platz in Wesel." So gingen wir also dem uns bestimmten Schicksal entgegen.

Im Lazarett Friedrichsfeld kehrte ich, ausgehöhlt wie eine taube Nuß, Samstagmittag in der Ambulanz liegend, in das grauenhafte Leben zurück.

Links von mir lag ein Mädchen mit vierfachem Darmdurchschuß, rechts eine Weseler Lehrerin mit fünffachem Beinbruch. Stöhnen und Schrei nach Wasser waren die Begleitmusik meines Erwachens. Nebelhaft verschwammen die Umrisse eines Sanitäters. Aus und ein gingen leichtverletzte Soldaten. Ich stellte in halber Bewußtlosigkeit fest, daß ich einen umfangreichen Kopfverband trug und eine unter Mullverband schmerzende linksseitige Handwunde. Meine Halswirbelsäule sandte stechende Schmerzen aus, und der Schädel war schwer wie eine Bleikugel. Hier und da erschien eine Schwester und flößte mir eine Flüssigkeit ein, die ich kurz darauf wieder blutig erbrach. "Gehirnerschütterung, nicht transportfähig", lautete der ärztliche Befund. Außerdem vermutete man Halswirbelbruch.

Im Nebel halber Bewußtlosigkeit tauchten die sich heimlich verständigenden Gesichter der Schwestern und des Sanitäters auf, als ich wohl nach "meinem Mann" gerufen hatte. Ich erfaßte sofort mein Urteil. Helene Pannenbecker, der erste Engel in der Wirrsal meiner Not, versuchte mir beizubringen: "Ihrem Mann geht es gut!" Keine Sekunde zweifelte ich, daß das in einem für mich furchtbaren Sinn wahr sei. Ich mußte also vorher alles miterlebt und gewußt und nachher das Gedächtnis verloren haben oder es gibt Bezirke in uns, die mehr wissen, als von außen ins Bewußtsein tritt.

Helene Pannenbecker setzte sich auf mein Bett und brachte mir schonend den Tatbestand bei, soweit sie unterrichtet war: "Ihre Mutter und Frau Licht waren sofort tot. Wilsons holten Ihren Mann und Sie aus dem Keller. Wahrscheinlich war ein Blindgänger durchgeschlagen. Ihr Mann ist hier im Lazarett seinen schweren Verletzungen erlegen."

Wie ein Stück Holz muß ich diese Nachricht aufgenommen haben. Ich kann mich keiner Empfindung entsinnen. Meine Hoffnung war einzig, zu irgendeiner Stunde Frau Wilson zu sehen.

Samstags erfolgte der zweite schwere Angriff auf Wesel. Die Fensterkreuze und die Pappe flog uns auf die Betten, und die Wände schaukelten. Außer dem Sanitäter und den Schwerverletzten war niemand über der Erde. Wie ein aufgehetztes Stück Wild taumelte ich aus dem Bett auf die Bahre und bat, in den Keller gebracht zu werden. Niemand kam. Ein Bündel blutverschmierter, zerrissener Kleider lag unter meinem Bett und auf dem Bettuch ein Häufchen Schutt aus den Trümmern des Gabainstraßenhauses.

Allmählich tauchte die Erinnerung als schwerer Traum auf an die Operation der Kopfwunden. Das Haarscheren, das Nähen und die Spritzen. Der Schwester lobende Stimme: "Sie sind ja so tapfer!" Es war leicht, tapfer zu sein mit halben Bewußtsein und seelischer Stumpfheit.

Mütterlich nahm sich Helene Pannenbecker meiner immer wieder an. "Ich bringe Ihnen einen stillen Gruß von Ihrem Mann." Sie war an seiner Bahre gewesen und hatte ihm Blumen in die Hände gelegt. Alles fiel in mich hinein, wie in einen leeren Brunnen. Ich bat um den Trauring von Heinz, sonst fehlte jede Kraft zum Nachdenken.

Nach kurzem Beschluß des Stabsarztes wurde ich am Sonntag in ein Lastauto mit Stroh verladen und zusammen mit zwei Ukrainerinnen und einem alten Mann Richtung Dinslaken - Oberhausen gefahren. Apathisch ließ ich alles geschehen.

In Dinslaken war das Krankenhaus überbelegt. Es sollte weitergehen zu den Bunkern nach Oberhausen. Kaiserswerther Schwestern tauchten am Wagen auf, ich taumelte hoch und fiel im Sprung einer Frau vor dem Wagen in die Arme. Schwester Margarete aus Wesel und der Arzt hörten mein Flehen, mich aufzunehmen. Ich sei die Frau des Pfarrers Hof aus Wesel, der beim Bombenangriff umgekommen sei. Ich war vor dem Weitertransport gerettet. Der Arzt gab seine Zustimmung, daß ich noch untergebracht wurde. An Schwester Margarete klammerte ich mich mit der ganzen verzweifelten Kraft in meiner Verlorenheit an. Sie versprach, mich auf irgendeine Art nach Neuwied zu bringen. "Wie komme ich zu den Eltern", dieser Gedanke beherrschte einzig mein Denken. Ein Telegramm: "Bitte kommt mich holen, Heinz und Mutter tot", ging bevorzugt weiter.

Die Verbände flogen planmäßig das Ruhrgebiet an, und ich erlebte den vierten schweren Angriff, diesmal auf Duisburg, im Luftschutzkeller der Kaiserswerther Schwestern, den ich in meiner verzweifelten Angst taumelnd und allein aufsuchte, mich vorwärts tastend zwischen den Betten Schwerverletzter, die auf den Fluren in endlos langen Reihen in den Betten lagen.

Sonst lag ich apathisch in meinem Bett, stumpf und teilnahmslos, wie ein kreisendes Mühlrad nur den einen Gedanken: "Heinz tot, Mutter tot." ...

Pastor Kehl hat mich in Friedrichsfeld gefunden und mir gesagt, daß er sich um Heinzens Totenschicksal weiter kümmere. ...

DIE TAGE DANACH:
BERGUNG - BESTATTUNG - AUSSENQUARTIERE

Polizeihauptmann **Wilhelm Schyns**

Luftschutz, Bergung, Bestattung
(3. Teil aus seinem Bericht über die Arbeit der Polizeidienststelle)
verfaßt 1951/52 für das Gedenkbuch
Stadtarchiv Wesel N25

Bis etwa Mitte Februar 1945 waren in Wesel schon beträchtliche Schäden eingetreten und manche Todesopfer zu beklagen. Am 14. Februar war die Rheinbabenbrücke zerstört worden. Der westliche Brückenbogen bis zum Büdericher Ufer lag im Rhein. Tag und Nacht wurde gearbeitet, um die Brücke soweit herzustellen, daß die Truppen auf dem linken Rheinufer noch eine Rückzugmöglichkeit hatten. Am 14. Februar entstand auch im Stadtgebiet beträchtlicher Schaden.

Am 16. Februar, etwa gegen 11.30 Uhr, erfolgte ein außerordentlich starker Angriff auf die Innenstadt. Gleich nach der Alarmierung fielen schon die Bomben, die Bevölkerung konnte kaum noch die Luftschutzkeller erreichen. Gleich nach den ersten Bombenabwürfen versagte das Licht. Die Bomben waren schwersten Kalibers. Die Entladungen waren so stark, daß durch den Luftdruck allein die Stahltüren der Luftschutzräume aus den Angeln gerissen wurden. Eine Flugzeugstaffel nach der anderen flog an. In den überfüllten Schutzräumen spielten sich herzzerreißende Szenen ab. Frauen erlitten Nervenzusammenbrüche oder verfielen in Weinkrämpfe. Andere fingen an, laut zu beten, worauf ein großer Teil miteinstimmte. Kinder weinten und schrien und klammerten sich schutzsuchend an ihre Mutter oder an andere, völlig fremde Erwachsene. Um keine Verzweiflungsausbrüche aufkommen zu lassen, bedurfte es fortgesetzten beruhigenden Zuspruchs.

In einem Fall erschoß ein Polizei-Reservist seine Frau, seine Tochter und sich selbst mit einer Dienstpistole.

Als die Bombenwürfe aufhörten und die verängstigte Bevölkerung die Schutzräume verlassen konnte, setzte eine Massenflucht in benachbarte Orte und Gemeinden ein. Mit deren Bürgermeistern war schon vorher die Vereinbarung getroffen worden, daß sie im Falle eines eintretenden Notstandes die obdachlosen Personen betreuen, unterbringen und verpflegen sollten, doch war noch manches erhalten geblieben. Die Einsatzkräfte und die Polizei hatten Verluste an Menschen und Material und waren nur noch zum Teil einsatzfähig. Fortlaufend ging Meldung über lebend verschüttete Personen ein. Alles wurde zur Bergung eingesetzt, was nur noch einen Arm rühren konnte. Durch die Zerstörung aller Nachrichtenmittel waren wir für den Augenblick von der Außenwelt abgeschlossen. Da ich mir jedoch die Fernsprechteilnehmer aufgezeichnet hatte, die Wesel am nächsten waren, so konnten wir vom Rathaus Voerde aus über das Fernsprechamt Dinslaken bei dem Luftschutzort erster Ordnung Oberhausen und aus anderen benachbarten Orten Hilfskräfte anfordern. Einem Polizeikradfahrer gelang es, in kürzester Zeit über die von Sprengtrichtern und meterhohen Schuttmassen übersäten Straßen und über die schiefhängende Lippebrücke hinweg die Verbindung mit den Orten im Industriegebiet aufzunehmen. Von ihnen aus kamen Hilfskräfte über die Hünxe-Krudenburger Brücke, die noch unzerstört war.

Bevor die angeforderten fremden Hilfskräfte eintrafen, erfolgte in den frühen Nachmittagsstunden ein erneuter Angriff. Er kam völlig überraschend, da die Möglichkeit einer Alarmierung nicht mehr bestand. Ich befand mich gerade am Brüner-Tor-Platz, wo ich versuchte, in dem dort gelegenen katholischen Schwesternheim mit einigen Polizeibeamten und den noch überlebenden Ordensschwestern drei verschüttete Schwestern zu bergen. Obwohl kein Lebenszeichen mehr wahrzunehmen war, hegten wir doch die Hoffnung, sie im bewußtlosen Zustand bergen zu können. Obschon zahlreiche Bomben fielen, gaben wir die Arbeit nicht auf. Wir glaubten zunächst, es seien nur Zeitzünder, die nach dem ersten Angriff hintereinander und auch später noch tagelang hochgingen. Aber plötzlich setzte ein Angriff mit unerhörter Wucht ein. Es wurden Bomben stärksten Kalibers geworfen. Blindgänger im Garten des alten Offizierskasinos wurden auf 90 Zentner geschätzt. Die Detonation war in Essen und Krefeld noch zu hören und verursachte dort Glasschäden. Obwohl dieser Angriff kürzer war, übertraf er an Stärke und Heftigkeit den des Vormittags. Es war ein glücklicher Umstand, daß der größte Teil der Bevölkerung die Stadt nach dem ersten Angriff verlassen hatte.

Tragisch war es, daß bei dem zweiten Angriff gerade diejenigen Männer am meisten betroffen wurden, die gerade damit beschäftigt waren, ihren Mitmenschen zu helfen.

Überall lagen bis zur Unkenntlichkeit zerfetzte Leichen, Schwer- und Leichtverwundete, denen nicht schnell geholfen werden konnte, denn die Krankenhäuser waren schwer zerstört. Verwundete und Kranke lagen unter ihren Trümmern, und es fehlten Abtransportmöglichkeiten. Manche

Wesel, den   20. Oktober 194 5

An

das Staatl. Gesundheitsamt

W e s e l

In der Sitzung des städt. Vertrauensausschusses wurde an die Verwaltung die Frage gerichtet, wer die Desinfektionen der Gegenstände durchführen könnte, die noch bei den täglich geborgenen Leichen in der Stadt gefunden würden. Eine Desinfektion der Gegenstände die z.T. besonders wertvoll sind, hält man für notwendig, um Gefahren vorzubeugen.

Ich bitte, um eine gefl. Nachricht, ob es sich nicht einrichten lässt, dass der beschäftigte Desinfektor diese Desinfektionen vornimmt. Vielleicht ist es sogar möglich, in jeder Woche einen bestimmten Tag oder auch halben Tag hierfür vorzusehen. Die mit der Durchführung der Desinfektion verbundenen Kosten würden von den Angehörigen der ums Leben gekommenen Einwohner getragen werden, notfalls könnten sie aus dem Erlös für die verwerteten Gegenstände bestritten werden.

2.) Zum 5. November.

Der Bürgermeister:

5./11

Wesel, den   15. April   194 6

=========
An

den Herrn Oberkreisdirektor

W e s e l

Betr.: Leichenumbettungen.

Die 9 in der Friedhofsverwaltung beschäftigten städtischen Arbeiter sind seit einiger Zeit mit der Umbettung von Leichen Tag für Tag beschäftigt. In erster Linie handelt es sich hierbei um die allenthalben beerdigten Angehörigen der eigenen Wehrmacht und der Wehrmachtseinheiten der Besatzung. Dass diese Arbeiten nicht zu den angenehmsten gehören, braucht kaum besonders betont zu werden, zumal in jedem einzelnen Falle nach Möglichkeit noch die Personalien festgestellt werden müssen. Es ist daher verständlich, wenn die Arbeiter den Wunsch haben,eine Vergünstigung in Gestalt von Zigaretten und Branntwein zu erhalten.

Ich gebe den Wunsch der Arbeiter mit der Bitte um Berücksichtigung weiter.

Zu den Akten.

Der Stadtdirektor:

Einsatzkräfte bemühten sich um die Bergung eigener verschütteter Angehöriger, der Rest lief in der Verwirrung auseinander.

Die Innenstadt war ein einziger Trümmerhaufen, hohe Trümmerberge sperrten die Straßen, die nicht mehr zu erkennen waren. Glücklicherweise trafen Helfer unter Führung eines Polizeimajors aus Oberhausen ein. Es waren gut ausgebildete und ausgerüstete Mitglieder der Feuerlöschpolizei, des Instandsetzungsdienstes und des Luftschutzsanitätsdienstes. Der Polizeimajor übernahm das Kommando. Trupps wurden an den einzelnen Schadenstellen, wo Personen verschüttet waren, eingesetzt. Was an eigenen Kräften noch vorhanden war, diente zur Einweisung der ortsfremden Kräfte und ging ihnen zur Hand, denn es gehörten schon gute Ortskundige dazu, um sich in dem Trümmergewirr noch auszukennen. Der Sanitätsdienst bemühte sich um die Verwundeten und schaffte sie in die Krankenhäuser der benachbarten Orte. Eine große Anzahl Verschütteter konnte lebend geborgen werden. Genauere Zahlen kann ich jedoch nicht angeben, weil die Aufzeichnungen verlorengegangen sind.

Obwohl keine Brandbomben, sondern Sprengbomben geworfen worden waren, entwickelten sich in der Nacht vom 16. zum 17. eine Anzahl größerer Brände. Es brannten das Finanzamt, die ehemalige Heubergkaserne, der Getreidesilo der Spedition Kampen, die Rheinvorstadt und andere Stellen. Das Feuer war wahrscheinlich durch die Kohlenglut brennender Öfen, über die die Trümmer gestürzt waren, entstanden. Das Umsichgreifen des Feuers zu verhindern, gelang nur unvollkommen, da nur noch kleinere Motorspritzen verfügbar waren und größere Löschfahrzeuge nicht bis zu den Brandstellen und Wasserentnahmestellen gelangen konnten. Die Entfernungen zum Löschwasser waren weit, und es fehlte an Schlauch- und Leitungsmaterial. Immer wieder gingen Bomben mit Zeitzündung hoch, so daß das noch stehende Trümmergemäuer einstürzte und Löscharbeiten beeinträchtigt wurden. Die eingesetzten Kräfte wurden unruhig und glaubten immer wieder an erneute Angriffe. Zudem war es ungewiß, ob nicht in unmittelbarer Nähe der Einsatzstelle Zeitzünder lagen, die jeden Augenblick hochgehen konnten.

So bot die Stadt zur nächtlichen Stunde ein schauerliches, trostloses Bild. Noch am Tage vorher von pochendem Leben erfüllt, war sie jetzt ein einziger verlassener, menschenleerer Trümmerhaufen, der vom Schein der lodernden Brände beleuchtet war. Nur das Knistern und Prasseln der brennenden Ruinen, die Entladungen der hochgehenden Blindgänger und das Krachen zusammenfallender Mauern war hörbar. Allenthalben lagen schrecklich verstümmelte Leichen und Leichenteile. Nur wo noch Personen verschüttet waren, arbeiteten Einsatzkräfte fieberhaft hastig und verbissen zäh.

Die freigelegten Toten konnten nicht gleich zum Friedhof geschafft werden, da die Kräfte sofort wieder an anderen Stellen eingesetzt wurden. Es wurde pausenlos gearbeitet, ohne Verpflegung, ja unter Mangel an Trinkwasser, was unangenehm war, da sich der Mörtelstaub in den Atmungsorganen festsetzte. Auch am 17. und in der Nacht darauf wurde bis zur Erschöpfung der Helfer gearbeitet. Man nahm an, daß die Feinde das militärisch gesteckte Ziel erreicht hätten und weitere Angriffe nicht mehr zu erwarten seien. Es wurden daher am Sonntag, dem 18. Februar, nochmals alle erreichbaren und noch einsatzfähigen Kräfte zur Bergung Verschütteter eingesetzt. Die Brandstellen hatten sich vermehrt und erweitert. Feuerlöschtrupps wurden in Bewegung gesetzt, soweit die Gerätschaften reichten. Wenige Einwohner, die am Freitag die Stadt verlassen und in benachbarten Orten eine Unterkunft gefunden hatten, kehrten zurück, um noch Habseligkeiten zu retten.

Da setzte unerwartet ein heftiger Angriff ein. Die Trupps arbeiteten zwar unter ständiger Luftbeobachtung, wurden aber trotzdem durch den Angriff vollkommen überrascht und erlitten Verluste an Menschen, Löschgeräten und Schlauchmaterial. Sie wurden völlig in der allgemeinen Verwirrung versprengt. So konnte nur noch ein Bruchteil der guten Helfer nach dem zweiten Angriff an Stellen eingesetzt werden, wo noch Personen lebend vermutet und vielfach noch lebend geborgen werden konnten. Diese heldenhaften Helfer arbeiteten trotz aller Ermattung und aller drohender Gefahr noch in der folgenden Nacht weiter.

Am 19., montags, wurden gleich bei Tagesanbruch wiederum alle noch verfügbaren Kräfte eingesetzt. Sie waren völlig erschöpft und glaubten an keinen Erfolg ihrer Arbeit mehr. Bei unzureichender Verpflegung hatten sie die schwersten körperlichen Anstrengungen durchgemacht und die schwerste seelische Belastung erlitten. Mehrere hatten ihre Familienangehörigen verloren. Kaum einer wußte etwas über den Verbleib und das Schicksal seiner Angehörigen.

Trotzdem hörten sie die Stellen, an denen verschüttete Personen vermutet wurden mit Horchgeräten ab und versuchten, noch Leichen zu bergen.

Es war gar kein Wunder, daß sie auseinanderspritzten, wenn nur irgendein Flugzeug sich näherte oder in den entferntliegenden Ortschaften ein Warnsignal ertönte. Sie wieder zusammenzubringen, war keine geringe Schwierigkeit, so daß ein Arbeiten geradezu unmöglich war. Sollten kostbare Menschenleben aufs Spiel gesetzt werden, wenn kaum noch Hoffnung bestand, ein einziges Menschenleben zu retten?

Es wurde beschlossen, die freiliegenden Leichen nachts zum Friedhof zu schaffen, da bisher nächtliche Angriffe nicht stattgefunden hatten. Bei

Vollmond und ziemlich hellen Nächten schien das besonders günstig, denn bei völliger Dunkelheit war es unmöglich, die Leichen über fünf bis sechs Meter hohe Trümmermassen zu tragen. Ich hatte mir die Lagestellen der Leichen aufgeschrieben, soweit ich sie nicht selber kannte. Polizeibeamte und Männer des Einsatztrupps hatten sie mir mitgeteilt. Vor Beginn des Mondaufgangs sollten die Trupps in Stärke von zwei bis drei Mann an einen Sammelplatz erscheinen und ihre Aufträge erhalten. Sie mußten über die Lagestellen genau unterrichtet werden. Darum suchte ich in den frühen Nachmittagsstunden mit mehreren Polizeibeamten das Stadtgebiet nach Leichen ab. Den einzelnen Beamten wurden bestimmte Stadtgebiete zugewiesen, so daß das Absuchen systematisch erfolgte. Ich selbst suchte das Gebiet am Kornmarkt, Dimmerstraße, schmale Brückstraße und Lomberstraße ab. Plötzlich setzte wieder ein heftiger Angriff ein. Mit knapper Not konnte ich noch einen Sprengtrichter am Marktplatz erreichen. Es war nur ein verhältnismäßig kurzer, aber äußerst heftiger Angriff. Obwohl es heller Nachmittag war, verdunkelte sich der Himmel infolge des aufsteigenden Staub- und Pulverrauches wie zur Abenddämmerung. Brennende Papierfetzen flogen bis zu dem etwa neun Kilometer entfernten Ort Hamminkeln. Wesentlicher Schaden konnte jedoch kaum mehr angerichtet werden. Von den eingesetzten Polizeibeamten war keiner verletzt worden. Bei diesem Angriff wurde auch die bis dahin noch verhältnismäßig geringfügig getroffene Eisenbahnbrücke stark beschädigt. Sie war für den Fußgängerverkehr noch benutzbar und wurde auch stark in Anspruch genommen, sowohl von der aus dem linksrheinischen Gebiet flüchtenden Bevölkerung, als auch von der Wehrmacht.

Bei Eintritt der Nacht fingen wir an, die Leichen zum Friedhof fortzuschaffen. Da keine Tragbahren vorhanden waren, wurden aus den Trümmern Bretter entnommen, auf die wir die Leichen mit Draht oder Bindfaden befestigten, damit sie beim Überschreiten der holprigen Trümmermassen nicht herunterfielen. Unsere Arbeit war mühsam, aber da die Nacht ruhig blieb, ging sie gut vonstatten.

Da mehrere Trupps in der Dunkelheit die Leichen nicht fanden, wurde unsere Aufgabe nicht zu Ende geführt. An anderen Stellen waren die Leichen durch die wiederholten Angriffe erneut verschüttet worden und mußten erst wieder freigelegt werden.

In dieser Weise arbeiteten wir zehn Tage lang Nacht für Nacht. Wir mußten die Zeit nach dem Mondauf- und Untergang oder die Stunden der Morgendämmerung ausnutzen, denn bei völliger Dunkelheit war nichts auszurichten. Tagsüber kundeten wir die Lagestellen der Toten aus, und setzten Trupps zur Bergung Verschütteter ein, und nachts wurden die Leichen zum Friedhof gefahren.

An jeder Leiche wurde ein Zettel angeheftet, aus dem die Fundstelle ersichtlich war. Das war wichtig zur Feststellung der Persönlichkeit des Toten. Die Erkennung der Toten wurde von Kriminalbeamten bei Tage auf dem Friedhof vorgenommen. Viele waren bis zu Unkenntlichkeit verstümmelt oder entstellt. Wenn die Persönlichkeit einwandfrei festgestellt war, ging die Mitteilung an den Standesbeamten, der sich in einem Hause außerhalb der Stadt notdürftig eingerichtet hatte. Wenn die Persönlichkeit des Toten nicht festgestellt werden konnte, wurde eine genaue Personalbeschreibung mit Fundortangabe aufgenommen. Außerdem wurden Stoffproben von Bekleidungsstücken gesichert, um ein Erkennen durch Angehörige zu ermöglichen. Die Bestattung erfolgte aus hygienischen Gründen sofort.

Die Oberhausener Hilfskräfte rückten schließlich wieder ab. Sie wurden anderweitig gebraucht. Mehrere Stellen, an denen noch immer versucht wurde, die Verschütteten zu bergen, wurden aufgegeben, da keine Hoffnung auf Bergung mehr bestand. Das war beim Hotel Escherhaus, an der Esplanade-Kaserne, am Hotel Schuhmacher, in der Torfstraße, im Luftschutzraum auf dem Gelände der Stadtwerke, in der Brauerei Stams usw. Dort waren eine größere Anzahl Personen verschüttet. Es war aussichtslos, mit den geringen Kräften die riesigen Schuttmassen wegzuschaffen, die eine Bergung erfordert hätte. Auch Schadenstellen mit vereinzelt verschütteten Personen mußten aus dem gleichen Grunde aufgegeben werden. Es kann mit gutem Gewissen gesagt werden, daß nirgendwo eine Arbeit aufgegeben wurde an einer Stelle, wo noch die geringste Hoffnung war, die oder den Verschütteten lebend zu bergen.

Als das Vordringen der alliierten Truppen auf der anderen Seite fortschritt, setzte ein ununterbrochener Flüchtlingsstrom und der Rückmarsch der Truppen aus dem linksrheinischen Gebiet über die noch gangbare Eisenbahnbrücke ein. Die Ringstraßen von der Fluthgrafstraße bis zum Bahnübergang, die Brüner Landstraße und die Artilleriestraße waren von Wehrmachtseinheiten wieder notdürftig in Ordnung gebracht worden, so daß sie von Truppen und Fahrzeugen benutzt werden konnten. Nach jedem neuen auftretenden Schaden wurden sofort wieder Ausbesserungen vorgenommen. Der Verkehr berührte den inneren Stadtkern nicht und fand wegen der Jagdbombertätigkeit hauptsächlich nachts statt.

Mehr und mehr tauchten dann unlautere Elemente aus den benachbarten Städten auf, die Beute witterten, die Trümmer nach Wertsachen durchsuchten. Diese Hyänen des Schlachtfeldes ließen sich nicht abschrecken, trotz der daraufstehenden hohen Strafen zu plündern. Sie hatten es auf wertvolle Schmucksachen, silberne Eßbestecke, Schreibmaschinen, gute Kleidungsstücke und andere Wertsachen abgesehen. Die Bevölkerung hatte bekanntlich wegen der Fliegergefahr ihr wertvollstes Eigentum im Keller untergebracht oder im Luftschutzkoffer mitgeführt. Bei der panischen Flucht am 16. Februar wurde vieles nicht mehr mitgenommen oder in der Bestürzung vergessen. Die meisten hatten nur ihr nacktes Leben gerettet. Das machten sich die Plünderer zunutzen und durchstöberten die Kellerruinen nach Beute, sie nahmen sogar den Toten noch die letzten Wertsachen ab. Es waren Burschen, die vor keiner Gewalttat zurückschreckten. Sie schlichen sich durch die kleinsten Kelleröffnungen. Es war schwer, ihnen beizukommen, weil sie sich in den Trümmern leicht der Sicht entziehen konnten und wie die Ratten verschwanden, wenn ein Polizeibeamter kam. Zivilpersonen gegenüber benahmen sie sich mehr als dreist, um den Anschein zu erwecken, als seien sie noch selbst die Bombengeschädigten des Grundstückes, auf dem man sie fand, wo sie noch angeblich etwas zu retten suchten. Eine ganze Anzahl dieser üblen Burschen wurde von der Polizei gestellt und festgenommen. Die vorgefundenen Wertsachen wurden sichergestellt und die Täter an die nächstgelegenen Amtsgerichte in Bocholt und Dorsten überführt, da das Amtsgericht in Wesel völlig zerstört war. Welch ein Gegensatz! Auf der einen Seite die Männer der Einsatzgruppe, die täglich ihr Leben einsetzten, um ihren Mitmenschen zu helfen, und auf der anderen Seite die Verbrecher, die das Unglück ihrer Mitmenschen ausnutzten, um sich zu bereichern und selbst Leichen zu plündern! Aus einem Lagerraum der zerstörten Spedition Kampen wurden sackweise Mehl- und Stoffballen gestohlen. Da jedoch an den Ausfahrtsstraßen eine Überprüfung durch die Polizei durchgeführt wurde, konnte das Diebesgut beschlagnahmt und in kleineren Mengen an die notleidende Bevölkerung in der Umgebung gegen Bezahlung ausgeteilt werden. Der Erlös ging an den rechtmäßigen Eigentümer.

Weitere starke Luftangriffe fanden am 20. und 24. Februar statt, ohne denen vom 16. und 19. an Stärke zu gleichen. Von Blumenkamp aus konnte ich diese Angriffe beobachten und den An- und Rückflug der Flugzeuge verfolgen. Bei jedem dieser beiden Angriffe waren über 80 Flugzeuge beteiligt.

Dann kam eine längere Pause. Während dieser Zeit wurden die letzten freiliegenden Leichen weggeschafft und immer noch Tote aus den Trümmern geborgen. Aber die feindlichen Jagdbomber übten eine immer stärker werdende Tätigkeit aus. Sie erschienen überraschend und nahmen sogar Einzelpersonen zum Ziel. Sie machten hauptsächlich die Landstraßen in der näheren Umgebung der Stadt unsicher, weil hier sich ständig absetzende Abteilungen der Wehrmacht und Flüchtlingstrupps zu finden waren, die über die immer noch gangbare Eisenbahnbrücke kamen.

Am 5. März, gegen 17.22 Uhr und am darauffolgenden Morgen, am 6. März gegen 6.00 Uhr, erfolgten weitere Angriffe. Diese Angriffe waren etwa gleich stark wie die vom 20. und 24. Februar.

Bei diesen letzten Angriffen am 5. und 6. März wurden eine Anzahl Soldaten getötet, die zu den abziehenden Truppen gehörten. Auch einige Flüchtlinge wurden schwer verletzt und mit Sanitätsfahrzeugen der Wehrmacht fortgeführt. Die beschädigten Ringstraßen wurden wieder notdürftig in Ordnung gebracht, um Wehrmachtsfahrzeugen den Weg zu bahnen. Durch die Angriffe konnten im Trümmerfeld der Innenstadt keine wesentlichen Veränderungen mehr geschehen. Sie waren in den Schuttmassen niedergegangen. Nur stürzte eines Morgens der Turm des Willibrordidomes ein, doch kann ich nicht sagen, bei welchem Angriff der Einsturz erfolgte. Es wird wohl durch den damals schon recht starken Artilleriebeschuß geschehen sein.

In der Zeit vom 6. bis 23. März gab es nur noch bedeutungslose weitere Luftangriffe, aber die Jagdbombertätigkeit und der Artilleriebeschuß verstärkten sich seit der Besetzung des linken Rheinufers durch die Feinde so erheblich, daß die Polizeibeamten in Drevenack untergebracht werden mußten, nachdem wir vorübergehend in Blumenkamp in einem Stall gehaust hatten. Von hier aus, sowie von Drevenack aus, wurden die Polizeibeamten ständig im Stadtgebiet eingesetzt, um Plünderungen zu verhüten. Wir erhielten keinerlei Verpflegung und bereiteten sie uns selbst aus den in den Trümmern vorgefundenen, noch brauchbaren Lebensmitteln. Die eingesetzten Beamten benutzten zum Schutz bei etwaigen Angriffen einen Luftschutzraum auf dem Bahnhof, der zufällig noch erhalten war. Er hatte früher anscheinend dem Bahnhofswirt Becker als Schutzraum gedient.

Die Unterkunft in Drevenack sollte den Polizeibeamten eine Möglichkeit zum Ausruhen geben, denn der ununterbrochene Einsatz erschöpfte ihre Kräfte von Tag zu Tag mehr. Wir wohnten in einer Holzbaracke, in der nachts vor Kälte kaum zu schlafen war, weil die erforderlichen Decken fehlten. Auch ließen uns die Jabos und der lebhafte Aribeschuß keine Ruhe mehr, so daß wir fast Tag und Nacht in den von uns im freien Feld errichteten Einmannlöchern saßen. ...

Gartenarchitekt **Wilhelm Sardemann**

Die Beerdigung der Bombenopfer
Auszüge
verfaßt 1951/52 für das Gedenkbuch
Stadtarchiv Wesel N25

... Am Sonntag, den 18. Februar 1945, mußte ich mit einem Trupp ausländischer Arbeiter im Stadtgebiet Leichen bergen. Da in Wesel kein Wagen und kein Pferd aufzutreiben war, versuchte ich, in Lackhausen bei eingen Bauern Pferd und Wagen zu bekommen. Dieses glückte auch, und ich bekam zwei Karren (zweirädrig) und zwei Pferde, die mittags um 13 Uhr am Stadttheater sein mußten. Hier, im Keller des Theaters, waren am Freitag beim ersten Angriff 50 Menschen umgekommen. Die Leichen wurden, so wie dieselben dort lagen, aufgeladen. Die Arbeit war gerade beendet, da wurde erneut Alarm gegeben, und nach einer kurzen Pause sausten schon wieder die Bomben nieder. Die Pferde wurden wild, und nur mit der größten Kraftanstrengung konnten die Fuhrleute ihre Karren mit den Leichen zum Friedhof bringen.

Am Montag, dem 19. Februar, begann früh morgens die Beerdigung der Bombenopfer. Zuvor hatte die Polizei die Persönlichkeit festgestellt (Identifizierung). Nachmittags kam wieder ein neuer Angriff auf Wesel. Die wenigen in Wesel verbliebenen Einwohner verließen schleunigst die Stadt. So waren an diesem Tage keine allzu großen Opfer zu beklagen.

Für die vielen Beerdigungen wurden uns für den Friedhof Leute zur Verfügung gestellt, doch diese verließen sofort nach dem ersten Alarmzeichen ihre Arbeitsstelle. Zuletzt blieb ich noch mit dem Arbeiter Neu auf dem Friedhof. Dieser Arbeiter hat treu auf dem Friedhof ausgehalten und war jeden Morgen zur Stelle.

Die verschiedenen Abteilungen der Stadtverwaltung lagen ziemlich draußen, und so mußte ich jeden Tag zum Standesamt an der Hamminkelner Landstraße und zur Polizei, die in der Wirtschaft Hasselmann an der Station Blumenkamp lag.

Später, in der Zeit zwischen dem Angriff auf Wesel und dem Einmarsch der Amerikaner und Engländer, war es am Tage kaum möglich, die Dienststellen aufzusuchen, da die Tiefflieger dauernd die Landstraße unter Feuer hielten. Auf dem Ehrenfriedhof gab es zu dieser Zeit sehr viel Arbeit, denn neben den Opfern des Luftangriffes auf Wesel kamen jetzt viele gefallene Soldaten der immer näher rückenden Front. Kurz vor dem Rheinübergang der Alliierten lag die Brüner Landstraße und die anderen Zufahrtsstraßen nach Wesel zeitweise unter Artilleriefeuer. In der Nacht vom 23. zum 24. März 1945 wurde Wesel eingenommen. Wir mußten einige Tage unsere Arbeit auf dem Friedhof einstellen. Am Karfreitag 1945 war ich wieder auf dem Friedhof und habe von der Zeit an die Arbeit wieder regelmäßig fortgesetzt. ...

Pastor **Joseph Janßen**

Bericht über die Beerdigung der Bombenopfer

(2. Teil aus seinem Bericht über die Ereignisse im Frühjahr 1945)
verfaßt 1951/52 für das Gedenkbuch
Stadtarchiv Wesel N25

... Am 20.2. begannen die Beerdigungen auf den Friedhöfen in Wesel und zogen sich in die folgenden Wochen hinein. Morgens fanden sich zeitig beherzte Männer auf dem Friedhof ein. In langen Reihen lagen dort die Toten, teilweise bis zur Unkenntlichkeit verstümmelt. Männer, Frauen und Kinder, teils lagen sie noch auf den Leiterwagen, die bis oben voll bepackt waren. Das Blut sickerte von den Wagen herunter, Verwesungsgeruch erfüllte die Luft. Nur wenige Kräfte standen zur Verfügung, die den Toten das Grab schaufelten. Särge waren nicht zu haben, so daß wir sie, eingehüllt in ein Tuch, der Erde anvertrauten. ...

Apotheker **Hans Liman**

Die Notapotheke außerhalb Wesels
(2. Teil aus seinem Bericht "Apothekendienst während der Weseler
Schicksalstage")
verfaßt 1951/52 für das Gedenkbuch
Stadtarchiv Wesel N25

... Dann kamen die Hauptangriffe vom 16. Februar. An weitere
Bergungsarbeiten war nicht mehr zu denken. Der Rest des Hauses wurde zerstört, die Keller brannten aus, die beiden anderen Apotheken teilten mein
Schicksal. Jetzte mußte der Betrieb in der Notapotheke eröffnet werden, doch
stellte sich heraus, daß der Kellerraum der DAB nicht geeignet war. Dort
gab es keine Beleuchtungs- und Lüftungsmöglichkeiten. Das Militär verleg-
te seine Verpflegungslager in die der Apotheke vorgelagerten Keller. So gab
es ein Durcheinander von Militär, Zivil, Kranken, Verwundeten, kleinen
Kindern und Obdachlosen. Die mangelhafte Lüftungsmöglichkeit, das
Geschrei, Geschimpfe und Weinkrämpfe der Mitbewohner machten ein
Arbeiten unmöglich. Außerdem lag die Brauerei zu nahe bei der Stadt und
wurde in die Bombenteppiche eingezogen.
        Das Leben in der Stadt erlosch. Die Bevölkerung floh nach
Drevenack und Schermbeck. Eine Notapotheke mußte mit der Bevölkerung ziehen. Glücklicherweise war die eigentliche Notapotheke erst teilweise ausgepackt. Ich konnte den Sohn meines Quartierswirtes bewegen,
nachts mit mir zur Brauerei zu fahren und die wichtigsten Arzneimittel auf-
zuladen. Da wir die Landstraße mit unserer wertvollen Ladung vor Beginn
des Jabobetriebes verlassen hatten, kamen wir heil in den Steinbergen an.
Eine zweite Fahrt war nicht mehr möglich. Glücklicherweise war bei der
starken Belegung des Wohnhauses kein Platz zur Unterbringung der
Apotheke. Einige Tage später wurde es von einem Jabo in Brand geschossen.
In einem Nebengebäude, bestehend aus Pferdestall, Bullenabteilung und
einem kleinen Schweinestall, hatte ich meine Apotheke untergebracht. Sie
blieb verschont. Ein über dem Schweinetrog als Arbeitstisch genageltes
Brett, einige Bretter an den Hinterwänden, eine Flaklaterne und eine an die
Balkendecke genagelte Gasplane, zum Schutz gegen den Rattendreck, bildeten die Einrichtung der "Offici". Hier hat die Adler-Apotheke den Übergang der Alliierten verhältnismäßig gut überstanden. Für die in ihre Tröge
geworfenen Sera und sonstige Arzneimittel hatten Pferd und Bulle wenig

Interesse. Zur Versorgung der Bevölkerung gab ich den Ärzten Standardpakete mit, deren Inhalt aus wenigen, aber qualitativ hochwertigen und erprobten Arzneimitteln bestand. Es ist erstaunlich, wieviel Menschen den Weg zu mir trotz drohender Überfälle gemacht haben, um Medikamente zu bekommen. Nur zur Beschaffung von Insulin für Zuckerkranke ergaben sich Schwierigkeiten. ...

Landwirtschaftsrat **Josef Throm**

Das ausgelagerte Kreisernährungsamt
Auszug aus seinem Bericht "Schicksalstage der Kreisverwaltung!"
verfaßt 1951/52 für das Gedenkbuch
Stadtarchiv Wesel N25

... Im Hause Weißenstein treffen sich nun die meisten nicht evakuierten Angehörigen der Kreisverwaltung. Das Kreisernährungs- und das Kreiswirtschaftsamt hingegen haben Unterkunft in der Molkerei und in benachbarten Gebäuden zu Obrighoven gefunden. Das Kreiswohlfahrtsamt wird in der Lauerhaaskirche desselben Ortes untergebracht.

Das Haus Weißenstein ist vom Keller bis zum Dach von uns belegt. Es ist zum Massenquartier geworden. Die meisten von uns haben ihr ganzes Hab und Gut verloren. Wir werden in Weißenstein verpflegt. Wir schlafen dort notdürftig, und wir versuchen auch zu arbeiten, aber es fehlen die Büroeinrichtungen und auch viele Akten. So wird aus unserer Arbeit nicht viel.

Ein Tätigkeitsgebiet darf aber auch jetzt nicht leiden: Die Sicherung der Ernährung. Landrat von Werder gibt sich die größte Mühe, diese sehr schwierige Aufgabe zufriedenstellend zu lösen. Er versucht zunächst, die in Wesel noch vorhandenen Lebensmittelkarten herauszuholen. Manche Lager der Lebensmittelgroßhändler, des Mühlengewerbes, der Bäckereien und der Einzelhandelsgeschäfte enthalten doch noch beträchtliche Mengen von Lebensmitteln. Sie befinden sich aber zumeist an schwer zugänglichen Stellen. Wenn man dazu gelangen will, müssen erst Trümmer beseitigt und Abfahrtswege notdürftig freigemacht werden. Die Inhaber dieser Betriebe, insbesondere die des Großhandels und des Mühlengewerbes, sind zwar von sich aus bestrebt, die Waren zu bergen. Das ist aber nicht leicht, denn es mangelt an Arbeitern und vor allem an Transportmitteln.

Dienstverpflichtete Bauern mit ihren Fuhrwerken aus den Dörfern ringsum helfen wohl. Zudem werden die wenigen greifbaren Lastwagen aufgeboten. Auch Kriegsgefangene werden eingesetzt. Dies alles aber geht nicht ohne Zwang. Niemand will nach Wesel, weil ständig noch Bomben geworfen werden. Dazu kommt die Angst vor den Tieffliegern. Alltäglich kreisen sie über der Stadt, und jedermann muß damit rechnen, von ihnen beschossen zu werden.

Mit Pferdefuhrwerken und Handkarren versuchten die Menschen, Reste ihrer Habe aus dem Trümmerfeld zu bergen.

Wir können uns bei dieser Lage nur wenige Stunden am Morgen und Abend in der Stadt aufhalten. Auch nachtsüber, beim Schein des Mondes, versuchen wir zu arbeiten. So gelingt es wenigstens dem Großhandel und dem Mühlengewerbe, einen erheblichen Teil seiner Waren zu retten; in Bäckereien und Einzelhandelsgeschäften jedoch bleiben beachtliche Mengen Lebensmittel zurück.

Neben dieser Bergungsaufgabe muß aber auch die Erfassung von Lebensmitteln bei den Erzeuger- und Bearbeitungsbetrieben gerade in diesen kritischen Wochen weitergehen. Dies geschieht durch eine besondere Abteilung des Kreisernährungsamtes, die der Kreisbauernschaft eingegliedert ist. Sie ist behelfsmäßig im Gasthof Schepers in Obrighoven untergebracht. Bald ist es aber dort nicht mehr sicher. Die Front ist jetzt so nahe, daß Artilleriefeuer einsetzt. Zum Krachen der Bomben und zur Tieffliegergefahr kommt nunmehr auch das Heulen der Granaten.

Die Erfassungsabteilung des Kreisernährungsamtes zieht deshalb weiter, zunächst nach Drevenack und dann nach Dämmerwald. Dort gesellt sich ein Militärkommando zu ihr, das den Auftrag hat, das Großvieh aus dem Kreis abzutreiben. Es darf dem Feinde nicht in die Hände fallen, sofern ihm der Rheinübergang glücken sollte. Auch Getreide und Futtermittel sollen erfaßt und fortgeschafft werden. Von den Menschen erwartet man, daß sie hier bleiben, das empört uns alle.

Unsere Aufgabe ist es, dem Räumkommando listenmäßig nachzuweisen, wieviel Tiere und Vorräte auf den einzelnen Bauernhöfen sind. Wir kommen mit unserer Arbeit nicht recht vorwärts. Das Aktenmaterial ist uns beim Umzug durcheinandergeraten, zum Teil fehlt es ganz. Die Erfassungslisten werden nicht fertig. Der leitende Offizier des Räumkommandos drängt. Dann mahnt und verwarnt er uns. Darauf droht er sogar. Schließlich schickt er seine Räumtrupps mit mangelhaften Listen oder ohne solche in die Dörfer. Sie sollen erfassen, was sie in den Ställen finden. Bald werden Herden von Kühen und Rindern über die Kreisgrenzen getrieben, nach Osten. Wir können es nicht ändern.

Der Kreisverwaltung ist es inzwischen im Hause Weißenstein und in Obrighoven zu unsicher geworden. Sie ist in unsere Nähe gezogen und in Lühlerheim und Bohnekamps Hof zum Teil in Baracken untergekommen.

Es ist Mitte März. Veilchen und Anemonen blühen. Aus dem frischen Grün der Weiden leuchten die gelben Köpfe des Löwenzahns. Der Frühling hat uns sonnenklare, warme Tage gebracht. Auf den Feldern aber sieht man nur wenige Gespanne. Es ist tagsüber zu gefährlich, weil die Tiefflieger jetzt auch hier am Himmel kreisen. Wir fühlen alle, daß die Entscheidung nahe bevorsteht.

Am 24. März 1945 überschreitet der Feind den Rhein bei Bislich und Wesel. Zwei Tage darauf kommt er nach Lühlerheim und Bohnekamps Hof. Die Tätigkeit der Verwaltung liegt nun zunächst vollständig brach. Bald aber muß sie für das neu errichtete Russen- und Polenlager in Lühlerheim die Versorgung übernehmen. Lebensmittel, Kleidung, Haushaltseinrichtungen und Möbel werden für das Lager befehlsgemäß requiriert.

Für die Betreuung der einheimischen Bevölkerung und vor allem für ihre Versorgung mit Lebensmitteln kann die Kreisverwaltung anfänglich nichts tun. Jedermann hilft sich, so gut er es vermag. Erst allmählich beginnt wieder die geregelte Beschaffung und Verteilung von Lebensmitteln. Zunächst werden die Bestände aller erreichbaren Lebensmittellager und -geschäfte aufgenommen. Es ist herzlich wenig.

Zur Verteilung der Lebensmittel müssen neue Karten gedruckt werden, aber es ist kein Papier aufzutreiben. Mit viel Mühe gelingt es schließlich, aus dem Kreis Borken eine kleinere Menge zu bekommen. Die neuen Lebensmittelkarten tragen nur Nummern. Diese werden nach Bedarf aufgerufen. Lange Schlagen hungernder Menschen bilden sich vor Lebensmittelgeschäften. Brot, das noch ofenwarm ist, wird den Bäckern buchstäblich aus der Hand gerissen. Nicht immer können alle aufgerufenen Nummern beliefert werden. Wer am Ende der Schlange steht, geht ohne Lebensmittel nach Hause.

Zu der Nahrungsnot kommt die allgemeine Unsicherheit. Plünderungen, Raub und Mord durch Russen, Polen und ihre deutschen Zutreiber werden zu alltäglichen Geschehnissen. Kein Mensch mehr wagt sich allein auf verkehrsarme Straßen und Wege. ...

A. und **S. W.**, Brünen

Brief an Frau Hollweg
Privatbesitz

Brünen, den 4.3.45

Meine liebe Frau Hollweg,

ob meine Zeilen Sie noch erreichen? Wer weiß? Wollte Ihnen vor acht Tagen schon geschrieben haben, konnte aber zu keinem Resultat kommen, da ich, und einmal auch mein Mann mit, nicht nach Wesel herein konnten. Zweimal kam kurz vor der Stadt schon Vollalarm, und zweimal konnte man der vielen Blindgänger halber nicht herein. Hier die Bäuerin hatte uns am Dienstag einen Wagen mit zwei Pferden mitgegeben, damit wir soviel herausholen könnten, wie es nur ginge, auch für Sie. Als wir an der Obrighovener Molkerei ankamen, gab es Vollalarm. Da mußte man ja das Fuhrwerk zurückschicken, da es ja nicht zu verantworten wäre, wenn die Tiere umkämen. Dann waren wieder soviel Zeitzünder da, daß man besonders mit Wagen nicht hinein kam. Von der ganzen Stadt steht nicht ein bewohnbares Haus mehr. Hinein kann man nur im Morgengrauen. Sobald es hell, besonders wenn es klar wird, sind die Jäger und Jagdbomber da und nehmen jedes Fuhrwerk und jede Truppe aufs Korn. Dann heißt es, sich schnell im Straßengraben und hinter den Bäumen in Sicherheit zu bringen. Am Donnerstag morgen wurde zehn bis zwölf Schritt von mir von den Jabos ein Militär-LKW in Brand und ein entgegenkommendes Fuhrwerk zerschossen. Die Biester kommen bis Baumhöhe herunter, es stört sie ja keiner. In unser Haus konnten wir auch nicht hinein, trotzdem wir bei strömenden Regen hin waren. Es lag ein Blindgänger im Keller, der das ganze Haus durchschlagen hatte. Morgen früh will ich noch einmal versuchen, hineinzukommen und zu sehen, ob noch etwas zu retten ist.

In der Stadt sind sehr viele Menschenleben zu beklagen, da der erste große Angriff nach der Vorentwarnung kam und schon wieder viele Menschen auf der Straße oder wenigstens wieder in ihren Wohnungen waren. Ihre Nachbarn, Ingenleufs, haben Unterkunft in Damm gefunden und konnten sich auch noch Verschiedenes retten. Viele, wie die Familie Touché, wohnten ja an der Flemmingstraße, und sind vollständig umgekommen. Bis heute noch niemand geborgen. Herr Lähnemann und Tochter, Frau Luyken vom Rheinglacis, Amtsgerichtsrat Knoop und Frau, Familie Wilmsen vom

Escherhaus, Tiefbauunternehmer Klein mit Frau und Tochter, Frau Engbers mit ihren Kindern, Frau Halswick und Schwester, Frau Vietinghoff, geb. Selders, mit ihren beiden Kindern. Viele Angestellte und Arbeiter der Heeresstandortverwaltung, auch im Luftschutzkeller der Führerschule und sofort. Für heute Schluß.

Ihnen und Ihren Lieben gute Gesundheit wünschend grüßen Sie Ihre A. und S. W.

WESEL WIRD FRONTSTADT: LUFTLANDUNG - EINNAHME DER STADT - MILITÄRVERWALTUNG

Polizeihauptmann **Wilhelm Schyns**

Der Rheinübergang der Alliierten
(4. Teil aus seinem Bericht über die Arbeit der Polizeidienststelle)
verfaßt 1951/52 für das Gedenkbuch
Stadtarchiv Wesel N25

... In der Nacht zum 23. März erfolgten ununterbrochen kurze, starke Luftangriffe. Sie gingen nicht auf den Stadtkern nieder, wie früher, sondern nördlich und südlich des Stadtgebietes. In den frühen Morgenstunden kam ein heftiger Luftangriff in Dinslaken. Man hörte seit den frühen Morgenstunden des 23. März lebhaftes Infanterie- und Maschinengewehrfeuer, starken Artilleriebeschuß und Bombenabwürfe. Da derartiges bisher noch nicht beobachtet worden war, vermutete ich das Vordringen alliierter Truppen über den Rhein. Ich begab mich zur Stadt, um mich zu vergewissern und die dort befindlichen Polizeibeamten gegebenenfalls zurückzuholen. Auf der Schermbecker Landstraße hörten mein Begleiter und ich bereits Infanteriefeuer von der Lauerhaaskirche her.

Wir begaben uns jedoch in die Stadt, und da wir über die militärische Lage nicht unterrichtet waren, suchte ich die Befehlsstelle des Kampfkommandanten auf, die sich in einem Luftschutzbunker der ehemaligen Kreisleitung befand. Hier herrschte lebhafte Tätigkeit, man hatte jedoch ebenfalls wegen Versagens der Nachrichtenmittel keinen klaren Überblick über die gegenwärtige Lage. In der Stadt herrschte zu diesem Zeitpunkt noch keine Kampftätigkeit. Meine Männer fand ich in den bereits erwähnten Luftschutzraum auf dem Bahnhofgelände. Sie hatten die Bombenabwürfe der letzten Nacht gut überstanden, und ich freute mich, sie unversehrt wiederzufinden, denn ich hatte die ganze Nacht Sorge um sie gehabt.

Inzwischen war aber aus der Richtung Friedrichsfeld lebhaftes Infanteriefeuer zu vernehmen. Es wurde uns allmählich klar, daß auch hier Truppen über den Rhein gekommen sein mußten, und wir beschlossen, in der Richtung Drevenack abzumarschieren, da unsere polizeiliche Aufgabe beendet war. Ein längeres Verweilen war nicht zu verantworten, da wir als

Polizeibeamte den strengen Bestimmungen der Sippenhaftung unterlagen. Hiernach wurde mit dem Tode und der Ausrottung der Sippe derjenige bestraft, der sich vorsätzlich oder fahrlässig in Gefangenschaft begab. Auf der Schermbecker Landstraße erhielten wir von der Brüner Landstraße her und gleich darauf auch aus südlicher Richtung von Fusternberg oder südlich der Lippe her Infanteriefeuer.

Die Jagdbombertätigkeit wurde so lebhaft, daß wir am Spätnachmittag in einem Wald bei Drevenack in ausgehobener Erdstellung, die auch von Infanterie besetzt war, Schutz suchten. Dort verbrachten wir die Nacht und den nächsten Tag. An diesem Vormittag beobachteten wir vor uns das Niedergehen einer Reihe großer Lastensegler, etwa in den Raum Wesel-Drevenack-Brünen. Die Aussicht war jedoch durch ein dazwischenliegendes Waldstück behindert, so daß wir nicht mehr feststellen konnten, ob mit diesen Lastenseglern Luftlandetruppen abgesetzt worden waren. Wir hatten die Absicht, uns der Truppe anzuschließen, womit ihr Führer auch einverstanden war. Aber verpflegen konnte er uns nicht, da die Verpflegungsmittel mangelten. Wir waren etwa 20 Mann. Am nächsten Morgen mußten wir feststellen, daß die Einheit in der Nacht abgerückt war. Aus Versehen hatte man uns wahrscheinlich keine Kenntnis gegeben. In Tagesetappen zogen wir in östlicher Richtung über Lühlerheim, Erle und Rhede ab. In acht Tagesmärschen kamen wir unbehelligt bis in die Osnabrücker Gegend, wo wir Anschluß an ein Polizeibataillon fanden. Beim Einsatz in diesen Verband kam leider ein Teil meiner Männer doch noch in Gefangenschaft, doch hörten wir später mit großer Freude, daß alle wieder heimgekehrt seien. ...

Wilhelmine Renken, Lackhausen

Erinnerungen an die Zerstörung Wesels und den Rheinübergang der Alliierten

(2. Teil)
verfaßt 1951/52 für das Gedenkbuch
Stadtarchiv Wesel N25

In Lackhausen wird es leer, was eben kann, fährt fort, bis Hamminkeln, Brünen, Drevenack usw. Die Geschäfte machen zu, die Brücken werden gesprengt. Jeder muß mit dem auskommen, was er an Vorrat hat. Die Nacht zum 7.3. ist noch mal besonders schrecklich. Alle fünf Minuten kommen Flieger und werfen wahllos Bomben. Hier und da brennt es. Als es Morgen wird, packen noch viele ihr Bündel und gehen. Sie wissen selbst nicht wohin, aber die Angst treibt sie. Am 22.3. abends gegen sechs Uhr wird die Rheinfront bis Bislich bombardiert, dann setzt auf einmal Artilleriefeuer ein, und auf einmal dämmert es uns, "der Übergang bei Wesel" steht bevor. Um acht Uhr ist schon stärkstes Trommelfeuer. Keiner kann den andern mehr verstehen. Wir sitzen im Keller, zwei Frauen, zwei Kinder und meine Nichte von 17 Jahren. Es ist grauenhaft, wir wagen nicht, uns zu verständigen, wir finden keine Worte. Jeder denkt an seine Angehörigen, von denen wir nicht wissen, wo sie sind. Mein Mann liegt bei Bislich dem Feind gegenüber, und meine Tochter muß irgendwo bei der Flak Dienst tun. An der Waschmaschine schreibe ich zitternd die letzten Grüße, rolle den Brief in eine Bierflasche und verscharre die Flasche an verabredeter Stelle ungefähr 40 Meter vom Haus. Auf Händen und Füßen bin ich hin und zurück gekrochen. Ungefähr am Haus wieder angekommen, sehe ich zwei Soldaten um das Haus kommen, draußen ist es hell vom Feuerschein. Es sind zwei Panzersoldaten, die mit ihrem Geschütz direkt vor unserem Haus stehen. Sie erzählen, daß feindliche Truppen bereits in die Stadt und die Spitze bis zur Schule an der Brüner Landstraße vorgedrungen ist. Sie selbst ständen hier zur Abwehr. Unsere Lage sei sehr bedrohlich, aber sie konnten nichts für uns tun. Sie gaben uns gute Ratschläge, womit wir nichts anzufangen wußten.

Als der Morgen graut, wurde es stiller, aber jetzt dröhnt die Luft von Fliegern. Jetzt bekommen wir eine ungeheure Angst. Wir wagen kaum zu atmen, denn das schien uns das Ende. Aber es fallen keine Bomben. Als das Brummen immer bedrohlicher wird, wagen wir es, mal nach draußen zu sehen. Da sehen wir den Himmel voller Lastensegler, wie ein Bienen-schwarm gehen sie zur Erde, ganz dicht vor uns. Im selben Augenblick sehen wir , wie deutsche Soldaten einige Besatzungtruppen gefangennehmen. Aber schon zehn Minuten später werden wir aus dem Keller geholt und "Hände hoch" abgeführt. Wir wissen nicht wohin, aber schlimmer als die ver-flossene Nacht wird es nicht sein. Hinter dem [Gut] Bossigt auf freiem Feld, müssen wir Fliegerdeckung nehmen, denn deutsche Soldaten setzten sich noch zur Wehr, es wird heftig geschossen. Aus allen Richtungen kommen jetzt ganze Trupps. Ein Trupp hat ein weiß gewesenes Handtuch an einen Besenstiel gebunden und trägt es voraus. Das bringt ein wenig Humor in die Sache. An ein weißes Tuch hatte keiner von uns gedacht. Über uns wird noch immer geschossen, Lastensegler gleiten unablässig zur Erde, und wir liegen dicht beieinander und wissen vor Angst nicht wohin. Hinter mir liest einer in einem katholischen Gebetbuch, andere beten leise mit. Auf einmal wird direkt neben mir ein Mann verwundet. Sofort sind amerikanische Soldaten dabei und verbinden ihn, und tragen ihn fort. Nun werden die ersten Toten vorbeigefahren, aber alles Soldaten. Gegen Abend durften wir wieder nach Hause, und nun wurde uns klar, wir wurden zu unserer eigenen Sicherheit fortgebracht. Überall lagen ausgebrannte Panzer mit ihren Toten und teils verbrannten Besatzungen. Die Soldaten, die uns in der vergangenen Nacht noch Trostworte sagten, waren jetzt tot.

Überall brannten Häuser. Die Stadt brannte seit Wochen, aber jetzt stand sie wieder in hellen Flammen, so gingen wir nach Hause.

Wo feindliche Soldaten Quartier bezogen hatten, mußten die Leute sehen, wo sie blieben. Wir nahmen in den nächsten Tagen 19 Personen auf. Seit Wochen war kein Brot zu kaufen. Wir aßen Kartoffeln und holten uns bei den Bauern Milch. Die Kinder bettelten bei der Besatzungsküche und bekamen reichlich.

Wir hatten kein Licht, gegen Abend neun Uhr laute Kolbenschläge an der Tür. Ich mache auf. Da stehen drei Soldaten in amerikanischer Uniform, sprechen aber holländisch, und fordern Radios. Sie nehmen alles sofort mit.

Acht Tage später müssen wir räumen, und zwar innerhalb drei Stunden. Wir haben keine Hilfe, sämtliche fahrbaren Gegenstände haben die Flüchtlinge mit. Was wir eben tragen können, nehmen wir mit. Schon in der nächsten halben Stunde sehen wir Hausrat und Möbel an Tür und Fenster hinausfliegen. Die Truppen machen kurzen Prozeß und verschaffen sich Platz zum Schlafen. Unser Haus war mit 40 Soldaten belegt, und das blieb drei Wochen so.

Am 27. Mai bekommen wir die Erlaubnis, mit unseren Kindern zur Konfirmation zu gehen. Herr Pastor Schomburg hatte die Konfirmanden aller vier Pfarrbezirke zur Konfirmation eingeladen. Mein Junge war auch dabei. Wer diese Feier miterlebt hat, wird sie nie vergessen.

Unter Wesels Trümmern lagen Kinder, wovon die Eltern hier waren, lagen Eltern, wovon die Kinder hier waren, es waren alles nur Teilangehörige. Mütter waren verschickt und wußten nicht, wo die Kinder waren und umgekehrt, Väter waren im Krieg, Söhne und Töchter auch. Obdachlos und heimatlos, einsam und verlassen und hungrig saßen hier die Übriggebliebenen, da blieb kein Auge tränenleer.

Paul Körner (Bürgermeister 1947-1948)

Erinnerungen an die letzten Kriegsereignisse in Wesel 1945
(2. Teil)
verfaßt 1951/52 für das Gedenkbuch
Stadtarchiv Wesel N25

In den Tagen vom 23.2. bis 11.3. war ich morgens früh vereinzelt in der zertrümmerten Stadt, um nach meinen Haustrümmern zu sehen, doch war die Zerstörung vollkommen. Vom 13. bis 20. März abends flog täglich alle zwei Stunden ein feindlicher Verband Wesel an und warf speziell am Bahnhof und Hafen schwere Bomben.

Am 21. März morgens, 5.05 Uhr, fing der Artilleriekrieg aus Tausenden von Geschützrohren um den Brückenkopf an. Zwischenpausen wurden durch Bombengeschwader ausgefüllt. Dieses nervenzermürbende Artilleriefeuer dauerte drei Tage und drei Nächte.

Am 24. März abends wurde es ruhig, und dann sollen die Alliierten mit drei Armeen über den Rhein gestoßen sein. Ich lag mit zwei Bekannten in einem Walde an der Schwarzen Heide. Am 26. März, morgens 10.00 Uhr, kamen die feindlichen Panzerkolonnen quer über die Felder auf Voßhövel zu. Man sperrte die 22 Personen im Hause Obrighoven Nr. 50 erst einmal alle in den Keller ein. Die feindlichen Soldaten suchten das Haus nach Waffen ab, fanden jedoch nichts. Nachmittags am gleichen Tage kam eine Sanitätskolonne auf unser Gehöft, und wir mußten dann alle auf ein Nachbargehöft in Quartier gehen. Ich selbst schlug mich mit meinen Bekannten nach Wesel durch. Doch kaum waren wir beim Hause Schermbecker Landstraße 13 angekommen, war dieses von Soldaten besetzt, und diese sperrten uns beim Bauern Heinrich Neu, Schermbecker Landstraße, für acht Tage ein. Dann kamen die Besatzungssoldaten mit ihren vielen Kriegsbestimmungen und Freiheitsbeschränkungen, doch war jeder froh, daß der Krieg für uns zu Ende war.

Da alle Geschäfte im Stadtzentrum zerstört waren, wurde die Versorgung der Zurückkommenden und Evakuierten täglich schlechter, so daß viele Bewohner in den ersten Monaten großen Hunger leiden mußten.

Hinzu kam, daß in dem Raum Wesel zigtausend von Ostarbeitern hineingeschleust wurden, und diese erhielten von dem ersten englischen Kommandanten in Verpflegung und Kleidung Vorrang gegenüber der deutschen Bevölkerung. ...

Aus der Heimat verschleppt, der Freiheit beraubt, durch Zwangsarbeit ausgebeutet - das war das Los der soge-
nannten „Fremdarbeiter". Für sie waren die Alliierten die langersehnten Befreier.

Ilse Schmitz

Krieg und Kampf in der Heimat
Tagebuch vom 23.3.1945 - 29.3.1945
Privatbesitz

Freitag, den 23.3.45

Es war am Freitag, den 23. März 1945, kurz nach 18 Uhr, als die ersten Ari-Geschosse heranheulten und in der Nähe einschlugen. Nun war es aus mit unserer Ruhe. Da meine Kusine und ich gerade bei Bekannten waren, suchten wir dort voll Aufregung den Keller auf. Nach einigen Minuten Feuer wurde es für kurze Zeit still, bis sich das Spiel wiederholte. Nun galt es für uns einige ruhige Minuten abzuwarten, um schnell nach Hause zu laufen.

Da in dem Siedlungshaus Wasser im Keller stand, gingen wir in das Haus gegenüber, das einen trockenen und stabileren Keller hatte.

Das zuerst vereinzelter niedergehende Ari-Feuer steigerte sich in den folgenden Stunden zu einem wahren Trommelfeuer. Mal lagen die Einschläge etwas weiter, mal ganz kurz. Das Heulen und Einschlagen nahm kein Ende. Mit unheimlichem Heulen sausten die Ari-Geschosse heran, um mit ohrenbetäubendem Lärm zu explodieren. Man meinte oft, das Trommelfell müsse zerspringen. Der Keller erbebte unter den dauernden Einschlägen. Stunde um Stunde verrann, ohne daß das Trommelfeuer verstummte. Man war schon fast keines richtigen Denkens mehr fähig, so dröhnte und hämmerte der Kopf.

Allmählich mußten wir daran denken, uns für die Nacht im Keller einzurichten. Der Raum war für die anwesenden 15 Personen verhältnismäßig klein, es waren drei Männer, fünf Frauen, zwei Jugendliche und fünf Kinder. Auf Stühlen sitzend oder auf behelfsmäßigen Betten liegend verbrachten wir die Nacht, umtobt vom Lärm der Trommelfeuer.

Samstag, den 24.3.45

Endlich graute der Morgen. Da, so kurz nach 7 Uhr morgens, ging das Trommelfeuer in einzelne Schüsse über. Schnell nutzten wir diese ziemliche Stille aus, um unsere guten Kleider und Eßbares zu holen; denn wir hatten uns schon - wenn auch schwer - damit abgefunden, daß wir wohl noch Stunden, ja vielleicht sogar Tage im Keller verbringen müßten.

Kaum waren wir wieder am Luftschutzort angelangt, als das Trommelfeuer von neuem mit einem Regen von Schrapnells einsetzte. Drei Soldaten, die sich auf dem Wege nach Mehr befanden, flüchteten noch zu uns in den Keller.

Kurz vor 10 Uhr verstummte plötzlich das Ari-Feuer, statt dessen vernahmen wir ein unheimliches Brausen in der Luft, das plötzlich begann, aber auch ebenso schnell wieder aufhörte, sich aber noch oft wiederholte. Durch diese ungewohnten Geräusche erschreckt, liefen die Soldaten zur Türe, um zu sehen, was wir denn nun wieder Neues erleben würden. Mit dem Ruf: "Feindliche Fallschirmabsprünge!" kehrten sie zurück, holten ihre Ausrüstung und stürmten nach draußen.

Nun hielt es uns auch nicht mehr länger im Keller. Was sich jetzt unseren Augen darbot, war ein einzigartiges Schauspiel. Kaum höher als die Häuser flogen Schwärme feindlicher Flugzeuge über uns hinweg. Teilweise setzten sie Lastensegler ab; ca. 50 Meter von unserem Haus kamen vier Stück herunter, in der näheren und weiteren Umgebung aber landeten eine große Anzahl. Aus den übrigen Flugzeugen sprangen Fallschirmjäger ab. Es war ein wunderbarer Anblick, wie die Fallschirme in Reih' und Glied, beschienen von der Morgensonne, zur Erde schwebten. Nicht nur Menschen wurden auf diese Weise abgesetzt, sondern auch Verpflegungsbomben mit Munition, Verpflegung und anderen wichtigen Gegenständen. Die Wiese hinter unserem Haus war übersät mit roten, weißen, gelben, blauen und schwarzen Fallschirmen. Als die Abspringer auf der Erde angelangt waren, wurde es Zeit für uns, wieder den Keller aufzusuchen, denn nun begann der Kampf. Es fielen in allen Richtungen Gewehr- und Maschinengewehrschüsse.

Als es oben etwas ruhiger wurde, hielten wir es im Keller nicht mehr aus; denn was wir in diesen Tagen sehen und erleben würden, wäre für uns wohl einmalig.

Nun mußten wir schon vorsichtiger sein. Als wir aber einmal die Vorsicht außer acht ließen und mit mehreren am Fenster standen, um zum erstenmal feindliche Soldaten im Kampf in der Nähe zu sehen, sausten fünf Gewehrkugeln haarscharf an unseren Köpfen vorbei. Nun war es mit unserer Neugier für einige Zeit vorbei.

Im weiteren Verlauf des Tages mußten wir uns fast ständig im Keller aufhalten, da das gegenseitige Beschießen seinen Fortgang nahm. Im nahegelegenen Wäldchen hatten sich die deutschen Soldaten festgesetzt, während die Engländer sich in einem leerstehenden Haus der zweiten, angrenzenden Siedlung verschanzt hatten. Die Siedlung, in der wir wohnten, lag gerade im Mittelpunkt der Kämpfe und die Deutschen hatten vor, diese Häuser in Grund und Boden zu schießen, weil sie vermuteten, die Tommys hätten sich darin festgesetzt. In einem Hause begann der Dachstuhl schon zu brennen, während viele Häuser schon ziemliche Schäden zu verzeichnen hatten.

Als mein Onkel dieses sinnlose Zerstörungswerk sah, rief er dem Führer der deutschen Soldaten, einem Feldwebel, zu, daß sie das unnütze Feuer einstellen und die Häuser einzeln nach feindlichen Soldaten durchsuchen sollten; denn wie wir wußten, waren in den betreffenden Häusern gar keine vorhanden. Nach längerem Zögern ging dieser auf den Vorschlag ein.

Das Ergebnis war, daß aus einem zur Zeit leerstehenden Haus der zweiten Siedlung achtzehn englische Fallschirmjäger herausgeholt wurden. Mit erhobenen Händen kamen sie aus ihrem Versteck heraus. Sie wurden sofort entwaffnet und ihre Taschen nach Munition usw. revidiert.

Damit war für diesen Tag der Kampf in unserer unmittelbaren Nähe beendet, aber neun Engländer und vier Deutsche hatten hier ihr Leben auf dem Felde der Ehre lassen müssen.

Mittlerweile nahte wieder der Abend heran, der früher so ersehnte Samstagabend. Nach einem kurzen Abendimbiß, der, wie jede Nahrung in diesen schweren Tagen, nur aus belegtem Brot mit Wasser zum Trank bestand. Nun rückte die zweite Nacht im Keller heran, diese war aber bedeutend leichter zu ertragen als die erste; denn das Trommelfeuer war nun auf eine neue Linie weiter ins Land hinein verlegt worden.

Sonntag, den 25.3.45

Mit herrlichem Sonnenschein brach der Sonntagmorgen, der Palmsonntag, an. Um der dunstigen Nachtluft im Keller zu entfliehen, eilten wir nach oben. Unser erster Gang galt natürlich zur Türe; denn wir brannten darauf, zu wissen, wie sich die Dinge weiter entwickelt hatten.

Da tauchten gegen 8 Uhr am Waldrand die ersten Panzer auf. Nun begann ein Rätsel raten: "Sind das nun deutsche oder englische?" Der Ausführung und der allgemeinen Lage nach zu rechnen, mußten es feindliche sein; denn wo sollten auch die deutschen Panzer herkommen?

Das war wieder eine Sensation für uns. "Die ersten feindlichen Panzer und Tanks in Mehrhoog!" Langsam und behäbig rollten sie sichernd den Wald entlang.

Schnell sollte unsere Ruhe aber wieder gestört sein; denn nun begann das Panzerschießen, das dem Arischießen ähnlich ist. Welche Durchschlagskraft die Panzergeschosse haben, sollte uns auch bald klar werden. Immer wieder sausten die Geschosse in unserer Nähe nieder. Bei jedem Einschlag rückten wir ganz eng zusammen. Unsere Kellergemeinschaft hatte sich seit dem vergangenen Abend um zehn Personen - die Hälfte davon Kinder - vermehrt und war somit auf 25 angewachsen. Welche Luft nun im Keller herrscht, ist ja verständlich. Deshalb fiel es uns besonders schwer, daß wir den Keller nicht verlassen durften. Die Stunden verrannen gleichmäßig und langsam.

Oft schien es, als wenn Soldaten leise ums Haus schlichen, immer wieder schießend. Dann ging das Gespräche in leisen Flüsterton über, bis es oft ganz verstummte und wir ängstlich auf jedes Geräusch horchten. Da wurden Minuten und Stunden zu Ewigkeiten.

Eine - allerdings sehr unangenehme - Unterbrechung wurde uns in den Mittagsstunden zuteil. Ein Panzergeschoß traf das Haus, in dessen Keller wir Zuflucht gesucht hatten und durchschlug sämtliche Wände, um an der anderen Außenseite wieder herauszujagen. Gab das einen Staub und Dreck! Wir konnten einander nur noch wie durch einen dicken Nebelschleier sehen.

Man meinte, die Luft bliebe einem aus, so legte sich der Druck und der Gesteinsstaub auf die Lungen. Die Kinder begannen zu weinen und zu rufen. Es waren furchtbar aufregende Minuten. Sonst brachte dieser Sonntag keine Überraschungen mehr.

Die Nacht ließ das weiter niedergehende Trommelfeuer wieder deutlicher hören, ebenso das Heulen der Granaten über uns hinweg. Panzer- und MG-Schießen vervollständigten das Konzert.

Montag, den 26.3.45

Wieder brach ein neuer Tag an, und immer noch ließ die Lage ein Verlassen des Kellers nicht zu. Stunde um Stunde warteten wir sehnsüchtiger darauf, endlich einmal der Kellerluft zu entfliehen und wieder frei und ungehindert unserer Beschäftigung nachgehen zu können. Aber noch war unser Leidensweg nicht zu Ende.

Im ca. 500 Meter entfernt gelegenen Bahnhof hatte sich ein deutsches Widerstandsnest gebildet. Als dieses von den Engländern bemerkt wurde, begann eine wilde Schießerei. Mit Panzer-, MG- und Gewehrschüssen sowie mit Brandmunition und Flammenwerfern gingen die feindlichen Soldaten daran, den Widerstand zu brechen und die Verschanzung auszuräuchern.

Dabei wurden traurigerweise auch verschiedene Bauernhöfe, in denen sich ebenfalls Deutsche festgesetzt hatten, in Brand geschossen. Nach kurzer Zeit standen diese Zeugen bäuerlichen Fleißes und emsiger Arbeit nur noch als trostlose, rauchende Ruinen da. So sehr wir auch gehofft hatten, an diesem Tage in unser Haus zurückzukehren, es war uns nicht vergönnt.

Auch die Nacht war noch recht unheimlich, von mannigfacher Schießerei belebt.

Dienstag, den 27.3.45

Aber bekanntlich nimmt alles einmal ein Ende, so auch unser Kellerdasein. Endlich, endlich, nachdem wir drei Tage und vier Nächte, insgesamt 85 Stunden mit nur minutenweiser Unterbrechung im Keller zugebracht hatten, winkte uns am Dienstag morgen die goldene Freiheit. Froh, wieder einmal frische Luft zu atmen, gingen wir in unser Haus zurück.

Die folgende Nacht verlief aber doch noch nicht ungestört. Wir waren erfreut, endlich einmal wieder im Bett schlafen zu können und streckten uns gerade behaglich aus, als eine ganz in der Nähe aufgestellte schwere Ari-Batterie zu feuern begann. Das gab wieder sehr schwere Erschütterungen, die unsere eben wiedererlangte Ruhe verscheuchte. Von den Aufregungen der vergangenen Tage aber übermüdet, schlief ich tief und fest bis zum andern Morgen.

Nun rollten über die uns gegenüberliegende Landstraße endlose Autoketten beladen mit Mannschaften, Munition und Verpflegung. Panzer,

Tanks, Geschütze und jedes nur erdenkbare Kriegsmaterial wechselten ohne Pause einander ab, immer weiter ins Reich zur Front.

Einige Wochen später aber beförderten viele große Lastkraftwagen Tausende deutscher Soldaten, die in englische Kriegsgefangenschaft gerieten, in umgekehrter Richtung, weit weg von der Front, wo sie in Lagern untergebracht, dem Kriegsende entgegensehen.

Donnerstag, den 29.3.45

Erste englische Einquartierung

Zwei Tage später, also Donnerstag, den 29.3.45, mittags gegen 12 Uhr, nahm eine lange Kette von Autos, Motorrädern und kleinen, sehr wendigen Tanks Richtung auf die Siedlung. Zu der vor uns gelegenen Wiese parkten sie, und die Insassen der Fahrzeuge wurden in die Siedlungshäuser einquartiert. Auch unser Haus erhielt nun für drei Tage viele englische und schottische Soldaten, die abwechslungsreiches, lautes Leben in die still gewordene Siedlung brachten.

Ein Leutnant, mit Namen Thomas Baker aus Newcastle, war der Führer dieser Soldaten. Was einige seiner Leute durch schlechtes Benehmen verschuldeten, suchten er, wie sein Sergeant, durch doppelte Freundlichkeit und Hilfsbereitschaft wieder wett zu machen.

Das größte Ereignis hierbei war für mich, daß es nach langer Zeit mal wieder Schokolade in guter englischer Qualität und gefüllte Bonbons in Mengen gab. Die Männer erhielten sehr viele Zigaretten von bekannter englischer Güte.

Ostermorgen, in der Frühe um 5 Uhr, war die Einquartierung zu Ende, und in Reih' und Glied fuhren die Fahrzeuge der Landstraße zu, weiter hinein ins Deutsche Reich. Nach all den aufregenden, lärm- und lebenbringenden Ereignissen der letzten Zeit war uns die tiefe Ruhe an den Ostertagen ganz fremd, so daß wir uns erst wieder an das geregelte Leben gewöhnen mußten.

Elfriede Emmerichs

"Wir erleben Geschichte.
Ein kleines Kapitel aus großer Zeit."[1]
(1. Teil des Tagebuchs vom 23.3.-3.6.1945, zusammengestellt
Weihnachten 1945)
Privatbesitz

Seit fast fünf Wochen sind wir nun in Drevenack, wo wir nach der
Katastrophe von Wesel so bereitwillig und gastfrei aufgenommen wurden.
Es war keine leichte Zeit; jeder Tag brachte neue Aufregungen, Enttäu-
schungen und Sorgen, und alle Tage waren erfüllt von der Angst vor neuen
Angriffen und Bomben. Morgen für Morgen fuhren Knubi und ich mit dem
Fahrrad nach Wesel, um auf mühseligen und oft genug lebensgefährlichen
Wegen einen großen Teil unserer Habe zu bergen. Was haben wir alles abge-
schleppt! Porzellan, Kristall, Silber, Kleider, Wäsche, die wichtigen
"Kullenpakete", in denen das Wichtigste für jeden verstaut war, falls wir alles
andere verlieren sollten; dann Bücher, die Schreibmaschine und fast 90
Gläser mit Eingemachtem. Wie oft haben wir im Straßengraben gelegen oder
hinter Bäumen Deckung gesucht, wenn die Jabos im Tiefflug die Straßen
oder Flakstellungen angriffen. Und wie oft mußte ich all meine Beredsamkeit
aufwenden, um Knubis Streik zu brechen und sie von neuem zur Fahrt nach
Wesel zu bewegen, besonders nachdem wir am 18.3. etwa 20 deutsche
Fallschirmjäger in unserem Haus überrascht hatten, die sich als Plünderer
übelster Sorte entpuppten und alles genommen hatten, was nur irgendwie
von Wert und transportabel war. Machtlos und bebend vor Entrüstung standen wir vor ihnen, die zum Teil scheußlich betrunken waren, um nach ihrem
wortlosen Abzug erst ganz zu übersehen, was sie angerichtet hatten.
Wohnung und Keller boten ein wüstes Bild der Vernichtung. Was sie nicht
mitschleppen konnten, war zerschlagen, zertreten und verdreckt, als ob
Wilde oder Irrsinnige dort gehaust hätten. Und zum ersten Mal wurde es uns
klar, daß alles verloren war; mit demoralisierten Soldaten, die plündern, was
sie schützen sollten, ist kein Krieg zu gewinnen. Wie wir später erfuhren,
handelte es sich um die letzten deutschen Soldaten, die von der anderen
Rheinseite zurückströmten, sodaß uns von der Front nur noch der Rhein

---

Die sehr subjektiven Notizen von Elfriede Emmerichs etwa zur immer noch erwarteten Wunderwaffe und zum
Endsieg, die einseitig negative Darstellung der endlich befreiten Zwangsarbeiter, der Einschub zu den Juden
usw. sind mit der nötigen Distanzierung zu lesen.

trenne. - Wieviel Hunderte oder Tausende von diesem Tage an durch unser Haus gezogen sind, läßt sich nicht abschätzen; jedem Plünderer waren Tor und Tür geöffnet.

Als wir am Nachmittag dieses 18. März nach Hause kamen, war der Abmarschbefehl für unsere Drevenacker Einquartierung da, mit der wir so manche nette Stunde verlebt hatten und die wir auch heute noch nicht vergessen haben: Den Wiener Semmelweis, der in Höppkens Hühnerstall eine lächerliche Strafe abbüßen mußte und der stets so nett und hilfsbereit war! Sack aus Regensburg mit seinen großen schwarzen Augen, seiner hübschen Stimme und seinem Lieblingslied: "Mamatschi, schenk mir bitte doch ein Pferdchen"; Leutnant Sievers aus Dithmarschen, mit dem wir stundenlang Mühle oder Dame spielten und der uns bis heute den versprochenen Rehbraten schuldig geblieben ist. ... Wo mögen sie alle geblieben sein, und ob sie noch leben? Martens Küche wollte kaum noch reichen für die riesige "Belegschaft", aber trotz drangvoll fürchterlicher Enge waren es schöne Stunden, die wir alle zusammen beim Schein von Kerzen, Hindenburglichtern oder der Batterie verbrachten.

Martens Busch war inzwischen zu einer wahren Fundgrube für Schatzgräber geworden. In Truhen, ausgedienten Viehkesseln und alten Kisten hatten wir dort - sorgfältig in Hobelspäne gebettet, Berge von Porzellan, Gläsern, Silber und Eingemachtem vergraben, immer in der Hoffnung, daß nicht ausgerechnet dort ein überschwerer Panzer in Stellung gehen würde. Nun, wir haben Glück gehabt und Monate später alles unversehrt wieder ausgraben können.

Als die Tage immer aufregender wurden und die Ereignisse sich zu überstürzen schienen, beschloß ich, Tagebuch zu führen. Das war der 23. März 1945, und nachdem als letzter Stützpunkt der Brückenkopf Wesel gefallen war, war nun das ganze linke Rheinufer in feindlicher Hand. Und hier beginnt das Tagebuch:

23. März 1945

Morgens acht Uhr Fahrt nach Wesel. Alle Panzersperren sind fertig. Die unheimliche Ruhe der letzten Tage ist aus der Stadt gewichen. Ein Polizeiregiment hat eine umfassende Razzia durchgeführt und sämtliche Keller durchsucht. Zuhause alles neu durchwühlt. Bomberverbände, während wir packen. Angriff auf Dinslaken; das ganze Haus bebt. Wir rennen heraus, um evtl. Schutz in einem Bombentrichter zu suchen. Dann packen wir hastig, haben keine Ruhe; unheilvolle Stimmung über der ganzen Stadt. Schneller Aufbruch, um über die Brüner Landstraße zu Tersteegen im Schafweg zu fahren. Kein Durchkommen mehr, alle Isselbrücken gesprengt. Zurück über die Bahn und dann nach Drevenack. Dort keine Möglichkeit mehr, unsere letzten Sachen im Busch zu vergraben, da alles voll von Soldaten, zum Teil übelste Sorte. Also im Hof Pakete vergraben, mit Abständen, da Ostarbeiter am Haus vorbei zurückgetrieben wurden. Angriff anscheinend auf Krudenburg. Wir suchen Deckung in den ausgehobenen Löchern; Mutter liegt auf der Erde neben uns.

Nachmittags Artilleriestörungsfeuer. Ab acht Uhr abends Trommelfeuer. Besuch von Leutnant Sievers. "Spätestens morgen früh Rheinübergang." Leutnant Sievers danach nicht mehr wiedergesehen. Das Trommelfeuer hält 14 Stunden an, nach amerikanischem Armeebericht das stärkste der Geschichte. Nachts alle im Erdbunker, im ganzen 17 Personen, dabei vier Kinder. Kein Schlaf, wachsende Angst und Sorge vor den kommenden Stunden. Ohne Unterbrechung Heulen und Pfeifen der Granaten, Einschläge über Einschläge. Die Kinder dämmern ein, halten sich im Schlaf die Ohren zu.

Deutsche Infanteristen beziehen ihre Stellungen rund um das Haus, brechen nach wenigen Stunden wieder auf, angeblich in Richtung Wesel. Im Morgengrauen wagen wir uns aus dem Bunker, frierend und übermüde. Sollen wir weiter im Bunker bleiben oder im Keller hausen? Der Bunker könnte vom Feind für ein militärisches Ziel gehalten werden. Also in den Keller!

Am 23.3. abends, neuer schwerer Bombenangriff auf Wesel.

24. März 1945

Weseler Polizei bezieht die Stellungen im Busch. Die ersten Gerüchte vom Rheinübergang dringen bis hier: Bei Rees, Bislich und Wesel der Rhein von alliierten Truppen überschritten. In Wesel Straßenkämpfe. Um zehn Uhr schweigt die Artillerie. Jagdbomberverbände über uns. Schwerste Bomberverbände mit Ostkurs. Gegen Mittag werden von deutscher Flak fünf Lastensegler brennend abgeschossen. Noch lange stehen die großen Rauchpilze am Horizont, und unsere Hoffnung wächst. Die Engländer sollen aus Wesel herausgehauen sein. Geht es noch einmal gut? Und gibt es vielleicht doch noch eine neue Waffe?

Familien Schleß und Bauhaus packen und verlassen uns gegen Abend. Tränen und Angst. Im Dämmern laufen wir trotz Aribeschuß zur nahen Flakstellung, um nach dem Wehrmachtsbericht zu fragen, treffen aber Leutnant Sievers nicht an. Gegen Abend steigert sich das Artilleriefeuer erneut. Wir ziehen doch wieder in den Bunker, schlafen wenige Minuten bleiern und schwer und denken, es seien Stunden gewesen. Die Nacht will nicht enden. Wo mag der Feind stehen? Wir versuchen, Einschläge und Abschüsse der Artillerie zu unterscheiden, finden uns aber nicht mehr durch. Schießt noch deutsche Ari?

25. März 1945 (Palmsonntag)

Gegen morgen kommen neue Soldaten aus Richtung Wesel und graben sich mit ihren Maschinengewehren ein, und zum ersten Mal sehen wir Panzerfaust und Panzerschreck. Keiner will mehr kämpfen. Alle erzählen, daß sie weiße Tücher bei sich haben und sich im rechten Augenblick ergeben werden. Einer will mit dem Rad nach Bocholt zu seiner Frau, von der er seit November nichts mehr gehört hat, bekommt aber keine Erlaubnis.

Der Engländer soll am Dülmen stehen, vier Kilometer von uns entfernt. Nur eine dünne deutsche Schützenlinie zwischen ihm und uns. Unsere Sachen sind fertig gepackt. Sollen wir gehen oder bleiben? Keiner kann raten. Die Straßen liegen unter schwerstem Feuer. Und Binnenwege? Und wohin sollen wir? Drei Fahrräder und der Bollerwagen stehen bereit. Für jeden ist das Nötigste in Rucksäcken und Koffern verstaut. Soll das alles sein, was wir aus diesem Krieg retten?- Abends schlagen wir endgültig unser Lager im Keller auf und überlassen den Bunker den Soldaten. Wir werden also bleiben und vertrauen darauf, uns richtig entschieden zu haben. Ob noch Bomben kommen? Wahrscheinlich nicht, und gegen Ari ist der Keller sicher. Aber ob sie uns das Haus in Brand schießen? In Gottes Namen denn! W i r b l e i b e n !

Für alle reicht der Keller nicht aus, denn wir müssen wenigstens ein paar Stunden lang liegen. Der Körper ist wie zerschlagen und nur noch von dem Wunsch nach Ruhe beseelt, selbst unter englischer Herrschaft. So mürbe kann man werden. Wie hat man uns belogen und betrogen!!!

Tata, Knubi und ich legen uns in die Maschinenkammer zum Schlafen, damit die anderen mehr Platz im Keller haben und außerdem jemand hört, ob Soldaten herein wollen. Gegen zwei Uhr nachts Schritte und Lärm. Ich laufe zur Dielentür und öffne. Vor mir steht ein blutjunger Flakleutnant mit einem Feldwebel, der nach dem Weg zu Lühls Hof fragt. Vor Aufregung können sie kaum sprechen. Sie brauchen Pferde. Ihr Geschütz ist mit Fahrzeug umgekippt; der Feind sitzt ihnen auf den Fersen, und sie müssen weg, so schnell wie möglich. Ich zeige ihnen den Weg, und im Laufschritt geht es los. Die Finsternis verschluckt sie. Die Flak ist also auch auf dem Rückzug und sollte doch die Stellung halten bis zum letzten Mann. Ob Leutnant Sievers noch herausgekommen ist? Schlafen können wir nicht. Die Granaten pfeifen in ununterbrochener Folge über das Haus, und wir verfolgen ängstlich, wie nah die Einschläge liegen. Die Ohren sausen, der Kopf dröhnt und das Herz hämmert und zieht sich zusammen vor Angst und namenloser Traurigkeit.

Um vier Uhr wieder Schritte und Rufen an der Vordertür. Vater und Onkel Hein öffnen und kommen nach längerem Gespräch zurück. Befehl vom Ortsbauernführer: alles muß räumen. Je vier Bauern sollen sich zusammentun, um sich mit allem Vieh in Richtung Erle - Minden durchzuschlagen. Auf Binnenwegen bis nach Erle - Minden? Welch ein Wahnsinn! In diesem Artilleriefeuer? Was will die braune Bande eigentlich noch? Mögen sie die eigene Haut in Sicherheit bringen! Wir bleiben, aber die Angst wird groß.

26. März 1945

Kurzer Schlaf, tief und schwer. Die andern sind längst auf, als ich wach werde. In der Küche wieder Stimmen von deutschen Soldaten, unter ihnen ein Weseler Junge, Willi Bruch, uns allen gut bekannt. "Heute habe ich für meine Heimat gekämpft." Er gehört zu den Granatwerfern, ist zerschlagen, hungrig, abgekämpft und verbittert. Kompanieweise haben sich die Grenadiere in Wesel ergeben, von einem Bataillon drei Kompanien. Keiner will jetzt noch kämpfen, keiner noch fallen in einem Augenblick, wo alles verloren scheint. Soll man sie darum verurteilen? Der Feind liegt im Wald bei Schulte-Bunert, einige hundert Meter von hier. Er ist nicht mehr aufzuhalten. Was mag aus uns werden? Die Soldaten essen und trinken bei uns, bekommen einige Tabletten gegen ihre Kopfschmerzen. Hastiger Aufbruch, Suche nach Pferd und Wagen für Munition. Abschied. Das ist keine Absetzbewegung mehr, das ist wilde Flucht.

Gegen elf Uhr wieder stärkeres Artilleriefeuer, begleitet von Granatwerferfeuer, das an Heftigkeit dauernd zunimmt. Einschläge rund um das Haus, die Splitter prasseln gegen die Wände. Wir können den Keller nicht mehr verlassen. Der Herd ist ausgegangen, und ein paar Scheiben Brot mit Marmelade ersetzen das Mittagessen. Die Stunden schleichen. Wir lauschen ängstlich, ob unsere Soldaten das Feuer erwidern, aber von deutscher Seite her ist alles stumm. Nur der Feind hat das Wort.

Gegen Nachmittag versuchen wir, das Vieh zu versorgen. In Abständen gelingt es. Ein flüchtiger Blick aus der Tür: keine Menschenseele ist zu sehen, aber dicke Rauchwolken überall, Flugzeuge über uns und einschlagende Granaten um uns.- Wieder in den Keller!

Kurz vor sechs Uhr Frauen- und Kinderstimmen. Frau Neuhaus mit einem Landhelfer und Frau Scheiper mit drei Kindern suchen Schutz in unserem Keller, alle atemlos vor Hast und Angst, die Kinder verstört und still. Die Häuser unter Beschuß, daher die Flucht. Herr Scheiper am Morgen durch Splitter am Kopf schwer verwundet und von deutschen Soldaten abtransportiert, keiner weiß wohin. Ob er noch lebt? In dem kleinen Keller hocken jetzt 18 Personen; außerdem ist noch alles heruntergeschafft, was noch wertvoll und wichtig schien - für die kommende Nacht ein unmöglicher Zustand. Da

Bomben wohl nicht mehr zu befürchten sind, ziehen wir zu sechs Personen wieder in die Maschinenkammer. An Schlaf ist vorerst nicht zu denken, alle sind viel zu erregt. Nur richtig ausstrecken und versuchen, einen klaren Gedanken zu fassen! Das Ohr gewöhnt sich an Pfeifen, Heulen und Einschläge. Mit wachsender Müdigkeit vergeht die Angst und weicht einer stumpfen Gleichgültigkeit und kurzem Schlaf. Von einem Licht angestrahlt, jage ich plötzlich hoch. Vor mir steht ein deutscher Soldat. Er ist durch ein Fenster der Werkstatt eingestiegen, und seine Absicht ist offensichtlich. Große Enttäuschung, das Haus bewohnt zu finden, in dem er sonst alles ungestört hätte durchsuchen können. Er faselt von einem Tisch, den er für seine Kameraden haben möchte. Und dann rät er uns, noch jetzt zu gehen. Polen und Schwarze lägen im nahen Wald, in Obrighoven seien alle Häuser in Brand gesteckt und die Frauen mit Gewehrkolben niedergeschlagen. Noch sei es Zeit, wenigstens das nackte Leben zu retten. Ein widerlicher Hund, und ausgerechnet der letzte deutsche Soldat, den wir gesehen haben. Eine tiefe Bitterkeit und Empörung bleibt zurück. Feige und demoralisiert und nicht mehr in der Lage, deutsche Frauen und Kinder zu schützen, flößen sie ihnen bei ihrem traurigen Rückzug noch Angst und Grauen ein. Und mit solchen Soldaten will Hitler immer noch den Krieg gewinnen, schwadroniert immer noch von einem nahen Sieg. Welches Elend hat dieser Mann auf dem Gewissen!

Wieder schlagen die Granaten dichter beim Haus ein, und da auch Bomben fallen, rennen wir erneut in den Keller. Gegen Morgen wird es ruhiger. Zwischen fünf und sechs Uhr Rufen und Rappeln an der Tür. Knubi und ich öffnen. Vor uns stehen Frau Resing, ihre Schwägerin und ein Kind, alle vollständig verstört und ratlos, ob sie noch fliehen sollen oder nicht. Auch ihnen hat derselbe Soldat die Hölle heiß gemacht und von Polen, Negern und Greueltaten aller Art berichtet - dieser Schuft, der an dem Elend anderer sich noch bereichern wollte. Wir beruhigen uns gegenseitig. Soviel haben wir nun ausgehalten, da werden wir auch den letzten Ansturm überstehen. Und wenn nicht? Keiner entgeht seinem Schicksal; das haben wir tausendfach erlebt in den letzten Jahren.

27. März 1945

Gegen acht Uhr wird es still, unheimlich still, und wir wissen es alle: es ist die Ruhe vor dem Sturm. Jeden Augenblick kann es losgehen. Wir haben in der Küche Kaffee getrunken und sorgen vor für ein vernünftiges Mittagessen. An allen Türen und Fenstern wird vorsichtig Ausschau gehalten. Nichts zu sehen und auch nichts mehr zu hören. Wann werden sie aus ihrem Wald herauskommen? Der Tag ist neblig und grau, man kann keine 100 Meter weit sehen. Schweren Herzens, doch entschlossen, das Notwendige zu tun und unser Leben und die letzte Habe so vielleicht zu retten, hängen wir weiße Fahnen heraus. Wir bitten um Schonung und unterwerfen uns. Deutschland, freiestes Land der Erde! Werden sie die weiße Fahne respektieren? Wir vertrauen auf des Feindes Menschlichkeit und leben doch in einem Staat, der in ungezählten Fällen die Gebote der Menschlichkeit mit Füßen getreten hat. Alle Türen werden geöffnet. Die Ruhe draußen ist kaum noch zu ertragen. Es ist der erste Tag der Karwoche, und es wird eine Leidenswoche für uns alle werden. Tausend Dinge schwirren mir durch den Kopf: Wie es früher vor Ostern war, wie wir uns über die ersten Blumen und Vögel freuten, mit den Rädern herausfuhren und glücklich waren. Werden wir uns je wieder aus tiefstem Herzen freuen können? Jugend, Liebe und Glück hat dieser Krieg verschlungen, und wir haben das Lachen verlernt.

Es wird neun Uhr, und da bricht die Hölle los. Aus ungezählten MGs und Granatwerfern werden wir mit einem Feuerhagel überschüttet. Wie wir alle in den Keller gekommen sind, weiß ich nicht, aber es hat nur Augenblicke gedauert, und alle horchten dort unten, den Kopf geduckt, mit hämmerndem Herzen. Keiner weiß, ob wir die nächste Stunde überleben und wem wir gegenüberstehen werden. Nur jetzt noch Ruhe bewahren und den Mut nicht verlieren! Auch in feindlicher Uniform stecken Menschen, all unserer Propaganda zum Trotz. Die Schüsse peitschen um das Haus, klatschen gegen die Wände, pfeifen über das Dach. Motorengeräusch in nächster Nähe. Wir glauben, Stimmen zu hören, haben uns aber geirrt. Die Kellerwände schwanken, der Boden dröhnt und zittert; schwere Fahrzeuge rollen in nächster Nähe vorüber. Jeden Augenblick können im Kellereingang Soldaten mit vorgehaltenem Karabiner stehen. Wir halten alle weiße Tücher in den Händen, und in der Erregung dieser Stunden kommt uns nicht einmal zu Bewußtsein, was das heißt. Es ist gut, daß es so ist; das Erwachen kommt früh genug.- Für Augenblicke verstummt das wahnsinnige Feuer. Werden sie jetzt kommen? Die Nerven sind zum Zerreißen gespannt, kein Laut im Keller, nicht einmal die Kinder rühren sich. Da wieder Motorengeräusch und wieder ein Feuerhagel! Und dann wird der Lärm leiser, die Hölle ist über uns hinweggebraust. Haben wir das Schlimmste überstanden, oder kommen neue Waffen? Wir verhalten uns ruhig und warten ab.

Eine halbe Stunde mag so vergangen sein - da wagen wir uns heraus. Das Feuer, das über uns wegbrauste, ist jetzt von weit her zu hören, und andere zittern jetzt, wie wir gezittert haben: "Ganz Deutschland wird zur Front werden," wagte Goebbels noch vor einer Woche zu sagen. In wenigen Tagen wird es soweit sein.

Es regnet in feinen Tropfen, und wir strengen die Augen an, um so weit zu sehen wie möglich. Auch auf den Nachbarhöfen wehen weiße

Lappen träge im Wind. Scheipers Haus steht in hellen Flammen und brennt bis auf die Grundmauern nieder. Aus allen Richtungen steigen dicke Rauchwolken auf. Vom Feind ist nichts zu sehen. Wir warten eine Viertelstunde, eine halbe Stunde; die Minuten werden zu Ewigkeiten. Da tauchen zwischen Höppken und Capell die ersten geduckten Gestalten auf und fühlen sich mit vorgehaltenem Karabiner an die Häuser heran. Neue Soldaten folgen, dann Panzerspähwagen, kleinere Geschütze. Einige Schüsse fallen, wir horchen atemlos. Mit weißen Tüchern kommen die Zivilisten aus den Häusern heraus und werden zurückgeführt. Wohin bringt man sie? Da die ersten Fahrzeuge, deren Hoheitsabzeichen wir erkennen können: ein weißer Stern. Also Amerikaner, Gott sei Dank! Aus allen Häusern längs des Weges werden die Zivilisten geholt; es ist ein dauerndes Hin und Her. Den Zweck können wir nicht erkennen. Immer noch halten wir unsere Tücher in den Händen, und die traurige Erkenntnis, ausgeliefert, verraten und verkauft zu sein, treibt die Tränen in die Augen und sitzt würgend in der Kehle. Und ich kann es nicht fassen, daß mein Mann für dieses Elend hat fallen müssen, daß sein und aller anderen Tod nichts von allem Leid hat bannen können. Wohin sind Zuversicht und Vertrauen? Nichts ist geblieben als eine unendliche Leere.

Zu uns kommt niemand, und die Ungewißheit läßt uns über Stunden hinaus nicht zur Ruhe kommen. Es wird hastig zu Mittag gegessen, anschließend gespült. Erst als wir durch das Fernglas sehen, daß die aus ihren Häusern geholten Leute zurückkehren, weicht die Spannung einem gewissen Gleichmut. Gegen zwei Uhr kommen vier Soldaten, jung, glänzend ausgerüstet, mit lächelnden Gesichtern, gehen flüchtig durch das ganze Haus und fragen nach deutschen Soldaten. Es ist ein Glück, daß Knubi und ich uns mit ihnen verständigen können. An den Türen muß eine Liste mit sämtlichen Namen der Bewohner befestigt werden, und wir dürfen das Haus bei Dunkelheit nicht verlassen. Kurze Unterhaltung mit einem Unteroffizier. Er fragt nach deutschen Soldaten und will wissen, wann die letzten abgerückt sind. Wir geben Auskunft, und ich hole mir die Erlaubnis, mit Frau Neuhaus zum Füttern und Melken zu gehen. Zwei Soldaten begleiten uns. Bei Neuhaus sieht es trostlos aus; alles ist durchwühlt und zerstört. Wir versorgen das Vieh, gehen auf dem schnellsten Wege zurück und bitten darum, am nächsten Tag wieder gehen zu dürfen.

Große Mengen von Zivilisten kommen uns auf dem Heimweg entgegen, ein trauriger Zug. Sie mußten ihre Häuser verlassen, weil sie im Schußfeld der schweren Batterie lagen, die in unserer unmittelbaren Nähe aufgefahren wurde, oder weil ihre Häuser von Soldaten besetzt wurden. Wo sie während der Nacht bleiben, wissen sie noch nicht. Eine Wache bringt sie in eine

Unterkunft. Bei uns ist alles brechend voll: Werkstatt, Diele, Backhaus, das ganze Haus. Resings mußten heraus und bleiben bei uns über Nacht. Wir selbst ziehen uns seit Wochen und Monaten zum ersten Mal wieder richtig aus vor dem Schlafengehen, schlafen wieder in unseren Betten, traumlos und tief, ohne Angst vor Bomben und Ari, im Schutze amerikanischer Soldaten.

28. März 1945

Kurz nach acht Uhr mit Frau Neuhaus zum Melken und Füttern. Das ganze Haus von Soldaten belegt. Ihr Unteroffizier spricht deutsch, ist Siebenbürgener Sachse und mit acht Jahren nach USA gekommen. Wir dürfen alles holen, was wir brauchen, und so lange er dort ist, wird nichts weiter geplündert werden. Er hat Wort gehalten. Mit Schubkarren und Handwagen geht es mittags los. Der Weg führt bei Scheiper vorbei. Nur die Grundmauern stehen, alles schwelt und qualmt. Ich suche den Keller, finde den halb verschütteten Eingang und sehe hinein. In all der Hitze liegen zwei Soldaten und schlafen. Der Keller ist unversehrt. In Eile hole ich heraus, was zu greifen ist: Gläser, Kleider, Wäsche und Bettzeug, das ich ihnen unter dem Leib wegziehe. Sie lassen es sich ruhig gefallen, aber wohl ist mir nicht dabei. Dann weiter zu Neuhaus! Gläser und Bettzeug werden gepackt und nach Hause gebracht. Die schwere Batterie donnert, daß alles zittert. Wie weit mag sie reichen, und wo steht die Front? Wir wissen nichts, und die Soldaten, die wir fragen, dürfen keine Auskunft geben. Es kann Wochen dauern, bis wir erfahren, was geschehen ist. Gegen Abend ziehen Bomberverbände über uns hinweg; uns jagen sie keine Furcht mehr ein. Ein Soldat fragt uns: " Is it a good thing with American soldiers?" ("Nun, ist es gut mit amerikanischen Soldaten?") Wir hoffen es und sind zunächst dankbar für die Ruhe, die wir seit Jahren ersehnen.

29. März 1945 (Gründonnerstag)

Während der ganzen Woche ist ein ununterbrochener Strom von Fahrzeugen vorbeigerollt, anscheinend schwerste Panzer darunter. Heute morgen ist Knubi mit Frau Neuhaus gegangen. Sie dürfen nicht ins Haus, nur in den Stall. Im Haus liegt ein Divisionsstab. Die Küche ist hell erleuchtet, eine große Karte an der Wand, davor Besprechung. Die Offiziere gut aussehend und hochfahrend, beachten die Zivilisten überhaupt nicht. Ein Flugzeug, ähnlich wie unser Fieseler "Storch" kreist über dem Haus, kommt bis dicht über dem Erdboden herunter und wirft anscheinend Meldungen ab. Große Mengen von Fahrzeugen stehen herum, die Fahrer, darunter ein Schwarzer, warten. Am Tor liegt eine große Menge deutscher Gewehr- und MG-Munition. Je weniger Munition unsere Soldaten haben, desto eher können sie sich ergeben; das haben sie uns immer wieder bestätigt.

Abends ein Kalb geschlachtet, das bei Neuhaus durch Granatsplitter verletzt wurde. Große Freude in Israel!

Etwa 400 Meter vom Haus entfernt wird ein Hauptverbandsplatz eingerichtet. Es sollen viele deutsche Verwundete dort liegen, wie die amerikanischen Sanitäter uns sagten. Anscheinend werden sie gut behandelt.

30. März 1945 (Karfreitag)

Der Tag geht hin mit Schlachten, Einmachen, Putzen, Aufräumen. 18 Personen hausen jetzt in der kleinen Küche, und man rennt sich gegenseitig fast um. An die Jahre vorher und an Zuhause darf man nicht denken, und nervös werden darf man auch nicht, sonst ist dieses enge Zusammenleben nicht möglich.

Die ersten Pfirsichblüten sind aufgebrochen; Veilchen, Zwerghyazinthen, Morgensterne und Schlüsselblumen blühen. "Alle Birken grünen in Moor und Heid." Wie schön könnte die Welt sein!

31. März 1945

Kurz nach zehn Uhr fahren Knubi und ich zum Mahlberg, um nach meinen Möbeln zu sehen, die dort seit Monaten untergestellt sind. Der Weg führt über Lühlerheim, wo Engländer und Kanadier einen Riesenflugplatz bauen. Nicht Hunderte, sondern Tausende von Fahrzeugen jeder Art rollen an uns vorbei; Lastwagen, Bagger, Walzen, Kräne, Mannschaftswagen - alle glänzend instand und prima bereit. Sie haben alles, alles! Es wird gegraben, planiert, Maste werden aufgerichtet. Der Aufwand ist unbeschreiblich, die Organisation hervorragend. Die Soldaten alle jung, in besten Uniformen, gesund und kräftig. Und wir denken voll Bitterkeit an die Kinder in deutscher Uniform und an unseren Volkssturm. Wie wollen wir gegen dieses Material und gegen diese Armee noch gewinnen? Warum wird nicht endlich Schluß gemacht? Es ist zum Verzweifeln!

Wir fahren einen weiten Umweg, kommen schließlich zu Moschüring, treffen aber keinen Zivilisten mehr an. Auf dem Hof zwei große Lastwagen, von denen Flugzeugteile abgeladen werden. Ein Soldat kommt aus dem Haus, den Arm voll von Tischdecken und Läufern. Was mag von meinen Sachen noch da sein? Schnell ins Haus! Es ist bereits alles durchwühlt und unheimlich still. Wir rennen die Treppe herauf und auf den Speicher, wo meine Möbel stehen. Sie sind noch unberührt; Gott sei Dank! Einen schweren Koffer mit Wäsche, den wir fast nicht heben können, und eine Gardinenschachtel schleppen wir ab und müssen alles andere seinem Schicksal überlassen, denn bis zwölf Uhr muß das Haus geräumt sein, und bis dahin sind noch 20 Minuten. Wir kamen im letzten Augenblick.

Zurück über die Mahlberger Straße! In Höhe des Flugplatzes viele zerstörte Häuser, eine Unmenge von Fahrzeugen. Soldaten quatschen uns an und gröhlen amerikanische Schlager. Dann wird die Straße stiller, eine einzelne Streife kommt uns noch entgegen, zum Schluß kein Mensch mehr. Uns graut. Überall Spuren von Kämpfen; die Straße von uns zur Abwehr von Panzern eingerichtet. Hier eine deutsche Uniform, dort deutsche Munition und Waffen, Gasmasken, Brotbeutel, Helme - ein trostloser Anblick. Eine Flakstellung am Wegrand, das Geschütz noch feuerbereit, Munitionskästen daneben und - der Atem stockt uns - zwei tote deutsche Panzergrenadiere. "Getreu bis in den Tod!" Von ihren Kameraden verlassen, von keinem begraben, so liegen sie dort seit Tagen, "wie das Gesetz es befahl". - Nur weiter! Wiesen, Äcker und Wälder zu beiden Seiten der Straße von Granaten aufgerissen. In einem Kornfeld links wieder ein toter Deutscher. Bei seiner Flucht aus der Stellung in den nahen Wald scheint ihn sein Soldatenschicksal erreicht zu haben. Und irgendwo im deutschen Land hofft eine Frau, eine Mutter auf seine Rückkehr.

Wer diese Straße fährt, lernt den Krieg erkennen und allen Wahnsinn, aus dem er geboren wurde. Bei der Einmündung in die Landstraße liegt ein großer deutscher Panzer ausgebrannt, im Straßengraben deutsche Autos, ein Rote-Kreuz-Wagen. Wieder ein ununterbrochener Strom von Lastwagen, von Munitionskolonnen, meist Neger am Steuer. Der Nachschub rollt. Wir führen unsere Räder am Straßenrand entlang und wandern in einem langen Zug von Polen, Holländern, Flamen, Russen, die sich jetzt am deutschen Elend bereichern und Richtung Heimat ziehen. Fünf große Wagen mit deutschen Kriegsgefangenen überholen uns. Eng gepfercht stehen sie dort, mit unbeweglichen Gesichtern, Offiziere dazwischen. Die meisten von ihnen haben sich die Gefangenschaft gewünscht; wir wissen es aus ihrem eigenen Mund, aber jetzt, wo es soweit ist, mag ihnen manches in neuem Licht erscheinen. Freiheit verloren, alles verloren. - Wieder ein deutscher Soldat tot am Wegrand, anscheinend Herzschuß, das Gesicht friedlich und entspannt. Tausende kommen täglich vorbei, doch keiner hat die Zeit gefunden, ihn zu begraben.

Müde und zerschlagen von aller Aufregung, dem langen Weg und allen Eindrücken kommen wir nach Hause zurück.

Für den Nachmittag harrt unser eine neue, traurige Arbeit. Im Busch sind offenbar schwerverwundete Soldaten versorgt und verbunden worden; der Platz sieht entsetzlich aus. Zerfetzte und blutdurchtränkte Uniformen von elf oder zwölf Soldaten, darunter einem deutschen Unteroffizier. Berge von Mull, Watte, Tupfern, Schienen, alles blutig und verschmutzt, ca. 30 Büchsen mit Aqua destillata, Flaschen mit Dextrose, Blut, Blutplasma, Medikamente jeder Art, Ampullen, Injektionsnadeln - traurige Überbleibsel von Schmerz und Not und nahem Tod. Mit Spaten, Schaufeln und Mistgabeln haben wir alles vergraben. Wir haben Blasen an den Händen, und der Rücken schmerzt. Trotzdem sind wir froh, das Notwendige getan zu haben. Im Busch braucht sich keiner mehr zu fürchten.

Kriegsgefangenschaft: Das Los der deutschen Soldaten im Frühjahr 1945.

Während der ganzen Nacht rollt Nachschub über die nahe Landstraße. Ich kann kaum schlafen, träume nur vom Krieg, sehe Knubi im Kampf mit fremden Soldaten und atme erleichtert auf, als es endlich Tag wird.

1. April 1945 (Ostersonntag)

Zwar ist es kühl und stürmisch, Wolken jagen über den Himmel, aber über Nacht ist es herrlich grün geworden. Und die Verse aus Goethes "Faust" gehen mir durch den Sinn:

"Vom Eise befreit sind Strom und Bäche

Durch des Frühlings holden belebenden Blick.

Im Tale grünet Hoffnungsglück ..."

Worauf sollen wir noch hoffen? Jahrelang haben wir geglaubt, diesen Krieg siegreich bestehen zu können, alles Zerstörte wieder aufzubauen, einer besseren Zukunft entgegenzugehen. Es ist alles vorbei, und die Tatsachen sprechen eine grausame Sprache.

Mittags fahre ich mit dem Rad nach Lühlerheim, wo Kühe und Schweine abgegeben werden, die von den Amerikanern nicht mehr versorgt werden. Wir kommen zu spät. Nur ein kleines Ferkel, dem wir den schönen Namen "Schnüff" verliehen, habe ich erstehen können. Aber ich freue mich trotzdem. Vielleicht hilft es uns noch einmal über die größte Not hinweg.

Vater ist nach Wesel gefahren, wo inzwischen eine Militärverwaltung eingerichtet ist. Der Kommandant ist Kanadier, frommer Katholik, und die Pfarrer beider Konfessionen haben die erste Verbindung mit ihm aufgenommen. In unserem Keller hausen Kanadier; alles ist entsetzlich zugerichtet, und ich hatte doch noch immer gehofft, meine letzten Möbel und unsere geliebten Bücher aus diesem Chaos retten zu können. Nun ist alles hin, was jemals an eine glückliche Vergangenheit erinnerte. Werden wir jemals nach Wesel zurückkehren können? Und was wird aus meinem Studium? Der Anfang war so schwer, und nun, da das Schwerste überwunden ist, soll alles wieder zu Ende sein.

Wie immer gehen wir zeitig schlafen, denn Kerzen und Batterie müssen geschont werden.

2. April 1945

Jeden Soldaten fragen wir nach dem Stand der Front, aber keiner gibt Antwort. Sie lächeln uns freundlich an und tun, als ob sie nichts wüßten. Durch Zufall hörten wir, daß auf Bohnekamps Hof der englische Armeebericht ausgehängt ist. Der Feind steht vor Hannover, hat Kassel und Würzburg besetzt. Bei Emmerich wird noch gekämpft. Daher also das Artilleriefeuer, dessen Aufblitzen wir abends sehen.

Wir lernen es allmählich, uns mit den Soldaten zu verständigen. Die meisten sind höflich und anständig und können es nicht begreifen, warum Hitler nicht gestürzt und der Krieg beendet wird. Wir selbst verstehen es genau so wenig wie sie. Oder sollte es doch noch eine neue Waffe und eine Rettung für Deutschland geben? Wir klammern uns an jeden Strohhalm.

Nach Tisch streifen Knubi und ich durch den nahen Busch, in dem Amerikaner gelegen haben. Leere Konservendosen in rauhen Mengen, Keks, Zigaretten, große Kisten - alles in wildem Durcheinander. Und keine 20 Meter von ihrem Lagerplatz entfernt ein toter deutscher Unteroffizier mit gräßlicher Kopfwunde, die halbe Schädelkalotte weggerissen. Ich bedecke ihm den Kopf mit der Mütze, und dann bringen wir ihm die ersten Schlüsselblumen. Armer Landser! Wieder einer von denen, die den Rückzug der anderen mit ihrem Leben bezahlten. Wir wollen versuchen, ihn in den nächsten Tagen zu begraben, doch brauchen wir einen Mann, der uns dabei hilft.

Pastor **Joseph Janßen**

Militärregierung und erste Zivilverwaltung
(3. Teil aus seinem Bericht über die Ereignisse im Frühjahr 1945)
verfaßt 1951/52 für das Gedenkbuch
Stadtarchiv Wesel N25

Am Dienstag, dem 27.2., wurde bekanntgegeben, daß alle evakuierten Weselaner, die nicht berufstätig seien, Obrighoven und Lackhausen verlassen müßten. Am 4. März setzte abends ein so furchtbarer Angriff ein, daß man wirklich an das Ende der Welt denken sollte. Er dauerte die ganze Nacht hindurch und wurde gegen Morgen besonders stark.

Auf Veranlassung des Landrats und Bürgermeisters wurde in der evangelischen Arbeiterkolonie Lühlerheim ein Ausweichkrankenhaus aufgemacht. Täglich holten wir in früher Morgenstunde unter schwerer Mühe und größter Gefahr Einrichtungsgegenstände und Lebensmittel aus den Trümmern. Die Straße Wesel-Lühlerheim lag fast ständig unter dem Beschuß der Tiefflieger.

Acht Tage später wurde in Lühlerheim ein Feldlazarett eingerichtet. Es bestand der Plan, das Ausweichkrankenhaus in die Schule Schermbeck zu verlegen. Wir fuhren am Morgen des 23.3. zur Besichtigung hin, konnten aber nicht zur Ausführung des Planes kommen, da Schermbeck durch Brandbomben zerstört wurde. Wir harrten also in Lühlerheim mit 28 Kranken in einem Saal aus, da wir über keinen Kellerraum verfügten. Acht Tage und Nächte lag das Gebiet unter Artilleriebeschuß. Die Granaten krepierten in unserem Garten, so daß die Splitter durch die Fenster unseres Krankensaales flogen. Sämtliche Fenster wurden mit Matratzenkissen verpackt; das Krankenhaus durch Anstrich auf dem Dach und Auslegen weißer Tücher gut gekennzeichnet.

Früh abends, um 19 Uhr am 23. März, es war ein herrlicher Frühlingstag, setzt von neuem eine furchtbare Kanonade ein, die die ganze Nacht dauert. Am folgenden Tag hieß es: Engländer sind zu beiden Seiten Wesels und rücken an. Alles in Unruhe, Spannung und banger Erwartung. Gerüchte schweben hin und her, Soldaten fluteten zurück, Gräben werden besetzt, am Bunker in Obrighoven Verbandsplatz eingerichtet, der aber abends wieder aufgehoben wurde. Um 22.00 Uhr kommen Frauen über den Krudenburger Weg zur Buttendickschule hineingeflüchtet, haben Verwundete auf einer Bahre. Eine Frau, auf den Strümpfen; fast verzweifelt faßt sie meine Hand:

"Herr Pastor, schnell weg, sie haben uns hinausgetrieben, Kinder liegen auf dem Felde, sie werfen Handgranaten in die Häuser, Kinder werden erschossen!" Es war eine grausige Nacht. Die alliierten Truppen waren bis zur Raesfelder Straße vorgestoßen und hatten auch die Siedlung und Beckmannsmühle besetzt. Da erschien aus dem Wald vom ehemaligen Gut Buttendick ein Oberleutnant; Ritterkreuzträger mit etwa 120 Soldaten, und sollte einen Gegenangriff machen. Auf die Frage, wo er denn die schweren Waffen hätte, antwortete er: "Wir sollen uns mit unseren Leibern entgegenwerfen." Selbst wollte er mit dem Fernglas den Feind hinter einer Hecke beobachten, mußte aber wegen des MG-Feuers seine Stellung schnell räumen. Nur schwer war er zu bewegen, sich weiter zurückzuziehen. Auf Drängen gab er endlich seinen Plan auf und verzichtete auf einen Gegenangriff.

Palmsonntag, den 25.3., in langen Reihen schwärmen die Amerikaner aus in der Richtung zum RWE. Als Posten stehe ich vor der Buttendickschule, um das Haus zu schützen. Ein Amerikaner auf dem Hofe drehte mir den Rücken zu und läßt sich die Feldflasche vollpumpen. Er bedankt sich und geht weiter. Etwas später erscheint ein stämmiger Amerikaner, Gewehr im Anschlag, sieht mich am Eingang stehen, und auf meine Bemerkung "Zivilisten" lächelt er "oh yes" und geht von dannen. Zwei Gendarmen kommen von der anderen Seite in die Schule, sie fühlen sich unsicher, klopfen auf die Kellertüre und gehen. Nachher wird ein große Anzahl von Zivilisten aus dem Kampfgebiet in den Schulraum eingesperrt. Wir halten zusammen aus bis zum folgenden Tag. Ein amerikanischer Offizier gibt mir einen Ausgehschein, daß ich bis halb neun für die Zivilisten zu essen und zu trinken holen darf. Das Verhalten der Amerikaner uns gegenüber war zurückhaltend. Nur ein Unhold hielt mir seinen Revolver ins Gesicht und drohte, mich zu erschießen, wenn ich keinen Wein hergäbe.

Die Nacht zum 28. verlief so ruhig wie in Friedenszeiten. Am folgenden Tag erscheint ein Bote: "Sofort zum Kommandanten kommen." Gleich hinterher noch zwei Männer mit derselben Order. Etwa 15 Uhr bin ich in der Kommandantur. Der Dolmetscher meint: "Der Oberst wollte Sie kennenlernen; ist heute nicht da, bittet, morgen früh um halb zehn zu kommen."

Gründonnerstag, den 29. März

Komme zum Kommandanten, einem englischen Oberst, unterhalte mich mit ihm eine halbe Stunde, er erkundigt sich nach den persönlichen Verhältnissen und kann es nicht begreifen, daß in dieser Hölle noch Leute standgehalten haben. Er erkundigt sich auch nach den religiösen Verhältnissen und versteht nicht recht, daß der Papst so freundlich zu

Deutschland sei. Ich entgegnete ihm: "Die Kranken bedürfen des Arztes, nicht die Gesunden. Der Papst wisse, wie krank Deutschland sei." Er fuhr fort: "Wir wollen zusammenarbeiten, die Nazis ausrotten, wir kommen in allem entgegen. Wollen Sie uns behilflich sein, Männer an die Spitze zu stellen für die Verwaltung, Polizei usw.? Ich gebe Ihnen alle Vollmachten."

Ich gehe zu Pfarrer Schomburg und treffe dort Herrn Lisner, der die anderen Herren benachrichtigen will und fahre nach Lühlerheim. Dort hatten drei Tage vorher drei deutsche Panzer am Krankenhaus Stellung genommen. Sie müßten den Gutshof verteidigen. Auf Veranlassung eines verwundeten Leutnants zogen sie tausend Meter vom Krankenhaus fort. In der Nacht vom Montag auf Dienstag zog um halb drei eine Feldeinheit mit Munition und Verpflegung ein. Auf unseren Einspruch, daß wir Krankenhaus seien, gaben sie vor, ihre Einheit verloren zu haben. Sie wollten in zehn Minuten weiterziehen. Die Leute legten sich teilweise auf Treppen und Flure des Krankenhauses und schliefen ein.

Bis halb sechs war Artilleriefeuer. Plötzlich hörten wir Maschinengewehrfeuer. War es deutsches oder feindliches? Wir wußten es nicht. Wir wagten uns in die Nähe der Haustür und entdeckten drei englische Soldaten mit Maschinengewehren. Die deutschen Soldaten wurden auf dem Innenhof von den Engländern überrascht. Einige versteckten sich im Krankenhaus. Die Folge war, daß man mit Maschinengewehren auf den Krankensaal hielt. Wir forderten die Soldaten auf, das Haus zu verlassen. Aber erst, nachdem eine Schwester mit einer weißen Fahne vorausgegangen war, hörte der Beschuß auf. Keiner der Saalinsassen war verletzt. Auf dem Hof wurde ein alter Angestellter, der inzwischen wieder zu uns gestoßen war, schwer verwundet. Nach acht Tagen erlag er seinen Verletzungen. Die Engländer betraten den Krankensaal und forderten die Soldaten auf, nach draußen zu gehen. Dann wurden zwölf schwerverletzte deutsche Soldaten von Engländern hereingetragen. Auf unsere Bitte kamen sofort zwei englische Ärzte, die sich der Verwundeten annahmen. 28 deutsche Soldaten waren in dem Krankenhausbereich zu Tode gekommen. Auf dem Hofe des Lühlerheims fanden sich mehrere hundert deutsche Soldaten und Zivilisten ein. Zu unserer großen Freude durften wir die Soldaten vor ihrem Abmarsch in die Gefangenschaft verpflegen. Die verwundeten Soldaten konnten noch einige Tage bleiben, dann wurden sie in ein Lazarett abgeholt.

Karfreitag, den 30. März

Die Sitzung beim Kommandanten dauerte bis gegen halb eins. Anwesende: Pfarrer Schomburg, Pfarrer Kehl, Dr. Monjé, Dr. Sievers, Herr Kesseler, Direktor Müller, Herr Lisner und Pastor Janßen. Bei der Besprechung wurde bekanntgegeben, daß Herr Groos sen. und jun. Bürger-

Wilhelm Grube (oben) und der stellvertretende Bürgermeister Wilhelm Groos (unten) mit britischen Besatzungs-offizieren.

meister sein sollten. Die Herren sollten die Arbeit leisten wie bisher. Als ein leiser Zweifel geäußert wurde, ob die Herren in der Verwaltung so beschlagen seien, daß sie in diesen schwierigen Verhältnissen ihre Aufgabe meistern könnten, meinte der Kommandant: "Für die 6000 und Umgebung bedarf es keines Napoleons, sie zu leiten." Als man dagegen zu bedenken gab, daß es in England wohl anders sei, insofern die Bürgermeister nur repräsentieren, während die anderen die Arbeiten leisten, lachten die Herren und blieben bei ihrem Beschluß. Für die Verwaltung wurden bestimmt: Herr Lisner, Kesseler, Müller; für Sanitätswesen: Dr. Monjé; für christliche Angelegenheiten: Pfarrer Schomburg, Pfarrer Kehl, Kaplan Reekers und Pastor Janßen. Zugleich wurde die Vollmacht gegeben, das Hospital wieder aufzutun. Polizei bleibe vorläufig noch unbesetzt. Dann bemerkte der Kommandant: "Sagen Sie uns bitte, ob alles bei der Bevölkerung Anklang findet, alles ist nur provisorisch." Ausgang von 10 bis 18 Uhr, Glocken dürfen geläutet werden. Radfahren bedarf einer besonderen Erlaubnis.

Nachmittags wandere ich zur Stadt. Ecke Augustastraße brennt, so daß ich über den Kaiserring den Weg nehme, an der Kasernenwand vorbei, über ehemalige Baustraße, Ritterstraße, Martinikirche - ganz weg. Quer über die Trümmer über den Großen Markt, Feldstraße sehe ich noch am Giebel der Himmelfahrt-Kirche das Mosaikbild der Schmerzensmutter. Eingang und Kirche durch einen gewaltigen Schutthaufen gesperrt. Die ganze Stadt menschenleer, nur hier und da verdächtige Gestalten, die sich in Löchern und Kellern zu schaffen machen. Echte Karfreitagsstimmung. Ich rezitiere für mich die Klagelieder des Propheten Jeremias beim Blick auf die zerstörten Kirchen und kehre über die Schillstraße zum Randgebiet zurück.

Ostermontag, der 2. April

Bei regnerischem Wetter besichtigen wir die Villa Heinisch, treffen dort amerikanische Soldaten, die am Aufräumen waren, und teilen ihnen mit, daß das Hospital werden soll. Nachmittags gibt der amerikanische Kommandant die Erlaubnis, in der Villa das Hospital einzurichten und die Kranken von Drevenack herüberzuholen.

Soweit es möglich war, drangen wir von Zeit zu Zeit in das Innere der Stadt ein. Zwei Schwestern holten mit einem Engländer Medikamente aus der Stadt. Es war ihr erster Besuch nach dem Rheinübergang. Ein trauriges Bild bot sich ihnen. Die ganze Stadt war ein einziger Trümmerhaufen. Kaum eine Straße zu erkennen. Alle alten Gassen und Winkel verschwunden. Im Hospital war der Flügel an der Feldstraße ohne Treppen erhalten, desgleichen die große Krankenhausküche. Alle Nebengebäude, Altersheim, Isolierhaus, Stallungen, Wirtschaftsgebäude, waren vollständig dem Erdboden gleich. Nur noch drei Hauptflügel waren teilweise erhalten. Als wir nach 14 Tagen mit Erlaubnis der englischen Behörden mit dem Bergen unseres verschütteten Gutes beginnen wollten, mußten wir feststellen, daß das Gebäude an der Feldstraße bis in den Keller von Russen ausgebrannt war. Hierdurch waren große Werte verloren gegangen, vor allem 200 Krankenbetten, die Röntgenanlage, Laboratorium und Untersuchungszimmer-Einrichtungen. Auch das Haus des Küchenpersonals war mit der ganzen Einrichtung ein Raub der Flammen geworden. Tausende von Russen hausten in den halbzerfallenen Häusern am Stadtrand und brannten die wenigen Häuser, die in der Stadt noch teilweise erhalten waren, aus. Wie die Wandalen hatten die Russen gehaust und alles, was ihnen in den Weg kam, mitgenommen oder vernichtet. Am 23.4. machte ich den Versuch, aus der Krypta die Bibliothek zu retten, die an sicherer Stelle untergebracht war. Eingemauert, war sie von der Bombardierung verschont geblieben. Zu meinem Schrecken mußte ich feststellen, daß die Russen unterdessen die gesamte Bibliothek, die Privatbibliothek der Herren, das Archiv und die Klosterbibliothek total verbrannt hatten. Dazu das neue Fenster, das die Gemeinde 1930 zum Jubiläum gestiftet hatte. Ein Haufen weißer Asche bezeichnete die Stelle, an der die Bücher gelagert waren. Der totale Verlust der Kirchenbücher beträgt 38 Bände.

Am 14.5. versuchte ich dann mit drei Männern zum Luftschacht der Kirche, der unter Trümmern lag, und zum Keller unter der Sakristei vorzudringen und mußte feststellen, daß die Russen über die Heizung hinweggeklettert waren und selbst die verborgenste Stelle ihres Inhalts beraubt hatten. Die wertvollen Monstranzen, Kelche, Leuchter, ein Teil des Archivs, alles war geraubt oder verbrannt.

In den Tagen des Schreckens war es nur zu natürlich, daß jeder nur an sich dachte, für sich sorgte und sich um die Not anderer wenig kümmerte.

Leider zeigte sich die Engherzigkeit auch manches Mal in Fällen, wo es um das Leben der Menschen ging. Auf der Sandstraße brannte ein großes Haus. Sechs von den Bewohnern lagen unter den Trümmern, drei wurden durch eine mutige Frau gerettet. Als sie ganz ermattet, einen Beamten bat, die übrigen zu retten, erhielt sie zur Antwort: "Ist nicht mein Revier." Als am folgenden Tag die Nothilfe kam, waren alle drei tot.

Aber viele zeichneten sich jedoch durch eine außergewöhnliche Freigebigkeit und Uneigennützigkeit aus in der Beherbergung der Flüchtlinge. Eine Familie in Lackhausen (Hansen) beköstigte mehrere Tage 32 Personen; eine Witwe in Obrighoven (van Alst) länger als acht Tage 35 Personen.

Leider häuften sich in der Zeit der Fremdherrschaft die Überfälle auf die Zivilbevölkerung. In einem Hause vier Frauen! Drei Soldaten wollen ins Schlafzimmer, eine der Frauen kämpft eine viertel Stunde heldenhaft, die drei anderen schreien um Hilfe. Die Soldaten ziehen ab ins benachbarte Haus, wo 21 Personen - auch Männer - untergebracht waren. Sie konnten es nicht verhindern, daß eine Frau vergewaltigt wurde.

Die Anhänglichkeit der Weseler an ihre Heimatstadt kam oft in ergreifender Weise zum Ausdruck. Sobald sie eben die Möglichkeit fanden, schleppten sie sich mit dem wenigen, was sie gerettet hatten, wieder zurück, um in der alten Heimatstadt zu wohnen und unter den Trümmern und den schwierigsten Verhältnissen ihre Tage zu verleben. Ergreifend waren die Szenen des Wiedersehens, wenn man nach all dem Leid und der Not sich als alte Weselaner wieder begrüßen durfte. Und der eine Wunsch und Vorsatz wurde bei allen lebendig: Wir wollen in unserem kurzen Leben einander viel Sonne und Freude geben, der dunklen Tage sind so viele, gar dornig ist der Weg zum Ziele, drum wollen wir in unserem Leben einander viel Sonne und Freude geben.

Wilhelm Groos (Bürgermeister 1945, Stadtdirektor 1946-1947)

"Bericht über die Wiederaufbauarbeit der Stadtverwaltung Wesel 1945-46"
Auszüge
verfaßt am 10.8.1946
Stadtarchiv Wesel N25

... Das Schattenreich des Wahnsinns, das Hitlerregime, hatte es zugelassen, daß unsere ehemals so schöne Stadt Wesel zwecklos geopfert wurde. Vor der Bombardierung waren schon Tausende in die Evakuierung geflüchtet. Trotzdem konnte es nicht verhindert werden, daß bei der Bombardierung selbst Hunderte von Menschen ihr Leben lassen mußten. In Wesel selbst war keine Unterkunft mehr möglich, und so flüchteten die meisten Weseler Bürger auf die umliegenden Ortschaften, Bauerschaften und Gehöfte. An der Peripherie der Stadt, beispielsweise Feldmark, Fusternberg, Obrighoven-Lackhausen und hinter der Reitzenstein-Kaserne wohnten die noch verbliebenen Weseler zusammengepfercht. Eine geschlossene Verwaltung war unmöglich. Das Notbürgermeisteramt befand sich auf der Hamminkelner Landstraße. Die Hitlerleute schwangen noch ihr Zepter, aber von ferne hörte man schon das Donnern der Geschütze, und man merkte, daß das Einrücken der Alliierten nur noch einige Tage auf sich warten lassen würde. Mit jedem Tag verschwanden mehr und mehr die braunen Gesellen, und kurz vor dem Einmarsch sah man weder braune Uniformen noch führende Angehörige des Hitlerregimes. Sie hatten sich, wie man so sagt, aus dem Staube gemacht und die Bevölkerung ihrem Schicksal überlassen. Inzwischen setzte auch der Artilleriebeschuß ein, und die Bevölkerung wartete sehnsüchtig auf den Einmarsch. Die Geistesverfassung war derart, daß sich jeder sagte, so oder so, kein Hitlerregime mehr, kein Bombardement mehr, kein Ari-Beschuß mehr, nur Ruhe, Friede, Arbeit und Brot. Dann erfolgte am 24.3.45 unter ungeheurem Einsatz von Lastenseglern und Ari-Beschuß die Zurückschlagung der deutschen Truppen und damit der Einmarsch in unser Gebiet.

Die einmarschierenden Truppen ordneten die Räumung sämtlicher Häuser und Wohnungen an. Sämtliche hier verbliebenen Bürger hatten sich zu der Sammelstelle nach Rohleers Hof in Lackhausen zu begeben. Nach kurzer Registrierung und Angabe der Verhaltensmaßregeln konnte jeder wieder in seine Bleibe zurückkehren. Das Chaos nahm seinen weiteren Verlauf.

Es wurde angeordnet, daß keiner seine Wohnung verlassen durfte. Tags darauf kamen wieder neue Truppen, die sämtliche noch vorhandenen Bewohner aus den Häusern herausholten und mit erhobenen Händen in die Reitzenstein-Kaserne trieben. Hier blieben die Bewohner mehrere Stunden, bis dann der Oberst Nelson kam und anordnete, daß am anderen Tage die noch verbliebenen Männer sich zu einer Besprechung in der Reitzenstein-Kaserne einzufinden hätten. Am nächsten Tage, vormittags um zehn Uhr, fanden sich diese Männer ein, und es wurden ihnen die vorläufigen Gesetze der alliierten Militärregierung bekanntgegeben. Daraufhin bat mich Oberst Nelson, eine Stadtskizze anzufertigen und diese in vier Teile zu teilen. Als ich ihm diese Skizze vorlegte, sagte er wörtlich: "Meine Herren, die Militärregierung begibt sich jetzt ins Nebenzimmer, und währenddessen haben Sie aus Ihren Reihen vier Vertrauensleute zu wählen, die die weitere Verwaltung der Stadt Wesel in Händen nehmen."

Es wurden aus unseren Reihen die Herren Jean Groos, Albert Kisters, Wilhelm Groos und Wilhelm Grube gewählt. Daraufhin ordnete der Kommandant an, daß die vier gewählten Herren noch verbleiben sollen, die anderen aber nach Hause gehen möchten. Den Herren wurden die Militärgesetze nochmals vorgelesen und beauftragt, diese Gesetze an mehreren Stellen gut sichtbar anzubringen, zur Kenntnis der Bevölkerung. Hiermit setzte die erste verwaltungsmäßige Arbeit ein, sie wurde prompt ausgeführt. Klebstoff war nicht vorhanden. Schnell wurde aus Mehl Kleister hergerichtet, und da kein Pinsel aufzutreiben war, mit Tüchern das Ankleben vorgenommen. Es handelte sich um größere Mengen von Exemplaren, die sowohl in Obrighoven und Lackhausen als auch in der Feldmark und am Stadtrand angeklebt werden mußten. Die Vertrauensleute hatten sich auf Anordnung des Kommandanten jeden Morgen bei ihm zu melden. Hier fanden täglich von 10-13 Uhr Besprechungen statt. Nach einigen Tagen ernannte Oberst Nelson Herrn Jean Groos zum Bürgermeister der Stadt Wesel und Wilhelm Groos zum Stellvertreter. Auf Wunsch des Kommandanten wurden, mit Rücksicht auf das hohe Alter des Herrn Jean Groos, mir sämtliche Amtsgeschäfte übertragen. An mehreren Nachmittagen hatte ich verschiedenen höheren Offizieren folgende ehemaligen Gebäulichkeiten zu zeigen: Rathaus, Museum, Kirchen, Verwaltungen, Schulen usw. und entsprechende Erklärungen abzugeben sowie Fragen zu beantworten. Militär- und sonstige Depots wurden ebenfalls besichtigt, wozu ich auch die dementsprechenden Erklärungen abzugeben hatte. Inzwischen hatten die Truppen folgende Straßen belegt: Blücher-, Tiergarten-, York-, Andreas-, von Campe-, Gelißstraße, sowie viele Straßen in den Bezirken Obrighoven-Lackhausen, Fusternberg und Feldmark. Hierbei mußten naturgemäß viele ihre Wohnungen verlassen, auch wurden an mehreren Stellen Möbel aus den Wohnungen herausgeholt. So wuchs die Not der Bevölkerung, und das Chaos wurde immer größer. Damit trat aber auch offensichtlich der bis dahin unterdrückte Haß gegen das Hitlerregime zutage, denn fast jeder hatte Tote zu beklagen und Hab und Gut verloren. ...

Elfriede Emmerichs

"Wir erleben Geschichte.
Ein kleines Kapitel aus großer Zeit."
(2. Teil des Tagebuchs vom 23.3.-3.6.1945, zusammengestellt
Weihnachten 1945)
Privatbesitz

3. April 1945
Heute morgen Gang ins Dorf. Überall wüste Zerstörungen. Die
Menschen ratlos, woher sie satt werden sollen in nächster Zeit. Es sind keine
Lebensmittel mehr da. Im Dorf wird altes Kommißbrot verteilt, das unsere
Soldaten zurückgelassen haben und das den Amerikanern sicher nicht gut
genug war. Für sechs Personen ein Brot pro Tag, und das nur, solange der
Vorrat reicht. Neues Brot wird vorläufig nicht gebacken werden.

5. April 1945
Von Tag zu Tag wird es schöner draußen. Die Kirsch- und
Pfirsichbäume stehen in voller Blüte, und ihr Weiß und Rosa heben sich
leuchtend vom zartblauen Himmel ab.
"Es blüht das fernste tiefste Tal,
Nun, armes Herz, vergiß die Qual,
Nun muß sich alles wenden."
Das Herz wird allen leichter, wenn die Sonne scheint, und neue
Hoffnung keimt.
Des öfteren besucht uns jetzt ein junger Soldat, Belgier und freiwillig in der amerikanischen Armee. Er spricht sehr gut Deutsch, und wir freu-
en uns, wenn er kommt. Ihr aller Ziel ist es, Hitler zu vernichten, und mit seinem Tod den Krieg zu beenden. Ob sie recht haben? Man findet nicht mehr
durch. Warum fühlt sich ausgerechnet Amerika berufen, uns von Hitler zu
befreien und dabei unser Land zu zerstören? Wer sind die Drahtzieher in diesem Krieg? Ist Hitler wirklich der Schuldige? Oder die Juden? Wir werden
es wohl nie erfahren und wissen nur, daß w i r alles verloren haben, was uns
reich und glücklich machte.
Bei dem guten Wetter arbeiten wir mit den anderen draußen,
"Görshöp" und Mist streuen. Ein Tag vergeht wie der andere, und kostbarste
Zeit verstreicht.

7. April 1945

Zwar hatte Vater gesagt, wir könnten nun nicht mehr nach Wesel, da die Stadt Sammelpunkt für alle ausländischen Arbeiter sei, aber wir haben es doch gewagt und sind heute morgen gefahren. Erschüttert, empört und geschlagen sind wir zurückgekommen. Wie ist es nur möglich, daß eine Militärbehörde hier tatenlos zusieht? Die Stadt wimmelt von dunklen und dunkelsten Elementen. In Gruppen von sechs bis zehn ziehen sie über die Straßen, in gestohlenen, oft feinsten Anzügen und Kleidern, die Hände in den Taschen, jeden von uns herausfordernd musternd. Keiner macht Platz, wir müssen ihnen aus dem Weg gehen, obwohl wir einen Handwagen bei uns haben, den wir nur schwer regieren können. Sie rufen uns Schimpfworte nach und "Heil Hitler!" Auch sie im Grunde betrogene Kreaturen, harmlos vielleicht, wenn sie richtig geführt werden, aber Verbrecher, wenn ohne Führung und Halt. In der Nähe unserer Häuser treffen wir Vater mit zwei anderen Beamten, die mit uns gehen wollen, da man sich allein nicht in den Keller wagen kann. Was uns erwartet, ist unbeschreiblich. In unserem früheren Kinderzimmer, dem einzigen einigermaßen bewohnbaren, hausen 20 Flamen. Sie haben sich alle Sofas dorthin geholt, den Ofen herausgesetzt, ein Herd von oben hereingestellt, da mein eigener schon gestohlen war. Mein runder Tisch mit eingelegter Platte steht mitten im Zimmer und sieht schlimm aus. Die heißen Pfannkuchen, die sie sich backen, werden auf die Platte gekippt. Weinend stehe ich davor, nicht mehr Herr im eigenen Haus und über die eigenen Möbel. Vor einer Stunde hatten Polen mit einem Wagen meine beiden Polstersessel geholt, Ems Sessel, auf den er so stolz war und in dem er so oft gesessen hatte. Nur nicht zurückdenken und nicht weinen! Alle Polsterstühle waren weg, die Teppiche, Korbsessel, alles, woran tausend Erinnerungen hängen. Und dann unsere Bücher! In wildem Durcheinander liegen sie durch den ganzen Keller verstreut, schauderhaft zugerichtet und sonst immer mit aller Sorgfalt behandelt. Ems Briefe zerrissen und zertreten. Was diese wilde Horde von Menschen nicht brauchen kann, muß sie zerstören, sinnlos vernichten, sonst haben sie keine Ruhe. Womit hat Wesel dieses Schicksal verdient? Von Bomben entsetzlich zugerichtet, wird nun der Rest aller Habe aus den Kellern gestohlen und wandert in das riesige "Lager Reitzensteinkaserne", wo Russen und Polen sich mit unseren Sachen häuslich einrichten.

Nebenan stehen Jauchs vor ihrem Haus und können nicht herein, weil Ostarbeiter ihnen den Eintritt verwehren. Kostbare Möbel liegen zerschlagen und verregnet im Garten, und aus den Fenstern sehen sture ostische Gesichter, hämisch grinsend. Machtlos und wehrlos sind wir ihnen ausgeliefert, all denen, die "Herr Hitler sich nach Deutschland holte." Wir packen unseren Wagen voll Bücher und schieben ihn müde und mutlos bis zu Tersteegen im Schafweg, wo die Sachen vorläufig bleiben können.

Abends sprechen wir mit Sanitätern vom nahen Truppenverbandsplatz, denen wir unsere Erlebnisse berichten und die wir fragen, warum bei solch fürchterlichen Zuständen keine Militärpolizei eingreift. Wohl verstehen sie unsere Entrüstung und unsere Not, aber sie werden nicht gegen Angehörige ihres russischen Verbündeten vorgehen und werden dulden, was die Deutschen in anderen Ländern auch gemacht haben. Für die Schandtaten unserer SS und unserer oft zügellosen Soldaten müssen wir alle leiden.

9. April 1945

Die amerikanischen Sanitäter kommen jeden Tag, to talk with the German ladies. Wir freuen uns nicht nur, weil wir dadurch unsere englischen Sprachkenntnisse verbessern; wir freuen uns vor allem, in jeder Uniform Menschen zu finden, die das Gleiche denken und fühlen wie wir. "The war is not good." (Der Krieg ist nicht gut).- Nein, wir wissen es.

Durchziehende Polen oder Russen haben heute bei Frau Neuhaus ein Schwein gestohlen und geschlachtet. Sie nehmen alles, was nicht bewacht wird, wenn nötig mit Gewalt. In Obrighoven werden die Höfe von ihnen umstellt und den Leuten alles genommen: Schmuck, Kleider, Wertsachen jeder Art, alles Eßbare; es ist entsetzlich! Und die amerikanische Polizei sieht tatenlos zu. Ist das die Freiheit, die man uns von jenseits des Ozeans bringen wollte? Gepriesenes Amerika!

10. April 1945

Heute morgen ist der Hauptverbandsplatz verlegt worden nach Mönchengladbach. Ich gäbe viel darum, wieder in einem Lazarett arbeiten und lernen zu können, aber bis dahin wird noch viel Zeit vergehen.

Hier in der Nachbarschaft hat es sich inzwischen rundgesprochen, daß ich Medizin studiere, und manchem habe ich mit Verbänden oder Medikamenten helfen können. Heute habe ich sogar mein erstes Honorar in Empfang genommen: Ein Stück Schinken und ein Stück Speck. Zeitgemäß!

12. April 1945

In Jahren ist der April nicht so schön gewesen wie jetzt. Der Kirschbaum am Backhaus ist weiß wie Schnee, und von Pflaumen- und Pfirsichbäumen fallen die Blütenblätter schon ab. Alle Anzeichen sprechen für ein fruchtbares Jahr. Deutschland kann es brauchen.

Den ganzen Tag habe ich anständig gearbeitet, morgens auf der Weide und mittags beim Kartoffelpotten. Die Arbeit ist ungewohnt, und der Rücken schmerzt, aber das geht vorüber. Die Bilder und Eindrücke in der Stadt sind viel trostloser als hier, wo nun alles wieder wächst, trotz Krieg und Not und Tod.

"Bemeßt den Schritt, bemeßt den Schwung!
Die Erde bleibt noch lange jung."

Ja, die Erde bleibt jung, und ich kann und will die Hoffnung nicht aufgeben, daß diese Erde einst wieder den Deutschen gehören wird.

Nun haben sie uns zuhause auch die Küchenschränke und meine wunderschöne Couch gestohlen. In Wesel herrscht der Pöbel, und niemand gebietet ihm Einhalt. Was wir noch besitzen, müssen wir abschreiben, aber es fällt mir entsetzlich schwer, denn mit jedem gestohlenen Teil geht ein Stück glücklicher Vergangenheit.

13. April 1945

Für drei Brote habe ich in Krudenburg drei Stunden Schlange gestanden, und mit dem Fleisch morgen wird es dasselbe sein. Wie die Ernährungslage geklärt werden soll, ist uns allen rätselhaft. Wenn auch die Amerikaner und Engländer keine Lebensmittel für ihre Armeen beschlagnahmen, wie man hört, so doch bestimmt die Russen, und das riesige Überschußgebiet im Osten des Reichs ist verloren. In die Großstädte wird der Hunger einziehen.

Je weniger wir von militärischen und politischen Dingen erfahren, desto wilder werden die Gerüchte: Amerika und Rußland im Kriegszustand, Himmler tot, Roosevelt am Herzschlag gestorben. Goebbels soll im "Reich" geschrieben haben, das Rheinland sei Verräter, und Hitler will diesen "Verrat" dem Rheinland heimzahlen. Hannover und Bremen sollen eingenommen sein, und von Süddeutschland her sollen noch Vergeltungswaffen eingesetzt werden. Was ist Wahrheit und was Lüge? Wir müssen uns an das halten, was wir sehen, und das spricht eine deutliche Sprache: Ungezählte amerikanische Soldaten, Fahrzeuge über Fahrzeuge, Flugzeuge aller Art, Nachschub größten Stils. Sechs neue Rheinbrücken bei Wesel, eine Ölleitung bis Dorsten, Eisenbahnverkehr bis Münster - und alles mit eigenen Kräften und eigenem Material, ohne deutsche oder andere Kräfte einzuspannen. Warum kapitulieren wir nicht? Nur dann wäre noch etwas zu retten!

24. April 1945

Fast jeden Tag sind wir in Wesel gewesen und waren mittags meist so erledigt, daß ich mich zum Schreiben nicht mehr aufraffen konnte. Morgens früh mit dem Rad zum Schafweg, dann mit der Ziehkarre nach Hause; aufgeladen, was noch brauchbar und wertvoll für uns war und mit der schweren Karre zurück zum Schafweg. Was haben wir alles geborgen: zwei Sofas, die alte Couch, Kommode, Tisch, Stühle, Sessel, zwei Herde, meinen schweren Ofen, den weißen Kleiderschrank, einen großen Teil unserer Bücher, zwei Teppiche, Läufer, Küchengerät. Es war Männerarbeit, aber wir haben Gott sei Dank noch soviel, daß wir uns wieder eine bescheidene Wohnung einrichten können. An all das gestohlene Gut will ich nicht mehr denken, vor

Die Lebensmittel- und Wasserversorgung wurde von der Militärregierung organisiert.

allem nicht daran, daß es Deutsche waren, die es nahmen. Mein Wäsche-schrank ging denselben Weg wie die Couch. "Deutsche Frau!", sagten die Russen, die bei uns wohnen und den Dieben noch beim Aufladen geholfen haben. Auch unser Klavier ist weg; nichts ist ihnen zu schwer. "Musik weg!" Alle Noten liegen verdreckt und unbrauchbar im Keller herum, in dem man sich vor Schmutz und Gestank fast nicht mehr hereinwagen kann.

"Unsere Russen" wohnen jetzt mit zwei Mädchen zusammen, eine herrliche Wirtschaft, aber unsere Logiergäste gehören Gottlob zu den harm-losen Kreaturen. Gewaschen wird in einer Waschtischschublade, das dreckige Waschwasser wird über unsere Bücher ausgeleert. Berge von Kartoffel-schalen verwesen im Schlafzimmer. Es ekelt einen, wenn man das eigene Haus betritt.

Knubi erhielt in dieser Woche den kürzesten Heiratsantrag ihres Lebens. Als wir mit voll beladener Karre abfahrbereit vor der Gartentür stan-den, kommt ein Russe auf sie zu. Prima Ulster, darüber Regenmantel, Lederhandschuhe, Spazierstock - kurz alles, was zu einem "Herrn" gehört. "Wohin fahren mit Sachen?" - "Dahin, wo wir jetzt wohnen." - "Ich mit Dir wohnen?" - "Nein!" - "Hast Du Mann?" - "Ja!" - "Oh!" - Und achselzuckend zieht er fürbaß.

Wir haben scheußliche Auftritte mit deutschen Plünderern erlebt. Mit Pferd und Wagen fahren sie von Haus zu Haus und holen sich bedenkenlos alles, was sie gebrauchen können. Im eigenen Haus haben sie uns als Nationalsozialisten ausgeschimpft und mit Schlägen bedroht, nur weil wir unsere Eigentumsrechte geltend machten. Es gibt keine Staats- und Polizeigewalt mehr, und wir sind alle rechtlos geworden. Dabei ist Vater einer der wenigen, die bis zum letzten Augenblick trotz Bomber und Artillerie bei der Stadtverwaltung ausgehalten haben und der nun wieder täglich mit dem Rad nach Wesel fährt, um die dringlichsten Arbeiten zur Wiederherstellung von Kanalisation und Wasserleitung zu übernehmen. Kommandant und Offiziere sind zuvorkommend und behilflich, aber die Stadt ist so hoff-nungslos zerstört, daß kaum ein neuer Anfang möglich ist. Hamsterer aus dem Kohlenpott, die jetzt täglich in Scharen nach hierher kommen, sind ent-setzt und erschüttert über das grauenvolle Bild der Zerstörung, das diese Stadt bietet. In Hamborn und Oberhausen ist längst wieder Strom und Wasser, die ersten Zechen arbeiten wieder, und die Zivilisten können Radio hören und sind auf dem laufenden über die Ereignisse im Reich. Wir wissen nichts; ein Tag vergeht wie der andere, und wir leben wie auf dem Mond.

25. April 1945
Nun fahren wir vorläufig nicht mehr nach Wesel; aller Mut ist uns genommen, und wir haben doch nie Angst gehabt. Zwar wurde täglich

erzählt, daß Russen Zivilisten überfallen, ihnen Schmuck, Geld und die Fahrräder abnehmen, daß sie in Gruppen von zehn und mehr die Bauernhöfe umstellen, die Bewohner in ein Zimmer sperren und dann alles ausplündern, aber wir hatten uns durch diese Berichte nie einschüchtern lassen. Heute morgen nun wollten wir mit dem Fahrrad bis nach Hause fahren, um nur ein paar Kleinigkeiten zu holen. Auf der Brüner Landstraße trafen wir Frau Goetze, fuhren mit ihr zusammen und wollten uns an der Kraftstraße von ihr verabschieden, da sie auf ein Fuhrwerk mit ihrem Vater und zwei Männern warten mußte, die etwa 200 Meter hinter uns ankamen. Wir standen noch einen Augenblick zusammen, ohne auf drei heranschlendernde Russen zu achten, die plötzlich bei uns standen und unsere Fahrräder haben wollten. Mit unverschämten, dreisten Gesichtern starrten sie uns an, rissen an unseren Rädern und steckten, als wir türmen wollten, ihre Stöcke zwischen die Speichen. "Fahrräder her!" - "Nein, wir haben Erlaubnis vom Kommandanten, zu fahren." - "Nix Erlaubnis! Da vorne Soldat, der hat gesagt, wir sollen nehmen Fahrräder." - "Lassen Sie los!" - Wir ziehen, sie ziehen, wir voller Angst, sie voller Wut, mit vor Zorn weißen Gesichtern. Der eine will Knubi einen Kinnhaken versetzen, der andere mir mit dem Stock einen über den Kopf hauen. Ich halte mit der einen Hand krampfhaft den Stock fest, mit der anderen das Fahrrad, fest entschlossen, es nicht loszulassen. Und das alles auf offener Landstraße, überall Menschen in der Nähe, aber keiner beherzt genug, uns zu helfen. Da kommt ein amerikanischer Wagen an; die Russen erschrecken einen Augenblick, und ich winke wie verrückt, um den Wagen zu stoppen. Er hält, und wir hin, um den Sachverhalt zu erklären. "You are Germans?" - "Yes." "And you are Russians?" - "Yes!" - "The Russians may take the bicycles." (Die Russen können die Fahrräder nehmen.) Wir sind sprachlos, entsetzt und kaum fähig, die Straße für den Wagen freizugeben, der schon wieder anfährt. Drei Russen gegen zwei deutsche Frauen, und die Amerikaner helfen ihnen noch! Wäre nicht im selben Augenblick der Wagen mit Herrn Lisner herangewesen, der uns sofort zu Hilfe kam, dann hätten wir unsere Fahrräder quittiert oder wären nicht heil aus diesem Handgemenge herausgekommen. Sind wir Freiwild geworden, nur weil eine wahnsinnige Regierung uns in diesen Krieg hetzte und nicht eher Schluß machen kann, bis ein ganzes blühendes Volk mit ihr zugrunde geht? Die Zukunft ist so dunkel, düsterer noch als die grausame Gegenwart.

Nach dem scheußlichen Auftritt mit den Russen sind wir im Eiltempo zum Kommandanten gejagt, haben dort unsere Fahrräder untergestellt und sind dann zu Fuß nach Haus gegangen, um dort noch leere Gläser zu holen. Nachdem wir unsere Fahrräder wieder abgeholt hatten, ging es zur Gärtnerei Nestler, von wo wir Pflanzen mitbringen sollten. Wir standen dort einige

Minuten, als vier Russen, ebenfalls mit Rädern, ankamen. "Ihr zwei Frauen mit Rädern, sofort herkommen!" - Wir störten uns nicht daran, beachteten auch die zweite Aufforderung nicht, schielten nur vorsichtig zur Seite und atmeten auf, als sie sich langsam in Bewegung setzten. Auf Anraten der Umstehenden sind wir dann schnellstens abgebraust, ängstlich darauf bedacht, die zahllosen Trupps herumstrolchender Russen nur dann zu überholen, wenn ein amerikanisches Auto in der Nähe war. Jabos und Artillerie haben uns keine Angst eingejagt und uns nicht von unseren täglichen Fahrten nach Hause zurückhalten können; das russische Gesindel hat es fertiggebracht. Monate-, ja jahrelang haben wir befürchtet, was jetzt eingetreten ist: den Zusammenbruch unserer Wehr- und Widerstandskraft, und die Herrschaft des Pöbels aller Länder, den wir selbst ins Land geholt haben. Aber was schert das eine Regierung von Verbrechern und einen Mann, der in seinem Größenwahnsinn behauptete: "Wenn ich mich in meinem Programm geirrt haben sollte, geht ein 80-Millionen-Volk mit mir zugrunde."

26. April 1945

Vorsichtshalber ist Vater heute ohne seine goldene Uhr und Kette nach Wesel gefahren; nichts ist sicher vor Plünderern. Um ein Uhr wollte er zuhause sein, um mittags zum Zahnarzt zu fahren, aber Stunde um Stunde vergeht, ohne daß er zurückkommt. Nach den eigenen Erlebnissen des Vortags wächst unsere Sorge stündlich. Wir warten bis zum Abend; von Vater nichts zu sehen. Was mag passiert sein? Um halb acht Uhr machen Knubi und ich uns auf, um beim Kommandanten um Hilfe zu bitten. Der amerikanische Offizier ist außerordentlich höflich und zuvorkommend und gibt sich alle erdenkliche Mühe, eine telefonische Verbindung zum Military Government herzustellen. Nach etwa einer Viertelstunde gelingt es, und wir werden mit dem Bescheid entlassen, daß sofort ein Beobachtungsflugzeug aufsteigen und eine Patrouille starten wird, um Vater zu suchen. Etwas erleichtert machen wir uns auf den Rückweg, während das angekündigte Flugzeug schon über unsere Köpfe wegbrummt. Als wir uns unterwegs noch einmal umsehen, sehen wir von weitem Vater ankommen. Er war mit dem Weseler Kommandanten zweimal in dem vollständig zerstörten Emmerich gewesen, um Rohre für die Wasserleitung zu holen, und kam deswegen so spät nach Hause. All unsere Aufregung war also umsonst; Gott sei Dank! Aber in allen kommenden Tagen wird es so sein, daß wir erleichtert aufatmen, wenn wir Vaters Schritt auf der Diele hören.

28. April 1945

Nun ist auch Vater von einem Russen angerempelt worden. Als er über die Blücherstraße kam, fuhr ihm ein Russe ins Rad in der Absicht, ihn zu Fall zu bringen. Als es ihm nicht gelang, versuchte er es unter dem Gegröhle der Umstehenden, die lediglich ihr Amüsement darin fanden, zum zweiten Mal. Vater konnte noch rechtzeitig abspringen, als der Russe ihn auch schon anhält und nach seinem Ausweis fragt. Er zeigt seinen Ausweis vom Kommandanten. Der Russe versucht daraufhin nur noch, ihm den Hut vom Kopf zu hauen und läßt dann von ihm ab. Obwohl das Ganze noch glimpflich verlief, ist unsere Empörung nicht zu beschreiben. Wer gibt diesen Menschen das Recht, uns wie Freiwild zu behandeln, und wie lange soll dieser furchtbare Zustand noch dauern? Wir alle müssen büßen für das, was deutsche SS-Truppen in den meisten Ländern Europas gesündigt haben; und uns alle identifiziert man nun mit jenen, die sich Repräsentanten des deutschen Volkes schimpften. Nie hat eine Regierung in so kurzer Zeit ein Volk in so tiefes Elend gestürzt; das ist ihr einziger trauriger Ruhm.

29. April 1945

Heute haben wir Vaters 68. Geburtstag gefeiert, und Onkel August und Tante Meta waren hier. Gegenüber den beiden, die jetzt in einer möblierten Mansardenwohnung hausen, sind wir noch reich. Sie haben keinen Stuhl und keine Tasse mehr und wissen noch nicht, ob später wenigstens die Sachen aus dem Keller geborgen werden können. Dazu seit Monaten keine Nachricht von den beiden Jungens. Trotzdem haben wir alle zusammen ein paar schöne Stunden miteinander verbracht, wenn auch allen das Lachen immer wieder schnell vergeht und im Grunde jeder seinen eigenen Gedanken nachhängt. Manchmal ist mir, als würden wir alle nie wieder richtig froh im Leben. Wir haben von zu vielen und zu vielem Abschied nehmen müssen, und immer fällt ein Schatten auf das Lachen.

1. Mai 1945

Tausend Erinnerungen werden wach: Der 1. Mai der Studenten in Bonn, der Fackelzug am Rhein entlang, alle Verbindungen in Couleur, der flammende Holzstoß am Bismarckdenkmal und das rauschende "Flamme empor!" Und Em und ich mitten dazwischen, jung und begeistert und voller Hoffnungen und Pläne. Und dann Marburg: der alte Markt und die sternförmig darauf mündenden Gassen. Kurz vor Mitternacht kommen die Studenten gleichzeitig aus allen Gassen auf den Markt, jeder eine brennende Kerze in der Hand; und der flimmernde Stern hat sich noch nicht ganz geschlossen, als von der alten Rathausuhr die zwölf Schläge über den Platz dröhnen. Wir lauschen atemlos, und während die Glocken noch nachhallen vom letzten Schlag, jauchzt es aus tausend jungen Kehlen: "Der Mai ist gekommen". Wie schön war das alles, hatte nichts zu tun mit Politik und Parteihader und vereinigte alle in der gleichen Freude.

Dann die Maifeiern des Dritten Reiches: Betriebsausflüge, große Reden, tönende Worte, Verbrüderungsszenen und abends großes Besäufnis. Der 1. Mai im Kriege: Ruhetag, aber nicht Feiertag. Und nun dieser 1. Mai:

In Wesel haben die Ausländer rot beflaggt und auf dem Hof der Reitzenstein-kaserne einen Umzug veranstaltet. In Hamborn wird nicht gearbeitet, und an allen Enden regt sich der Bolschewismus. Wie lange wird es dauern, bis auch er zerschlagen am Boden liegt? Keine Diktatur ist von Dauer, und es gibt für einen Staat kein schlechteres Fundament als die Gewalt. Wie oft haben wir diskutiert und stets die Demokratie oder höchstens die konstitutionelle Monarchie als die wahre und einzig mögliche Staatsform erkannt, weil ohne freie Meinungsäußerung und ohne Kritik jeder Fortschritt erstickt...

Wir selbst haben diesen 1. Mai 1945, den traurigsten, den wir erlebten, auf dem Feld gearbeitet, Mist gestreut und Kartoffeln gepflanzt. Der Bauer ist zu beneiden: mag alles zerstört sein, er sät und erntet, und die Fruchtbarkeit seiner Erde entschädigt für alle Not dieser Welt.

Abends kommen zwei amerikanische Offiziere, um Onkel Heins Wagen zu holen. Wir sagen ihnen, daß der Wagen schon einmal vom Military Government in Wesel geholt und dann von zwei dortigen Offizieren zurückgebracht worden sei, weil angeblich unbrauchbar. Sie scheinen unseren Angaben keinen Glauben zu schenken, sind auffallend mißtrauisch und so unhöflich, wie wir es noch nie erlebt haben. Nach eingehender Besichtigung des Wagens untersucht der eine von den beiden das ganze Haus, sieht in jedes Zimmer, in die Ställe und geht bei unserer Frage nach dem Warum stur weiter, ohne ein Wort zu sagen. Meinetwegen, wenn er sich unbedingt wichtig machen muß; aber es ist gut, daß nicht alle so sind.

2. Mai 1945

Nachdem Vater gestern mit der Nachricht nach Hause kam, daß "unsere" Russen weg seien, sind wir heute morgen mit dem Pferdefuhrwerk in Wesel gewesen. Sechs handfeste Männer haben beim Aufladen geholfen, und als Herr Amerkamp zum zweiten Mal mit unserer herrlichen Fuhre im Schafweg landete, hatten wir soviel Möbel und Hausrat dort, daß wir getrost wieder anfangen können. Zwar ist alles demoliert und zum Teil scheußlich zugerichtet, aber unsere Ansprüche sind inzwischen so bescheiden geworden, daß wir schon glücklich sind, überhaupt noch etwas zu besitzen. Mit ein wenig Geschick wird es schon wieder gemütlich bei uns werden.

Im Schafweg wird die elektrische Leitung wiederhergestellt; wir werden Licht haben und Radio, ein kaum noch vorstellbarer Luxus. Aber es wird noch viel Arbeit geben, bis wir alles endlich sauber und uns eingerichtet haben. Meine Kirschbaummöbel sehen trostlos aus: Die Türen aus den Angeln und die Schreibklappe herausgerissen, aber es ist mein Schrank, und eines Tages wird er wieder aufgearbeitet werden können. An die eigene geliebte Wohnung am Klever-Tor-Platz darf ich nicht mehr zurückdenken. Es sind jetzt vier Jahre her, seit mein Mann zuletzt zuhause war. Vom Krieg gegen Rußland ahnten wir noch nichts. Einige Wochen vorher war er als Rechtsanwalt zugelassen worden; wir steckten voll von Plänen und waren so glücklich. Heute ist mir, als seien inzwischen Jahrzehnte vergangen. Was wir in vier Jahren erlebten, hätten Jahrzehnte ausfüllen können; und sie wären noch überreich an Ereignissen, an Not und Tod und Elend.

Inzwischen soll Hitler gestorben sein, Göring getürmt, Goebbels ebenfalls tot. Was stimmt, weiß ich nicht, und es berührt mich kaum noch, denn der Krieg in Deutschland geht trotzdem weiter. Großadmiral Dönitz soll den Oberbefehl übernommen und gesagt haben, er kämpfe so lange weiter, bis Amerika mit uns zusammen gegen Rußland Krieg führe. Wie oft haben wir uns England und Amerika als Bundesgenossen gewünscht, und heute wäre eine solche Allianz unsere einzige Rettung, aber inzwischen ist der Gedanke absurd. Wie sich Deutschlands und unsere eigene Zukunft einmal gestalten wird, mag der liebe Himmel wissen. Kein Vermögen mehr, keine Rente und keine Möglichkeit, weiter zu studieren. Soll wieder alles umsonst gewesen sein? Der neue Anfang damals war so schwer, doch die Medizin und Freiburg haben mich mit vielem ausgesöhnt, und ich war glücklich in dem Gedanken, es zu schaffen und mir eine neue Existenz zu gründen. Und jetzt dieser fürchterliche Zusammenbruch! Millionen von Toten, Millionen und Abermillionen von Heimatlosen, ein entrechtetes Volk in einem zertrümmerten Land - und alles für die Idee eines Wahnsinnigen, der von der Bühne abtritt, wenn ihm keine Chance mehr bleibt.

Und sieht es in Rußland anders aus? Ist das russische Volk nicht genau so verhetzt und in die Irre geführt wie wir? Warum jubelt ein Volk seinem Tyrannen zu? Warum werden alle vernünftigen und gemäßigten Stimmen zum Schweigen gebracht, Männer von Geist und Tatkraft in Konzentrationslager mit mittelalterlichen Foltermethoden gesteckt? Ist denn ein Volk eine Herde, die dem lautesten Schreier folgt, und ist es durch die Kriegs- und Nachkriegszeit so kritiklos geworden? Ich werde es nie begreifen.

3. Mai 1945

In der letzten Nacht sind in Wesel drei amerikanische Soldaten von Russen erschossen worden, und eine wilde Razzia hat eingesetzt. Selbst der Weseler Kommandant wird einsehen müssen, woher der Wind weht und daß auch Amerika das russische Gesindel nur mit Gewalt in Schach halten kann. Wenn doch endlich diese plündernden Horden eingefangen und abtransportiert würden! Eher kann es für uns keine Ruhe geben. Wir halten hier alle Türen ängstlich verschlossen und haben einen großen Teil unserer Sachen versteckt. Trotzdem fänden sie hier noch reiche Beute, und wir leben in steter Sorge. Jeden Tag hören wir von neuen Höfen, die umstellt und ausgeplündert wurden. Wenn wir doch wenigstens davor bewahrt blieben!

Soeben kommen drei Amerikaner vorgefahren und erkundigen sich, ob einer der beiden Personenwagen, die in der Werkstatt stehen, heute unterwegs gewesen sei. Sie suchen angeblich vier Russen in amerikanischer Uniform, die in einem deutschen Personenwagen bei Schulte-Bunert vorfuhren, um dort zu plündern. Jede Methode ist recht, und wenn die Amerikaner nicht wirkliche Strafen über die Russen verhängen, wird es von Tag zu Tag schlimmer werden. Neuerdings tun sie sich mit den Hamsterern aus dem Kohlenpott zusammen, besonders mit den Frauen. Die Russen plündern, die deutschen Frauen stehen Schmiere und sind auch wohl in anderer Weise gefällig, und die Beute wird geteilt. Früher wurde man in Deutschland wegen eines lächerlichen "ruhestörenden Lärms" oder Übertretung irgendwelcher Verkehrsvorschriften bestraft - heute wird ein plündernder Russe von den Amerikanern zwar abgeführt, bekommt aber hinter der nächste Ecke Zigaretten von ihm. Ob wir das Schlimmste immer noch nicht überstanden haben? Schlimmer als Bomben und Artillerie sind Chaos und Anarchie.

Seit dem 21. 4. haben wir keinen Bomber- oder Transport-Verband mehr gesehen. Berlin soll vor wenigen Tagen kapituliert haben, und nur in Süddeutschland wird angeblich noch gekämpft. Der ganze Bodensee ist besetzt, München eingenommen. In Österreich hat sich eine neue Regierung unter dem sozialdemokratischen Renner gebildet; der "Traum vom Reich" ist ausgeträumt.

Bei einer neuen Konferenz zwischen Amerika, England und Rußland sollen die russischen Forderungen so unverschämt gewesen sein, daß das gute Einvernehmen beträchtlich getrübt ist. Der Anfang vom Ende? Hoffentlich!

7. Mai 1945

Seit heute arbeitet Knubi auf dem Landratsamt, als Dolmetscher für Englisch und Französisch. Der Dolmetscher beim Kommandanten in Wesel hatte sie daruf aufmerksam gemacht, und als sie heute morgen ihre schriftliche Bewerbung eingereicht hatte, hat man sie gleich dort behalten. Gott sei Dank! Ich wünsche, ich hätte auch schon wieder eine vernünftige Arbeit, denn der Existenzkampf in Deutschland wird verheerend werden. Das ganze Versorgungswesen ist erloschen und die Folge einfach unabsehbar. Kein Familienunterhalt mehr, keine Rente. Wer nicht arbeitet, bekommt keine Lebensmittelkarten; und wie soll man arbeiten, wenn alle Betriebe zerstört sind und die Arbeitsplätze mit ihnen? In Wesel gibt es schon jetzt Frauen mit kleinen Kindern, die nicht einmal mehr Geld haben, das wenige Brot zu kaufen, das ihnen zugeteilt wird. Die Männer sind jahrelang Soldat, jetzt in Gefangenschaft. Seit Februar haben die Frauen kein Geld mehr bekommen. Was sie auf der Sparkasse hatten, ist unerreichbar, weil die ganzen Gelder beschlagnahmt wurden. Sie können keine Miete mehr bezahlen, und der Hauseigentümer soll doch Steuern entrichten. Ungezählte Frauen und Kinder sind, wenn keine Änderung eintritt, dem Hunger und dem Elend freigegeben, und das alles nach diesen furchtbaren Jahren, die doch alle nur in der Hoffnung auf eine bessere Zukunft ertragen haben. Womit hat ein Volk soviel Elend verdient, soviel Not nach einem Heldenkampf ohnegleichen? Wo ist die göttliche Gerechtigkeit und die der Welt, wenn Millionen von Menschen für die Wahnideen einer Regierung von Verbrechern leiden müssen; leiden müssen für die Greueltaten anderer, von denen sie nicht die leiseste Ahnung hatten? Was haben wir gewußt von den Folterqualen, die die "politischen Gefangenen" in den Konzentrationslägern auszustehen hatten, was von den Massengräbern im Osten? Voll Abscheu und Entrüstung haben wir zugesehen, wie an jenem 9. November 1938 alle jüdischen Geschäfte zerschlagen wurden und SS-Banausen sich an kostbarsten Dingen bereicherten, deren Wert sie gar nicht zu erkennen und zu schätzen wußten. Was darüber hinaus geschehen ist und was den 9. November weit übertroffen hat, hat man auf das Geschickteste zu verheimlichen gewußt; und wer etwas sagte, wurde kurzerhand an die Wand gestellt, ein abschreckendes Beispiel für jeden, der sonst seine Meinung zu sagen gewohnt war. Wie Schuppen fällt es uns jetzt von den Augen, und was wir sehen und erkennen müssen, ist so unerbittlich, daß man darüber verzweifeln könnte. Russische, bolschewistische Methoden sind es gewesen, mit denen diese Regierung unser Volk zugrunde gerichtet hat. Unsere große Schuld wird es bleiben, daß wir uns diese Methoden gefallen ließen, und unser Unglück, daß wir zu schwach waren, uns selbst von dieser Regierung zu befreien. Der deutsche Michel lebt immer noch, lebt in jedem von uns; er scheint unsterblich zu sein.

Heute morgen sind wir im neuen Hospital, der früheren Villa Heinisch gewesen, um Dr. Bennemann zu fragen, ob ich eventuell dort arbeiten kann. Leider ist im Augenblick überhaupt nicht daran zu denken, da der Betrieb wohl winzig, das Personal dagegen zahlreich ist. Also weiter nach Wesel zum Kommandanten, der eine Kraft für das Gesundheitswesen sucht und dem ich dafür vorgeschlagen wurde. Eine schwierige Angelegenheit, zumal ich mich früher nie um Gesundheitswesen gekümmert habe und in ein Gesundheitsamt unbedingt ein Arzt gehört. Der zuständige Offizier ist sehr zuvorkommend, doch leider verstehe ich nur die Hälfte von dem, was er sagt, und wir reden wohl das meiste aneinander vorbei. Er merkt sich meinen Namen und will mir Nachricht geben. Ich bin gespannt.

Welch traurige und erschütternde Bilder auf unserem Rückweg nach Drevenack! Von weitem rollt ein langer Zug mit deutschen Gefangenen gen Westen. Wir sehen sie dichtgepfercht stehen, auf offenen Wagen, die meisten ohne Kopfbedeckung. Frauen sind darunter, Nachrichten- und Flakhelferinnen, junge Mädchen von 18 bis 20 Jahren und ergraute Männer, sie alle zu einem Krieg gezwungen, den sie nicht gewollt haben; aus ihren Familien gerissen und nun alle auf dem gleichen traurigen Weg in die Gefangenschaft, ohne Nachricht von zuhause, ohne Zukunft, ohne Hoffnung. Was soll aus ihnen allen werden, und was finden sie, wenn sie eines Tages zurückkehren? "Der Dank des Vaterlandes ist Euch gewiß!"

Immer häufiger begegnen uns jetzt auf der Landstraße kleinere und größere Familien, die vor Monaten vor Bomben und Artillerie nach Mitteldeutschland geflüchtet sind und nun matt und völlig abgekämpft zurückkommen. Die meisten werden nur noch Trümmer wiederfinden, wo sie ein Zuhause erwarten, und die wenigen Habseligkeiten, die sie auf Schubkarren, alten Kinderwagen und kleinen Ziehkarren vor sich herschieben, werden wohl ihr einziges Besitztum bleiben. In zerfetzten Kleidern und Schuhen schleppen sie sich mühsam vorwärts; sie mögen Hunderte von Kilometern getippelt sein, nur von der einen Sehnsucht erfüllt, nach Hause zu kommen. Wer wird sie trösten, wenn sie vor den Trümmerhaufen stehen, und wer wird ihnen helfen? Zu Tausenden werden sie zugrunde gehen, denn unsere Gegner strafen uns mit unseren eigenen Methoden, und Hilfe haben wir nicht zu erwarten. Allmählich sickern Nachrichten durch, welches Elend in Holland herrscht. Dreieinhalb Millionen Holländer waren durch die Riesenüberschwemmungen abgeschnitten und sind dem Hungertode nahe. Amerika schickt vorverdaute Nahrung nach Holland, und Ungezählte werden nur durch Injektionen ernährt. Medizinstudenten aus London helfen den Ärzten bei der Betreuung der halb Verhungerten. Das wird Holland uns nie vergessen trotz aller gutnachbarlichen Beziehungen, die früher zwischen beiden Ländern geherrscht haben. Ich beginne zu begreifen, warum Deutschland das am meisten gehaßte Volk der Welt ist, trotz aller Großtaten, die es für diese Welt leistete. Es wird Jahrzehnte dauern, ehe es wieder den Platz einnimmt, der ihm gebührt.

13. Mai 1945

Nach einem glühend heißen Tag hat es sich gegen Abend endlich abgekühlt. Der Wind fegt durch die Kronen der Bäume, und der wachsende Roggen schwankt. Heute feiern die alliierten Soldaten ihren Sieg über Deutschland, nachdem der 8. Mai als "Victory in Europe Day" bekannt gegeben war. Und Deutschland weint; weint über seine gefallenen Söhne und Männer, über Millionen von Verwundeten, über seine zertrümmerten Städte und Häuser, über die Sinnlosigkeit aller Opfer und Leiden, und wird noch mehr weinen, wenn Hunger und Elend kommen, deren Einzug niemand verhindern kann. Die englischen Zeitungen bringen seitenlange Greuelberichte aus deutschen Konzentrationslägern und beschuldigen jeden einzelnen Deutschen, davon gewußt zu haben. Ein demokratischer Staat wird es nie verstehen können, was in einer Diktatur möglich ist, was eine verantwortungslose Regierung in wenigen Jahren aus einem Volk machen kann, das durch einen verlorenen Krieg und entsetzliche Jahre der Nachkriegszeit schwach, willenlos und demoralisiert war.

15. Mai 1945

Nun wird Onkel Heins Wagen doch noch den Weg der Requisition gehen. Zweimal haben wir das Unglück abwenden können, zumal der Sergeant der Kommandantur ein netter und umgänglicher Mann war, aber wenn bis morgen kein "Permit" für den Wagen da ist, wird er für die Fahrbereitschaft sichergestellt. Mit Sergeant Vance habe ich mich sehr nett unterhalten; er ist Schotte und Vertreter einer großen Liverpooler Autofirma. Ich erzählte ihm, daß ich versuchen wollte, bis zur Fortsetzung des Studiums, an die ich immer noch glaube, in einem Lazarett oder Krankenhaus zu arbeiten, und er versprach mir, mit dem zuständigen Weseler Offizier darüber zu reden. Hoffentlich tut er es!

Nicht nur Autos, sondern auch Fahrräder wurden von den Soldaten „befreit".

16. Mai 1945

Heute ist Onkel Heins Wagen endgültig abgeholt worden, und Heini ist schwer geknötscht. Ich erhielt den Bescheid, zu Captain Virgow zu kommen, der das Schul- und Gesundheitswesen im Kreis unter sich hat.

3. Juni 1945

Heute an meinem Geburtstag bin ich zum zweiten Mal in Haus Aspel gewesen, wo das Reeser Krankenhaus jetzt untergebracht ist, und die Zusage, dort arbeiten zu können, ist mein schönstes Geburtstagsgeschenk. Ohne Captain Virgow und Sergeant Vance wäre das wohl nicht möglich gewesen, und ich bin beiden für ihre Hilfe und Vermittlung herzlich dankbar. In etwa 14 Tagen wird man mir Näheres mitteilen können, und ich hoffe, daß nun alles glatt geht.

An der Straße nach Rees haben sich schwere Kämpfe abgespielt, deren Spuren alle Schrecken der letzten Märztage wieder wachrufen. Neben der Kirche von Bergerfurth liegen über hundert amerikanische Soldaten begraben, deren Gräber alle mit Namen versehen sind, während auf den vielen deutschen Soldatengräbern nur zu lesen ist: "Unkown German Soldier" (Unbekannter deutscher Soldat). Soll nun wirklich alles Sterben sinnlos gewesen sein oder liegt der Sinn da, wo wir ihn früher nie gesucht haben? Galten alle Opfer nicht dem äußeren, sondern dem inneren Feind? Von Tag zu Tag erfahren wir mehr von dem, was der Nationalsozialismus aus Deutschland gemacht hat. Alle Gesetze der Menschlichkeit, der Kultur und Zivilisation hat man mit Füßen getreten; wie die Vandalen haben sie in der Fremde und im eigenen Land gehaust, und wir alle waren ihre Gefangenen. Ganz Deutschland ein riesiges Gefängnis, jeder von uns in all seinen Handlungen und Äußerungen überwacht und jeder ein verlorener Mann, der seine Meinung zu sagen wagte.

Ein Teil der Russen ist jetzt endlich abtransportiert, aber die Greueltaten nehmen noch kein Ende. Es wird weiter geplündert und gemordet. Strafen scheint es für diese Menschen nicht zu geben, und wir stehen hilflos dabei, wenn das Vieh auf der Weide abgeschlachtet oder das Obst von den Bäumen geräubert wird. Ab 14. Juni sollen wir nur noch englische Besatzung haben. Die Amerikaner rücken ab, und englische Soldaten werden kommen. Ob sie Ordnung schaffen werden? Jeder hält seine Habe ängstlich versteckt (all unsere guten und besten Sachen hängen seit Wochen auf dem schmutzigen Söller über der Werkstatt), aber einmal müssen doch wieder geregelte Verhältnisse geschaffen werden, die es erlauben, abends ruhig schlafen zu gehen. Und wenn auch die bürgerliche Welt von früher endgültig versunken ist, zerschlagen mit unseren Städten, unseren Kirchen, Theatern und Museen, Schulen und Universitäten - so wird doch in Deutschland auf die Dauer niemals ein Chaos herrschen, denn mit jeder jungen Generation wird der deutsche Sinn für Ordnung und Gerechtigkeit neu geboren werden.

Hier schließt mein Tagebuch, wahrscheinlich weil bei dem bevorstehenden Umzug nach Wesel die Zeit zum Schreiben fehlte. Am 15. Juni 1945 in der Frühe haben wir mit einem großen Pferdefuhrwerk meine Möbel von Mahlberg geholt und anschließend alles in Drevenack aufgeladen. Trotz der Freude auf das neue eigene Heim war der Abschied nicht leicht, hatte uns doch all das gemeinsam Erlebte mit seinen Sorgen, Nöten und Hoffnungen einander weit näher gebracht, als normale Zeiten es vermögen. Und so schieden wir denn voll Dankbarkeit für diejenigen, die uns vier Monate lang Obdach und Heim gewährt hatten.

Mehr als ein halbes Jahr ist inzwischen vergangen; manches ist schwerer gewesen, als wir erhofften; vieles leichter, als wir befürchteten. Bis zu einem wirklichen "Frieden auf Erden" ist noch ein weiter Weg. Hoffen wir, daß das kommende Jahr uns einen Schritt näher zu diesem Ziele führt!

Wesel, Weihnachten 1945.

Hedwig Hof, geb. Staudt

Tagebuch

niedergeschrieben im März 1947 in Bonn unter Verwendung von Notizen der Vorjahre
(2. Teil)
Archiv der Evangelischen Kirchengemeinde Wesel

... Die tote Mutter kehrt heim.

Am 11.2.46 kam ein Telegramm von Pastor Schomburg: "Gabainstraße 3 aufgeräumt, umgehend kommen!" - Einige Wochen vorher waren vier Briefe von mir an verschiedene Weseler Bekannte gegangen, mich sofort zu benachrichtigen, falls eine Aufräumungsaktion geplant sei, damit ich bei der Bergung der beiden Toten zugegen sein konnte, um eine Trennung nach der Skizze von Herrn Wilson zu ermöglichen.

Ich war von den vollendeten Tatsachen erschlagen! Am Tag vor dem 11.2. hatte der Arzt totalen körperlichen und seelischen Erschöpfungszustand, 90 Pfund Untergewicht und gefährliche Anämie festgestellt.

Eine Reise nach Wesel erklärte er für baren Wahnsinn. Was half's! Die Toten forderten ihr Recht der Ruhe. Seit Tagen führte der Rhein beträchtliches Hochwasser und riß eine Behelfsbrücke nach der anderen mit sich. Die Frage des Rheinübergangs stand offen, die Paßfrage und wer fährt mit, da ich alleine in meinem Zustand nicht fahren durfte.

Der Paß wurde, trotz Angabe "Mort de sa mère" im Antrag zerrissen. Also mußte ich so über die französische Zonengrenze und die notwendigen Lebensmittel mitnehmen, auf die Gefahr hin, sie an der Grenze abgenommen zu bekommen. Ich schleppte Brot, Nährmittel und ein viertel Pfund Butter, die ich mir bei den Dorfverwandten "lieh", mit.

In dem überfüllten Zug nach Bonn machte ich das erste Mal schlapp. In Bonn antichambrierte ich bei Heinzens Tante um Reisebegleitung. Hochherzig nahm Tante Lieschen das Opfer dieser Strapaze auf sich. Wir beschlossen, in Büderich bei Wesel über die "Montgomery-Brücke" zu gehen. Die Fahrt linksrheinisch verlief bei mäßig besetzten Zügen gut. In Büderich liefen wir eine halbe Stunde bis zur Brücke und sahen die Reste Wesels über einer endlosen Wasserfläche auftauchen.

Im Schillviertel traf ich Herrn Fink, der mit seiner Frau in den Trümmern seines Hauses wühlte. Im übrigen sah man keine Spur einer Aufräumaktion. Herr Fink bestätigte mir, daß in der Gabainstraße drei Leichen geborgen seien; wie die Leute erzählt hätten, "der Pastor Hof!"

Das Bild unseres Trümmerhaufens war erneut verändert. Vieles fand ich aufgeweicht, verwittert und gebleicht, was im September 1945 noch im Schutz der zusammengesackten Mauern gelegen hatte. Im grottenartig abgestützten Luftschutzkeller stand ein alter Wäschekorb, vor dem ich ahnungslos stehen blieb. Auf dem Boden davor lag ein vermoderter Schuh mit einem Stück Beinknochen. Ein unbestimmbares Gefühl des Grauens überkam mich und zugleich eine furchtbare Ahnung. Sie wurde von Gertrud Graaf in der Feldmark bestätigt, zu der wir in einem nieselnden Landregen in die Dunkelheit hinpilgerten. Wir waren todmüde und naß wie die Katzen. Freundliche Menschen hatten uns den Weg gewiesen und sich unseres Gepäcks erbarmt.

Fräulein Graaf nahm uns freundlich auf und brachte mir vorsichtig bei, daß Mutter und Frau Licht seit acht Tagen im Wäschekorb zusammengeworfen lagen. Was in mir vorging, vermag ich nicht in Worten auszudrücken. Wer hatte Auftrag zur Bergung gegeben? Es lag mir ja so viel daran, bei der Bergung anwesend zu sein, um die Lage der Toten zu beschreiben und für eine menschenwürdige Bergung und Scheidung der Leichenreste in Sarg oder Kiste zu sorgen und eine vorläufige Bestattung zu veranlassen. Nun lagen sie tagelang wie Mist unter freiem Himmel, und was die Ratten noch nicht besorgt hatten, das taten umherstreunende Katzen, die wir jedesmal sahen und verscheuchten. Einen Oberarmknochen, eine Hand und ein Stück Bein fanden wir hinter dem Trümmerhaufen. Diese "Bergung" (was liegt hintergründig alles in diesem Wort!) beweist mehr als alle Worte, Leitartikel, Diskussionen, wo die Menschheit steht mit ihrer Ehrfurcht vor dem Leben und vor dem Tod.

Niemand ist in der Lage nachzuempfinden, was in mir vorging, was es bedeutet, seinen nahesten Menschen unter solch grauenhaften Umständen wiederzufinden. Hier lag Mutters vermoderter Mantel, dort ihr zerfetzter Morgenrock. Mein Motorradanzug (der am nächsten Tag bereits einen Liebhaber gefunden hatte!), mein zertrümmerter Tisch, der Elektroherd, Fetzen von Kleidern, Matratzen, Federn, Teile der Steppdecke, Heinzens und Mutters Brillen ohne Glas. Vom Regen aufgeweicht finde ich Briefe von Heinz an mich, teils ausgelöscht die Schriftzüge, jedenfalls unleserlich und wertlos geworden, dann die geliebten Bücher, Bilder und Fotos. Alles Dinge von unersetzbarem Wert, die bei meiner Anwesenheit zur Zeit der Leichenbergung hätten gerettet werden können und mir ein Stück Heimat wiedergegeben hätten. Mit bleischweren Armen stand ich im Geröll, zu elend, um etwas aufzuheben. Alles war so nutzlos! Wäre ich ein Zyniker oder ein Weiser, ich hätte ein homerisches Gelächter angestimmt, als Tante Lieschen auf den Gedanken kam, zwei Elektroplatten mitzuschleppen, die aus dem zerbeulten Herd herausfielen, um sie beim Fachmann auf ihre Gebrauchsfähigkeit prüfen zu lassen.

Ich konnte angesichts meines eigenen Schicksals und des meiner Liebsten nur immer wieder wortlos vor mich hin stammeln: "Was ist der Mensch und sein Sinnen und Wirken ..." - Spatzendreck - in wenigen Sekunden unter der Fußsohle des Schicksals zermalmt. Und welches Wesen macht der Mensch um sein wertvolles Selbst! Die Lehre, die mir und Tausenden erteilt wurde, genügte für ein Jahrhundert, den Egoismus zu vergraben und die eigene Wichtigkeit an die Wand zu stellen. Aber den Wenigsten dringt der Sinn des Geschehens unter die lederne Haut der Eigensucht.

Das Bergungsamt hatte ohne direkten Auftrag die Toten herausgeholt und sie dann liegen lassen - "zur weiteren Verwendung"! Den verantwortlichen Mann ließ ich mir rufen und hatte einen sehr ungünstigen Eindruck. Wie die damaligen Verhältnisse lagen, entsprach die ganze Aktion durchaus dem Eindruck, den ich von den "Größen" der derzeitigen Ära hatte.

Als ich von Neuwied abfuhr, war ich fest entschlossen, die Mutter heimzuholen, und wenn ich sie auf den Schultern nach Hause tragen müßte! Daß die Wirklichkeit diesen Vorsatz unterstützen und fördern würde, hätte ich nicht erwartet. Vater hielt mein Vorhaben für unsinnig und unmöglich. Versuche meinerseits, bei Beerdigungsinstituten eine Überführung zu erwirken, scheiterten am Mangel an Beziehungen, "Kompensationsmöglichkeiten" und Einfluß. Was bei Heinzens Überführung, durch die Eltern veranlaßt, erreichbar war, konnte für mich nicht gelten. Also hieß es, diese fehlenden Vorteile ausgleichen durch unbeirrbare Zähigkeit und letzten Einsatz an seelischer und physischer Kraft.

Tante Lieschen warnte mich davor, die Leichenreste ohne Leichenpaß zu transportieren. Ich sah die mögliche Gefahr ein und entschloß mich, diesen Leichenpaß zu besorgen. Ich stieß bei einem sturen "Beamten" auf Granit. Sogar die Todesurkunde von Mutter war seiner Meinung nach zu Unrecht ausgestellt. Eine Rücksprache seinerseits mit dem verantwortlichen Standesbeamten wirkte das Wunder, daß er plötzlich bereit war, den Paß auszustellen. Umständliche Gemüter rieten mir, uns noch die Berechtigung zum Transport mit der Eisenbahn zu erwirken.

Ich schenkte mir das, in der weisen Voraussicht, daß "wer viel fragt, viel Antwort erhält"!

Die beiden Küster Licht und Heikamp erklärten sich bereit, die Trennung der Leichen, soweit das überhaupt möglich war, vorzunehmen. Für Frau Licht wurde ein kleiner Sarg angefertigt und für Mutter eine Holzkiste, die wir mit dickem Packpapier, duftendem Thuja und Tannenzweigen auslegten.

Am Jahrestag des Untergangs von Wesel, am 16.2.46, fand ein Gedenkgottesdienst statt. Ich hörte die Ansprache von Pastor Bertrams und von Pastor Schomburg, die ihres Amtsbruders Hof vor der Gemeinde gedachten. Rührende Beweise der Treue und Anhänglichkeit durfte ich von vielen seiner Gemeindeglieder entgegennehmen. Sie taten meinem wunden Herzen wohl!

In endlosen Kilometermärschen zwischen Feldmark, Obrighoven und "Regierungsviertel" verzehrte ich meine letzten Kräfte und schlängelte meinen Magen durch die "vorhandenen Vorräte" in Gestalt von Reisemarken für eine Person. Die Gastfreundschaft der Kollegen und der rührenden Frau Höpken, Hamminkelner Landstraße, verhinderten ein vorzeitiges "Abbauen".

Bei Kampschulten konnte ich mein so sehnsüchtig erwünschtes Rad, das mir durch eine Nachbarin vorenthalten wurde, abholen.

Dann legten wir am 17.2.46 unsere liebe, treue Frau Licht in die Erde. Theo, der einzige, der Grund hatte, um diese Mutter zu weinen (Gustav ist im Osten vermißt, seit der Nachricht, die er vom Tod seiner Mutter erhielt), war aus Salzuflen gekommen. "Laß Schmerz, die Sehne [?] schwirren... ." Es war unsagbar traurig!

Wir suchten das Grab von Mariechen Wirks. - Ich hätte sie mit ihrer "Amsel" in die Erde gebettet - aber ach - wie verschieden sind die Welten in den Seelen der Menschen! Keine Blume schmückt ihr Grab. Meine Bitte, an jedem 16.2. ihr Grab zu schmücken und das von Frau Licht, auf meine Rechnung, blieb unerfüllt. Ach, ihr Menschen, wie träge sind eure Herzen!

Mit dem Rad fuhr ich noch einmal zur Gabainstraße. Wir pflückten im Vorgarten Wacholder und Latschenkiefer, kramten ergebnislos im Geröll, und ich ging durch das, was einst stolzer, geliebter Besitz war, fand verschleppte Menschenknochen, nahm von Herrn Weber ein Bündel Briefe von Heinz aus dem Jahr 1937 dankbar entgegen, und dann fuhr ich zur Oberndorfer Straße, Bobbileins Grab zu suchen. Ach, es konnte dieser und jener Hügel sein. Mit lahmen Armen stand ich umher, dachte an Wilsons, an die frohen Stunden im kleinen, gastlichen Raum, dachte an meines Jungen fröhliches Lachen, an Bobbleins lustige Sprünge - vorbei!

In der Dunkelheit organisierten wir, von einem Gehöft zum anderen laufend, mit Herrn Heikamp, Theo Licht und Fräulein Graaf einen Bauernwagen, der uns und das schwere Gepäck zum Bahnhof Büderich bringen sollte.

Am nächsten Morgen waren wohl wir pünktlich zur Stelle, nicht aber der Wagen. Er verspätete sich so, daß der Zug, den wir trotzdem noch bei strömendem Regen zu erreichen versuchten, längst fort war. Tante Lieschen hatte mich ebenfalls im Stich gelassen und war auf eigene Faust heimwärts.

Das Gepäck, samt Mutters Kiste ließ ich in Büderich und fuhr in strömendem Regen, von der fürsorglichen Trautchen Graaf begleitet, wie ein trauriges Fragment wieder zur Feldmark zurück. Dort klappte ich zusammen und lag in einem fremden Bett, wie eine ausgebrannte Ruine an Seele und Körper. Inzwischen war Tante Lieschen mit "Gewissensbissen" von ihrer "Improvisation" abenteuerlich zurückgekehrt und lag naß wie eine gebadete Katze in Frau Höpkens gastlicher Stube.

Am nächsten Morgen heulte um 7 Uhr ein wütender Sturm mit ebenso heftigen Regenböen. Wir stemmten uns förmlich vorwärts durch die Trümmer von Wesel zur Montgomery-Brücke. Zwei Wolldecken hatten wir über den Köpfen hängen. Auf der Brücke verlor Tante Lieschen den einzigen Hut, den ich besaß, im Sturm. Er lag längst in der Lippe, als Tante Lieschen zurücklief, anzusehn wie ein alttestamentarisches Gemälde, mit der Decke umgehängt im peitschenden Sturm und Regennebel. Schließlich war der Bahnhof doch erreicht, und etappenweise schleppten wir Kiste, Koffer, Taschen, Rad zum Zug. In Köln standen wir eine Stunde im Schneegestöber und der Sturm auf die Wagenabteile des dort eingesetzten Zuges war dramatisch. Ich stand mit Rad, Koffer (zwei) und Mutters Kiste im Gewühl. Tante Lieschen erstürmte ein Abteil, ich gab mein Rad auf und stemmte dann Mutters Kiste zum Fenster hinein. 90 Pfund hoben einen halben Zentner! Die Kiste wog alleine schwer, und der Inhalt hatte, trotz seiner Unvollständigkeit, beträchtliches Gewicht.

Mit Hilfe von Soldaten und Zigaretten hatten wir das Umsteigen von einem Zug in den anderen ermöglicht. Nun war die letzte Etappe überwunden. In Bonn fuhr Tante Lieschen in der Annahme, ich könne das Gepäck in der Aufbewahrung lassen, mit der Godesberger Bahn nach Hause. Es gab aber 1946 noch keine Gepäckaufbewahrung auf dem Bonner Bahnhof, und ich stand für einen Moment ratlos zwischen meinen sieben Sachen. Eine freundliche Frau nahm sich meiner an, und während sie beim Gepäck wartete, holte ich einen Mann mit Karre heran, ein Junge trug mir das Gepäck hinaus, und im Schneegeriesel fuhr ich auf meinem "erbeuteten" Rad hinter dem seltsamen Leichenzug zur Schumannstraße. Wenn all die Hilfreichen geahnt hätten, welch' schauerlich trauriges Reisegepäck sie trugen!

Mutters Schwester erstarrte zu Hause, als ich eine Kiste ablud und ihr leise bedeutete, was sie enthält. Sie hatte nie daran geglaubt, daß ich mein Ziel erreichen würde. Während ich in der Küche zusammenfiel, trugen die zwei alten Leutchen Mutters klägliche Überreste in ihr Zimmer, das sie vor ihrem Weggang nach Wesel noch hatte neu herrichten lassen. Sie bahrten sie mit einem schwarzen Tuch auf. Blumen und der Wacholder aus Wesel waren die Zeichen liebender Ehrfurcht, zusammen mit ihrem Bild und dem Spruch:

"Erwacht Dir auch kein linder Trost hienieden,
Die eine Stunde, die da tötet, - heilt; -
Jenseits des letzten Kampfes liegt der Frieden,
Und Todesnot ist's, die die Wolken teilt.
Wenn Deine Augen die Erfüllung schauen,
Fällt von Dir ab des Unbegriff'nen Last;
Doch Dich umblüht, - o laß Dir nimmer grauen,
Als frommer Glanz, was Du gelitten hast."

Einen Tag lag ich im Bett, ausgehöhlt und ohne Tränen, bis zur Erstarrung. Am nächsten Tag erledigte ich beim Beerdigungsamt das Notwendige. Bestellte Kränze, gab eine Gedenkplatte in Auftrag und sprach wegen der Beisetzung mit dem Friedhofsverwalter.

Dann fuhren mein Vetter und ich mit dem Handwagen Mutters Kiste zur Leichenhalle. Die Umstände verboten eine "übliche" Beerdigungszeremonie, da Kiefers ja in Mutters Wohnung Unterschlupf gefunden hatten und mein Wohnrecht noch nicht erfochten war. Montag den 22. war die Beisetzung. Die armselige und doch so kostbar gewordene Holzkiste stand mit Tannenzweigen verdeckt über Vaters Sarg. Einige wenige Freunde und Verwandte waren als Trauergäste anwesend, da sie benachrichtigt wurden.

Die Beerdigung sah ich wie einen Film abrollen, so als sei ich außerhalb meiner selbst, ein Zaungast. Mich beherrschte nur der eine Gedanke: Es ist geschafft! Mutter ist dort, wo sie sich in ihren letzten Lebenstagen, ihren Tod ahnend, hinwünschte, - in Vaters Grab! ...

Carl von der Trappen (geb. 1860)

Brief aus Allendorf an seinen Bruder Richard
Auszüge
Archiv der Evangelischen Kirchengemeinde Wesel

Allendorf i.W., den 19.4.45

... Wesel war bis dahin hinsichtlich Bombenbewurfes wesentlich besser fortgekommen, als es wegen der sehr wichtigen beiden festen Rheinbrücken, die im Zuge der Reichsbahn und der Landstraße über den Strom führen, zu erwarten war. Namentlich auch weit besser, als die Nachbarorte Rees, Emmerich, Kleve, Moers. Vielleicht lag es daran, daß die festen Rheinbrücken durch über 60 Sperrballone und sehr gute Flak geschützt waren. Immerhin waren schon viele Häuser in Wesel zerbombt und auch leider schon über 50 Menschen zu Tode gekommen, bevor am Nachmittag des 16. 2. der erste Massenbewurf der Stadt und besonders des dem Strome nahen Teils stattfand.

Vormittags war eine einzelne Bombe unweit unseres Hauses gefallen. Wo, habe ich nicht erfahren. Der Luftdruck hatte von den sechs Scheiben unseres dreiteiligen großen Wohnstubenfensters wieder drei vernichtet, beziehungsweise die Pappendeckel zerfetzt, die damals schon zwei wiederholt zerbrochene Scheiben ersetzten. Der Vollalarm vom Vormittag war nicht abgeblasen. So aßen wir drei, Maria, Alfradis und ich, allein zu Mittag, weil unsere Maid wohl im Bunker blieb. Unsere sonst sehr vorsichtige Mieterin, die Witwe des Apothekers Dorenburg, war vor dem Mittagessen aus Berkenkamps Keller zurückgekommen, als es am Himmel schon geraume Zeit ruhig geworden war. Nach dem Mittagessen war Alf an ihre Arbeit in der Küche und dann wohl in ihr Zimmer im zweiten Obergeschoß hinaufgegangen. Ich habe sie den Nachmittag nicht wiedergesehen, war darangegangen, die offenen Fensterlöcher mit Pappenresten oder Brettern zu verschließen.

Es wird nach 15.15 Uhr gewesen sein, als ich mit Werkzeug und zwei Einlagen unseres Ausziehtisches aus dem Keller kam, um das letzte Loch, wo die große mittlere Unterscheibe gesessen hatte, zu vernageln. Es wehte am Freitag, 16.2., ein recht scharfer Südostwind. Der mochte schuld sein, daß Frau Dorenburg und Alf die Menge der von Nordwesten herauffliegenden Flugzeuge nicht rechtzeitig hörten. Frau Dorenburg ging regelmäßig in Berkenkamps Keller, sobald sie Flugmotorengeräusch hörte, und Alf pflegte dann zu ihrer Mutter ins Schlafzimmer zu gehen. Das Aufsuchen von Berkenkamps verhältnismäßig gutem Keller hatte sich Alf leider mit der Zeit abgewöhnt.

Sobald ich aus dem Keller in den Flur getreten war, wurde ich durch die Luftstöße von explodierenden Bomben, die ich rundum krachen hörte, hin- und hergerissen und sah, wie alle Türen, die auf den Flur münden, in Brocken flogen. Was ich trug, hatte ich fallen lassen, kam merkwürdigerweise nicht von den Beinen und konnte mich, als ich in seine Nähe geriet, in den auch offengerissenen Abortraum flüchten, wo ich Schutz zwischen den beiden nahe beieinanderstehenden Mauern erhoffte. Bald wurde es durch hochgeworfene Erde und Staub, durch die Explosionsgase, herabfallenden Kalk und Deckenverputz so finster, daß einige Zeit nichts zu sehen war. Sand knirschte mir zwischen den Zähnen. Atembeschwerden verspürte ich kaum.

Es war wohl dem scharfen Südostwind zu verdanken, daß es bald wieder heller wurde. Da war mein erster Weg durch den mit Trümmern übersäten Flur zu Maria. Sie lag auf dem Rücken im Bett völlig ruhig und ohne Entsetzen im Blick. Ihr Bett war ein wenig vom Platz gerückt und sehr stark mit Glasscherben, Kalk und Holztrümmern bedeckt. Um ihren Kopf, der im Kopfkissen geradezu in Glasscherben, Splitter und Kalk eingebettet war, lag ein Stück vom Oberlichtrahmen, der aus dem Mauerwerk gerissen war wie die Rahmen fast aller Türen und Fenster. Der Kleiderschrank mit Schiebetüren, der an der Zwischenmauer zum Wohnzimmer stand, war entzwei. Sein Oberstück wurde nur durch eine der zerbrochenen herausgerissenen Türen am fallen verhindert. Sein Inhalt, Kleider, Wäsche, auf einem Oberbrett Medizinflaschen, Salbentöpfe, Hüte, lag greulich verdreckt im Zimmer zerstreut. Zunächst hatte ich mich bemüht, mit beiden schöpfenden Händen die Glassplitter, Scherben und Kalk vom Kopfkissen und unter Marias Kopf und Nacken zu entfernen. Als ich mich dabei in den spitzen Glassplittern stach, nahm ich einen halben Teller zu Hilfe, der, aus dem großen Kirschbaumschrank im Wohnzimmer stammend, in die Schlafstube geschleudert war mit vielen andern Gläser- und Porzellanresten.

Nach einiger Zeit kam Frau Dorenburg schreckensbleich von oben, erzählte, daß sie von den Luftstößen umgeworfen, im gräßlich zerstörten und verdreckten Zimmer umhergerollt, aber gänzlich unversehrt geblieben wäre. Das aber waren auch Maria und ich.

Nach kurzer Zeit sagte Frau Dorenburg, daß Alfradis wohl noch oben sein müßte. Da kletterte ich über die an sich unbeschädigten Treppen, die aber wegen der vielen Holz- und Verputztrümmer schwer begehbar waren, nach oben, fand aber Alf in ihrem Zimmer nicht. Dort waren auch die Möbel zerbrochen und vom Platz gerückt, Fenster- und Türrahmen aus dem Mauerwerk gerissen. Der große Teppich war über den Schreibtisch und gegen die Wand zur Schule hin geworfen. Weder unter ihm, noch unter dem niedrigen Bett fand ich Alf. So nahm ich an, daß sie wohl noch in Berkenkamps Keller gelangt sein würde. (Bei Adalbert Berkenkamp und Frau Laura, geb. Darmstädter, waren Alf und ich wenige Tage zuvor vormittags mit vielen anderen Gästen zum Glückwünschen zur goldenen Hochzeit gewesen.)

Bevor ich Marias Bett auch nur annähernd von Glasscherben und Schmutz hatte säubern können, kam Imme Schmidt, unserer ältesten Schwester Helenes Enkelin, als Kinderärztin in Wesel rasch allgemein beliebt geworden, mit ihrer Gehilfin Fräulein Christmann - beide mit blutbefleckten Schürzen - nach uns zu sehen. Da aber sagte Frau Dorenburg wiederum, daß Alfradis doch wohl oben sein müßte. Die wäre, als Frau Dorenburg ihr zurief, rasch nach unten zu kommen, weil viele Flugzeuge über uns wären, weiter die Treppe hinaufgestiegen, um das Schloßblech ihrer am Vormittag vom Luftdruck offengerissenen Türe wieder brauchbar zu biegen. Da stiegen dann Imme und Fräulein Christmann nach oben, und sie fanden Alf auf dem zur Speichertreppe führenden Flur neben ihrer Stubentüre unter Trümmern, nur noch schwach atmend, schwerverletzt und bewußtlos.

Erst am 24.2., bei meinem dritten Versuch, nach Wesel zu gelangen, von Dingden i.Westf. aus, wo man Maria und mich sehr gut aufgenommen hatte, traf ich Imme wieder und erfuhr dann von ihr, daß Alf durch den Bombensplitter, der sie in den offenen Mund getroffen hatte, sofort bewußtlos gemacht sein mußte. Blut war aus beiden Ohren gekommen, ein Zeichen, daß die Schädelkapsel gebrochen war.

Ich war am 16. nicht mehr zu Alf hinaufgegangen, die von Imme und Fräulein Christmann auf ein Bett in Frau Dorenburgs Fremdenzimmer gelegt und mit einem Leintuch bedeckt war, weil kurz nach Fortgang der beiden der Hauswart aus der Fortbildungsschule nebenan, dessen Frau Alf ihren Kohlenherd zum Essenbereiten freistellte, wenn Gas fehlte, nach oben gegangen war und uns dann teilnehmend die Hände gedrückt hatte, weil Alf verschieden wäre. Ich hatte gesehen, daß eine der ersten Bomben die "Momburg" zusammengeschmissen hatte. Ich nehme an, daß Alf zum Himmel sah und aufschrie, als die Bombe fiel. Dann wird ihr der Splitter in den offenen Mund gefahren sein. Ihre Lippen waren unverletzt, die rechte Wange aber ein wenig aufgeschlitzt.

Vom Hauswart hörte ich, daß auch die Schule, wie wohl alle Häuser des Blocks um die Schulhöfe herum, unbewohnbar geworden, daß einige Soldaten in den auf dem Schulhof aufgeworfenen Splittergräben schwer verletzt oder getötet wären. Er hat denn wohl Soldaten geschickt, die Maria, in ihre Wolldecken gehüllt, in Berkenkamps Keller hinübertrugen. Dorthin begab auch ich mich dann mit wenig Wäsche und Kleidung, doch auch mit Wolldecken von meinem Bett. Frau Dorenburg war auch in dem großen Keller mit vielen anderen Nachbarn, die, zum Teil verwundet, ihr Gepäck ordneten. Man hatte Maria auf ein im Keller, der zugleich geräumige Waschküche ist, stehendes Bett gelegt, auf dessen Fußende ich mich setzte.

Als es schon dunkelte, hieß es, daß in den Trümmern der ganz zerstörten Niederstraße Feuer ausgebrochen wäre, das, vom starken Südostwind angefacht, sich rasch näherte. Es gab einen allgemeinen Aufbruch zum Keller unterm Gymnasium hin, in dem zuvor Soldaten untergebracht waren, in den letzten Tagen aber auch viele Flüchtlinge, namentlich von der linken Rheinseite. Bald waren Maria und ich allein im Keller von Berkenkamps oberhalb der Fundamente auch ganz unbewohnbar gewordenem Haus. Ich konnte meine Frau nicht tragen. Laura Berkenkamp schien verzweifelt, uns nicht helfen zu können, muß dann wohl ihren Neffen Hans, Hermanns Sohn, getroffen und uns geschickt haben. Der kam im Trainingsanzug und trug, mit Hilfe einer weiblichen Person, Maria in den Gymnasiumskeller. Ich hatte Mühe, bei der inzwischen eingetretenen Dunkelheit die Voranschreitenden nicht aus den Augen zu verlieren, als sie über den trümmerübersäten Ring gingen. Im überfüllten Keller hatte man Maria auf einen sehr guten Liegestuhl gelegt, neben dem ich einen Sitzplatz auf einer Bank fand. Nur zeitweise war der Keller durch Kerzenlicht oder Taschenlampen erleuchtet. Unangenehm war der Umstand, daß nahe bei uns ein großer Deckeleimer stand, der von Männlein und Weiblein sehr oft zur Verrichtung der Notdurft benutzt wurde. An sich war der Keller als Unterkunft sehr gut. Zwischen den starken, vielen Fundamentpfeilern waren eiserne Wände und Türen angebracht, auf denen noch "Wache", "Schreibstube", usw. aufgemalt war. Erst am nächsten Morgen erfuhr ich, daß beide Flügel des großen Baues über der Erde völlig unbrauchbar geworden waren und daß eine Bombe nahe dem Eingang am Hansaring niedergegangen war, die acht Soldaten getötet und viele verletzt hatte. Aus der Hauswand fehlte ein scheunentorgroßes Stück. Die eisernen Zwischenwände hatten sich bestens bewährt.

Als es endlich zu tagen begann, ging ich über die von mehreren Bomben getroffenen Schulhöfe in unser Haus. Zuerst gegen halb sieben, dann vor 8 Uhr. Da traf ich vor unserem Haus Artur Ziegler, der mit dem Fahrrad von draußen gekommen war. Er ging mit mir zu Alf hinauf und sagte, daß unser Haus nur deshalb nicht eingestürzt wäre, weil beiderseits die sehr massiven Häuser angebaut wären. An seinem Hause, das er schon vor Weihnachten verlassen hatte, um seiner nervösen Frau zwischen Loikum und Wertherbruch bei einem von der Jagd befreundeten Bauern ein ruhigeres Unterkommen zu sichern, war er noch nicht gewesen. Ich sah erst am 17. gegen Abend, als man Maria und mich in einem Autobus zum Abtransport nach Hamminkeln schaffte, daß auch alle Häuser jenseits des Ringes unbewohnbar geworden waren.

Früh hatte man im Keller Kaffee und gute Butterbrote verteilt, die sich auch Maria gut schmecken ließ. Für sie hatte ich unter anderem das ihr absolut unentbehrliche Porzellan-Stehbecken gerettet. Hilfreiche Frauen standen ihr damit in der Nacht und auch am Tag bei, an dem es im Keller genauso dunkel blieb wie in der Nacht. Gegen 16 Uhr hatte man Maria als erste in den Autobus getragen auf dem Liegestuhl. Es wurde 17 Uhr, bis der Bus losfuhr.

Ich war noch verschiedentlich im Haus gewesen, hatte draußen fast keinen Zivilisten mehr gesehen, doch Militärfeuerwehr beim Löschen des Brandes in unserer Nähe. In der Stadt brannte es noch an mehreren Stellen. Oswald Dorenburg kam, nach seiner Mutter Wohnung zu sehen. Die Apotheke war unbeschädigt geblieben. Das Grauen überkam mich, als ich sah, wie bös' die Stadt gelitten hatte.

Bald war Hamminkeln erreicht. Als bis auf acht Menschen alle in Neus Tanzsaal gebracht waren, weigerte sich der dortige Arzt, mehr aufzunehmen. Man fuhr uns vier Kilometer weiter nach Dingden, ins sehr saubere, friedliche Krankenhaus. Das hat mich für Maria ganz besonders gefreut. Wir erhielten ein großes Zimmer für uns und wurden überaus liebevoll aufgenommen und verpflegt, besser als ich es je in einem Sauerländer Wirtshaus gefunden hatte.

20.4. - Dingden liegt dicht an der Grenze zum Rheinland in Westfalen. Nur zwei Kilometer vom evangelischen Ringenberg und vier Kilometer von Hamminkeln. In Dingden gibt es nur Katholiken. Das Krankenhaus und namentlich die vorzügliche Verpflegung in ihm zeugen dafür, daß die katholische Bevölkerung für kirchliche Einrichtungen, zu denen sie auch das Krankenhaus zählt, weit mehr übrig hat als die in rein evangelischen Landesteilen. Maria war sehr freudig überrascht, Vollmilch, frische Eier, beste Butter, dick auf vorzügliches im Haus selbst gebackenes Weißbrot zu erhalten. Früh 6.15 Uhr wurde ihr eine Tasse Vollmilch mit "Knabblen" ans Bett gebracht; mir Kaffee mit demselben zu "Zwieback" doppelt geröstetem Weißbrot. Gegen halb neun gab es Milch, beziehungsweise Kaffee, mit zwei Butterbroten, die dick mit köstlicher Wurst, mit Rauchfleisch, Schinken, freitags mit vollfettem Käse belegt waren. Mittagessen wurde schon um halb zwölf gereicht, meist gute Fleischbrühe, Gemüse, Kartoffeln und ein sehr ansehnlicher "Spatz" (so nennt der Soldat sein Stück Fleisch). Stets eine süße Nachspeise, nie etwa der im städtischen Krankenhaus beliebte grüne, fabrikmäßig hergestellte Pudding, sondern mit viel Abwechslung. Reis-, Grießmehl-, Sagospeisen mit verschiedenen Fruchttunken. Die Küchenschwester "Astronomia" war ein auffallend kleines Persönchen, das aber seine Kunst bestens beherrschte, so daß Maria ständig die Mannigfaltigkeit und den Wohlgeschmack aller Speisen lobte. Oft gab es zwischendurch eine

Tasse köstlicher Buttermilch, zumeist mit Dörrobst gekocht. Um 14.30 Uhr den Nachmittagskaffee, beziehungsweise Milch für Maria. Auf das vorzügliche Weißbrot die Butter geradezu gelegt. Abendessen sehr früh, stets warme Pfannkuchen, Panhas, Bratkartoffeln, mit Grieben zubereitet, waren Delikatessen und erinnerten zumeist an Schlachtfeste bei einem fetten Bauern. Ich hatte das Herz der kleinen, breiten Astronomia gewonnen, als ich ihr eine Geflügelschere schenkte, die mir zu schwer schien, um sie auf meine Fahrt von Dingden zu Elsbeth mitzunehmen.

Die Dörfer Hamminkeln, Ringenberg und Dingden waren alle schon von Sprengbomben getroffen. Als wir von Wesel aus nach Dingden fuhren, sah ich, daß überall an den Dorfausgängen Doppelreihen von Palisaden eingegraben wurden. Dazu wurden frisch geschlagene Kiefernstämme benutzt, die in fast zwei Meter Abstand tief in den Boden eingegraben wurden. Sie ragten über Manneshöhe empor und der Zwischenraum wurde mit Kies und Erde ausgefüllt. Feindpanzer sollten von diesen Sperren aufgehalten werden. Zumeist ließen sie nur einen schmalen Durchgang frei. Der aber sollte vor dem Herankommen des Feindes noch geschlossen werden. Dazu war an einer Straßenseite eine Ablaufbahn aus Baumstämmen gebildet, auf der zwei Trommeln aus starken Bohlen von leicht zu beseitigenden Stoßsperren gehalten wurden. Die Trommeln ähnelten sehr stark Kabeltrommeln, hatten aber dort, wo sie nach Ablauf den Boden trafen, Abflachungen. Diese Sperrtrommeln wurden erst auf der Ablaufbahn mit Beton gefüllt. Solche Vorbereitungen zu wirksamen "Panzersperren" sah ich schon in Wesel und später überall, wo ich auf meiner Fahrt ins Sauerland durchkam. Da das Dingdener Krankenhaus einem Dorfausgang nahe lag, war eine solche Sperre auch unmittelbar an einem Ende des Hauses.

Unser Zimmer zeigte Spuren von Beschädigungen durch Luftstöße in der Nähe niedergegangener Bomben. Etwa noch sechsmal fiel Kalk von Decke und Wänden in den Wochen, die wir dort weilten. Leider fiel eine Sprengbombe schweren Kalibers eine Woche nach unserer Ankunft in die Kirche in Dingden. Nur der Turm, durch dessen Unterbau der Eingang führte, blieb stehen. Die Wände der Kirche fielen nach außen um, in viele Brocken zerschmettert. Mehrere Nachbarhäuser verloren Dächer, Türen und Fenster. Für die Schwestern und Mägde des Hauses wurde von da an eine Frühandacht um halb fünf im Hause selbst abgehalten. Sie waren bis dahin umschichtig um sechs oder sieben zur Kirche gegangen. Maria und auch ich fühlten uns vorzüglich aufgenommen im Dingdener Krankenhaus. Die Schwestern Mengoldis und Abdisa pflegten Maria genauso liebevoll und aufmerksam, wie Mütter ihre Kinder pflegen. Eine ältere Hausgehilfin, auch Maria geheißen, die unser Zimmer putzte, war jederzeit zu jeder Hilfe gern bereit. Auch die Oberin Schwester Casparia, die ich erst später kennenlernte, hat mir nach Marias Tod alle nur irgend mögliche Hilfe zur Erlangung der Dokumente geliehen.

Maria war sehr gern dort. Die vorzügliche Pflege und Verpflegung konnten sie ja nicht den bitteren Schmerz um Alfs Tod vergessen machen, aber sehr erleichtert haben sie ihn doch. Am Sonntag, 11. März, gegen Abend, erlitt Maria nach über 15 Jahren Pause einen erneuten Schlaganfall. Sie war schon zwei Tage zuvor nicht so klar im Kopf wie sonst, hatte viel nach ihrer Mutter gejammert, weniger nach Alf. Der neue Schlag machte sie bewußtlos. Sie hatte das Bewußtsein nicht wiedererlangt, bis sie am Mittwoch, 14.3., um halb sechs früh den letzten Seufzer tat. Ich durfte dem Schicksal, das mir so bald nach der vielgetreuen Tochter auch die herzliebe Gattin nahm, nicht grollen, weil der Feind immer näher rückte und ich keine Möglichkeit hatte, Maria fortzuschaffen. Ich hatte für sie nicht einmal genügend Wäsche und weder Schuhe noch Kleider. Alf hatte sich von mir einen Rucksack geben lassen, um für mich Nötigstes an Wäsche und Kleidung einzupacken, wie sie schon für sich und Mutter Handkoffer gepackt hatte. Leider aber hatte sie versäumt mir zu sagen, wo sie die Koffer und den Rucksack untergebracht hatte. Im Haus fand ich nichts davon.

Von Dingden aus war ich noch zweimal nach Wesel, am 19. und 21. Ich holte verschiedenes aus dem Haus, daß ich bergen wollte, doch war Hauptzweck darin zu suchen, Alfradis ein christliches Begräbnis zu verschaffen. Alle Behörden schienen sofort nach der starken Bewerfung Wesels am Nachmittag des 16.2. die Stadt verlassen zu haben. Am 17. sollen keine Bomben auf Wesel geworfen sein, um so mehr aber wieder am Sonntag, 18.2. und dann täglich, zumeist nachmittags, ganze Bombenteppiche. Es war dem Feind bisher nicht gelungen, die beiden sehr wichtigen, festen Brücken über den Rhein bei Wesel außer Betrieb zu setzen. Das erklärt die Wut, mit der er auf die schon nach der ersten starken Bewerfung "tote" Stadt immer erneut Massen von Bomben geworfen hat. Seinen Zweck, die Brücken zu zerstören hat er nicht erreicht. Beide Brücken sind erst am 6. März (Soldaten, die ich später traf, erzählten mir, daß diese Sprengung durch uns erst am 7. März erfolgt wären.) vormittags, nach Herüberholen aller deutschen Truppen vom linken aufs rechte Rheinufer, von deutscher Seite gesprengt worden.

Alfradis Leiche lag noch am 21.2. im Hause, als ich vormittags zuletzt in ihm war. Damals waren mehrere Zwischenwände, so die von unserer Schlafstube zum Hauseingang und die von der Wohnstube zur Küche, eingefallen, doch war die Treppe bis zum Speicher noch begehbar. Am 23.2. hatte ich bei leichtem Regen über zwei Stunden vergeblich am Dorfeingang

Der zerstörte Weseler Bahnhof.

von Bocholt her auf Fahrgelegenheit nach Wesel gewartet. Am 24. nahm mich ein Personenwagen, mit dem Unteroffizier, Gefreiter und Fahrer von Bocholt nach Kalkar über Wesel fahren sollten, mit. Sie mußten die Frontleitstelle in Hamminkeln aufsuchen, hörten dort, daß beide Rheinbrücken bei Wesel noch voll dienstfähig wären. Es gab aber Vollalarm und man zwang auch mich in den Luftschutzkeller. Später deckten sich die drei Soldaten unter Bäumen, sobald Flieger nahe kamen, was öfter geschah. Durch Wesel konnte kein Auto fahren, weil alle Straße durch die Unmenge der Trümmer unpassierbar waren. So mußten wir von der Hamminkelner Landstraße aus im weiten Bogen über Kreipe (früher Schröders Malzbierbrauerei), Lauerhaas zur Schermbecker Landstraße fahren. Bevor wir die erreichten, versagte der Motor in der Nähe des Wäldchens, in dem Kehls Hof und Texas liegen. Da aber war ich weit genug, denn ich hatte am 21. in Wesel von einem Mitbewohner des Hauses, in dem Imme Schmidt gewohnt hatte, gehört, daß sie mit dem wenigen Gut, das sie hatte bergen können, auf

Kehls Hof untergekommen wäre. Bei dem war ich rasch, fand dort mehrere bekannte Weseler, so den zusammengeklappten Pastor Schomburg, der meinen Enkel Jürgen getauft hatte, aber nicht Imme, denn die war auf Texas.

Ein günstiger Zufall führte Immes Fräulein Christmann mit deren Auto nach Kehls Hof, und das brachte mich zu Imme, die ich seit dem Nachmittag des 16. nicht wiedergesehen hatte. Sie wollte von Texas aus ihre Landkundschaft weiter betreuen, solange ihr das möglich sein würde. Ob Alf begraben worden war, wußte auch sie nicht, warnte mich ernstlich, mich nochmals nach Wesel hineinzuwagen, weil es täglich stark beworfen wurde, von allen Behörden und den allermeisten Einwohnern verlassen wäre. Von allen fünf Kirchen Wesels stand nur noch der Turm der Willibrordikirche, das sah ich, als ich durchs freie Feld zur Brüner Landstraße zurückging. Auch den Wasserturm sah ich nicht mehr. Über den Breiten und Grünen Weg zum "Anhalter Bahnhof" nach Momburgs Dachpappenfabrik gelangt, wurde ich nach längerem Warten vom Feldgendarm auf ein Fuhrwerk gesetzt, das vom Rhein Pferdefutter geholt hatte. Gezogen wurde es von einem herrlichen Gaul, einem Prachtexemplar einer schweren rheinischen Kaltblutstute. Außer dem Fahrer saßen vier Soldaten auf dem Wagen, die dauernd den leicht bewölkten Himmel beobachteten. Meine Bitte, den sehr kräftigen Gaul traben zu lassen, um rascher aus der gefährlichen Nähe von Rheinbrücken und Stadt zu kommen, wurde abgelehnt. Das edle, wertvolle Pferd durfte nicht traben. Als aber die Soldaten riefen, daß oben Bomben ausgeklinkt wären, nahm der peitschenlose Fahrer mir, ohne ein Wort zu sagen, den Krückstock aus der Hand und drosch auf den Gaul los, bis er galoppierte. Rasch wurde aus dem Fuchs ein Schimmel. Die Bomben taten uns nichts, fielen anscheinend noch jenseits der Reeser Landstraße. Schritt gehen durfte die Stute erst nach etwa zwei Kilometer. Leider bog das Fuhrwerk schon zwei Kilometer vor Hamminkeln auf den Diersfordter Wald zu von der Landstraße ab und mich überholte bis nach Dingden auch weder Fuhrwerk noch Auto, weil andauernd Bomben am Rhein fielen. (Wohl deshalb kamen keine Wagen von Wesel.) Meine Prothese hätte schon vor Weihnachten neu gepolstert werden müssen. Der Rückweg zu Fuß wurde mir sauer. Ich überholte aber noch eine Frau mit vier Kindern aus der Niederstraße. Sie war in Hamminkeln untergebracht gewesen, nun angewiesen, nach dem zwölf Kilometer entfernten Bocholt überzusiedeln. Das aber wurde sooft beworfen, daß sie da wohl nicht hat bleiben können. Nach dem Tode meiner lieben Maria, die mir fast 56 Jahre Lebensgenossin war, die nichts zu wünschen übrig ließ, gaben mir Oberin und Arzt bald die Papiere, die ich zur Erlangung von Totenschein und vorzeitiger Beerdigungserlaubnis nötig hatte. Mit ihnen ging ich fast eine halbe Stunde zum "Amt" vors Dorf, weil es im Ort ausgebombt war.

Man gab mir die Erlaubnis, die Beerdigung schon am Freitag, 16.3., früh vorzunehmen. Alle weiteren Schritte um einen sehr schwer beschaffbaren Sarg, zum Totengräber und um einen Kranz nahm mir ein auch im Krankenhaus wohnender holländischer evangelischer Dr. theol. ab, ein überaus warmherziger Mensch. Er ging sogar nach Bocholt, um vom zuständigen dortigen evangelischen Geistlichen die Erlaubnis zu holen, statt seiner meiner vielgetreuen Maria die Grabrede halten zu dürfen.

Artur Ziegler war gegen Mittag des 14. nach Dingden per Rad gekommen, wie schon zuvor am 12., und sagte, auch am 16. um 6.30 Uhr früh meine Frau zum Kirchhof begleiten zu wollen. Es war neblig gewesen am frühen Morgen. Ziegler hatte mehrfach der Dunkelheit wegen absteigen müssen, kam aber rechtzeitig nach Dingden. Es war mir sehr lieb, den guten Freund bei mir zu haben, als wir Maria auf dem sehr schönen großen Heidefriedhof zur letzten Ruhe betteten.

Die großen Felder des Kirchhofs sind teils mit Latschenkiefern, teils mit hell- und dunkelrot blühender Erika eingefaßt. Sehr viele Birken stehen dort und Rhododendren. Das Grundwasser aber erlaubt nur wenig tiefe Gräber. Daß man den Andersgläubigen einen abgesonderten Platz angewiesen hatte, war um so weniger zu beklagen, als dort schon einige evangelische Soldaten beigesetzt waren. Ein Holzkreuz mit ihrem Namen sollte auch Maria auf ihren Hügel bekommen. Ob es mir freilich möglich werden wird, die teure Entschlafene einmal auf dem Weseler Friedhof neben Tochter Grete und Mutter Anna Troost zu betten, bezweifle ich meines Alters und des Kriegsverlaufs wegen. An dem Friedhof in Dingden war ich vor wohl 40 Jahren mehrmals als geladener Gast zu Jagden auf Karnickeln vorbeigegangen. Ich werde glücklich sein, wenn ich noch einmal hinkomme.

Schon am Vortage hatte ich zu packen begonnen, um nur mit dem Wertvollsten und Allernötigsten meine Reise zu meiner lieben jüngsten Tochter nach Allendorf im Sauerland anzutreten. Auch hatte ich fast 50 Postkarten an die Familie als Ersatz für die nicht zu beschaffenden gedruckten Todesanzeigen geschrieben. Was ich von dem, was ich noch von Wesel geholt hatte, unmöglich weiterschleppen konnte, so z.B. einen guten Anzug, einen Packen Leinen und Wäsche, zwei Markenalben usw. band ich, in zwei dünnere Wolldecken gehüllt, zu einem festen Ballen zusammen. Den wollte Freund Artur Ziegler von seinem des öfteren nach Dingden fahrenden Bauern aus dem Krankenhaus abholen und für mich verstecken lassen. Allerhand Kleinigkeiten schenkte ich dem Personal vom Krankenhaus. Dr. Arie Corn. Nielson, der menschenfreundliche holländische Geistliche, lief noch bei den in Dingden einquartierten Truppen herum, bis er Fahrgelegenheit für mich nach Bocholt fand. Um 17.30 Uhr holte ein

Oberleutnant mich und mein Gepäck ab, doch auch der Geistliche stieg mit ein. "Ich muß sehen, daß sie von Bocholt aus ein Auto besteigen, das sie mitnimmt." Die Wehrmacht-Standortkommandantur von Bocholt verwies uns an einen nahen "Anhalter Bahnhof". Nach kurzem Warten dort konnte ich ein Lastauto besteigen, das auf Borken zufuhr. Der Abschied von dem so überaus zuvorkommenden jungen holländischen Geistlichen, der auch Ziegler vorzüglich gefallen hatte, wurde mir recht schwer. Besonders leid tut mir, daß ich ihm bis heute noch nicht schriftlich danken konnte, weil die Post nicht mehr arbeitet und wir hier seit dem 12. dieses Monats in der Gewalt von Amerikanern sind. ...

Maria Erkens

Tagebuchnotizen
vom 29.4.-23.7.1945
Privatbesitz

Flüren, den 29. April 1945

Es ist eine furchtbare Zeit. Über die Landstraßen fahren die englischen und amerikanischen Wagen. Die Ausländer streichen herum, und überall hört man von Plünderungen. Wir sind arm geworden, wie die meisten Deutschen. Zwei armselige Dachzimmer sind unser eigen. Wir haben einige Sachen aus den Trümmern geholt. Verschmutzt sind die Bücher, aber sie sind mir trotzdem liebe Freunde. Wenn ich sie im Bücherschrank, dem das Glas fehlt, stehen sehe, so bin ich dem Schicksal dankbar, daß es mir die Begleiter meines Lebens erhielt. Was aber soll werden? Düster liegt die Zukunft vor mir. Schule und Studium gehören der Vergangenheit an. Es war ein schöner, kurzer Traum. In der Ferne ragen die Trümmer von Wesel. Darüber brauste der Krieg, und was zurückblieb, war das Chaos und Grauen. Ich kann, ich mag es nicht mehr sehen, zu tief schneidet es mir ins Herz. Die Menschen sind nicht anders geworden. Keiner will heute der Schuldige an dem Unglück sein, und jeder behauptet, daß er kein "Nazi" gewesen sei. Auch jetzt sind sie nicht zufrieden, immer noch sind ihre Augen dem eigenen Verschulden verschlossen. Wird nicht endlich ein tiefes, streng sittliches Gesetz in ihnen wach, daß sie ihrer Sendung zuführt, so ist es bitter um die innere Beschaffenheit unseres Volkes bestellt. Der Unglaube und eine systematische Propaganda haben ihre Wurzeln geschlagen.

30. April 1945

Heute hielten zwei Engländer Haussuchung nach Waffen (ein Mittel, daß gerne benutzt wird, um sich an irgend etwas zu bereichern). Leider war ich nicht daheim und mußte nachher schmerzlich entdecken, daß man mir meine kleine Uhr, die mich durch Jahre von einem Ort zum andern begleitete, und die mit ihrem Ticktack meine Freuden und Schmerzen grüßte, entwendet hatte. Immer noch bringt das Leben neue Enttäuschungen.

4. Mai 1945

Ich sprach mit dem stellvertretenden Bürgermeister Groos; ich hätte bei der Stadtverwaltung als Dolmetscher anfangen können. Warum schlug ich es aus? Ich weiß es nicht, aber ich hatte das Gefühl, daß es für mich das Richtigere sei. Es herrscht eine schreckliches Durcheinander in Wesel. Die

Stadt ist tot und wird es bleiben. Vorwurfsvoll ragen die Trümmer gegen den undurchdringlichen niederrheinischen Himmel. Feuersäulen, von barbarischen Händen entzündet, steigen immer wieder empor. Es rasen die Autos, es rast die Welt.

9. Mai 1945

Um Mitternacht am 8. Mai endete in Europa der Krieg. Die bedingungslose Kapitulation der Deutschen war erfolgt. Endlich lag Deutschland auf den Knien, endlich hatten die Nazis die Sinnlosigkeit des Kampfes erkannt. Schwer schlug das Herz des Vaterlandes. Millionen zogen in die Gefangenschaft, über Tausenden von Gräbern strich der Wind und sang sein Schlummerlied. Seltsam, wie das lang entbehrte Wort "Friede" anmutete. Still war es um mich her; in den Baumkronen zwitscherten die Vögel, und letzte Sonnenstrahlen spielten durch das leuchtende Grün. Und dennoch frohlockte es in mir, wir haben gesiegt! Ein Tyrannentum mußte sterben, aber wir leben, wenn auch in äußerer Armut, aber im Inneren leuchtet das erste Morgenrot eines neuen, heranbrechenden Tages. Innerlich sind wir frei, die Ketten unseres Sklaventums sind gefallen.

15. Mai 1945

Ich gehe zu Fräulein Eich und lerne. Voll neuen Mutes und froher Zuversicht gebe ich mich erneut dem Studium hin. Die Menschen sind enttäuscht; ich bin es nicht, weil ich wußte, daß alles nur Menschenwerk ist, gleich welches Volk als Baumeister gilt, ob das englische, deutsche oder amerikanische. Gewiß, sie haben uns viel versprochen und bisher wenig gehalten, aber haben wir ein Recht, auf Guttaten zu warten, wenn wir der Welt die größten aller Leiden brachten? O Deutschland, daß Du in Deinen Mauern eine solche Brut züchtetest, die Dich so erniedrigte!

23. Juli 1945

Ich kehrte von Düsseldorf zurück, niedergeschlagen, müde, abgespannt. In der Hoffnung, dort Positives vorzufinden fuhr ich hin. Äußerlich schienen die Verhältnisse günstiger zu liegen als hier in Wesel, aber bei näherer Betrachtung war es das gleiche Elend, die gleiche Not. Hunger plagt die Menschen; es fehlt an Kartoffeln und Gemüse. Enttäuscht, apathisch, müde, abgespannt laufen die Menschen herum. Wer wird sie aufrichten? Wer wird ihnen das geben, was Not tut? Ja, das Notwendigste muß zuerst beschafft werden. Tiefer sinkt das sittliche Gefühl, für geistige Interessen ist das Volk kaum zugänglich. Hier kam es mir so recht zum Bewußtsein, daß wir ein geschlagenes Deutschland sind.

Neubeginn: Als erstes wurden die Hauptverkehrsachsen der Stadt Wesel von den Trümmern befreit.

BILDNACHWEIS

Titelbild Stadtarchiv Wesel (StAW), Bildarchiv.

S. 7: Zeitungsausschnitt aus „Stars and Stripes" März 1945, StAW Bildarchiv
S. 8: Imperial War Museum, London (= IWM), CL 2300
S. 14: Pfarrarchiv St.-Martini, Wesel
S. 15: beide Bilder StAW Bildarchiv
S. 18: Fotosammlung Brand, Wesel, Nr. 555
S. 20: oben: F. Köhler, Wesel
 unten: Fotosammlung Brand, Wesel, Nr. 8290
S. 21: F. Köhler, Wesel
S. 22: oben: F. Köhler, Wesel
 unten: Fotosammlung Brand, Wesel, Nr. 5678 (Foto: W. Grolig)
S. 23: Fotosammlung Brand, Wesel, o. Nr.
S. 24: Fotosammlung Brand, Wesel, o. Nr.
S. 26: StAW, Bildarchiv (Foto: E. Maritzen)
S. 27: Privatbesitz
S. 29: F. Gilhaus, Wesel
S. 31: oben: Fotosammlung Brand, Wesel, Nr. 9325 (Foto: W. Grolig)
 unten: F. Köhler, Wesel
S. 32: StAW, Friedhofsakte 1945-47
S. 34: beide Fotos: Fotosammlung Brand, Wesel, Nr. 1117 und 1122 (Foto: W. Hornberg)

S. 35: beide Fotos: H. Hunger, Wesel
S. 37: oben: Kreis Rees Heimatbuch 1942, S. 117
 unten: F. Köhler, Wesel
S. 38: beide Fotos: Kreis Rees Heimatbuch 1942, S. 120 und 122.
S. 39: Kreis Rees Heimatbuch 1941
S. 41: StAW N25, Fliegeralarme und öffentliche Luftwarnungen 1941-1944
S. 43: oben: StAW, Bildarchiv
 unten: E. Meier, Wesel
S. 45: Privatbesitz
S. 47: Privatbesitz
S. 49: StAW, Bildarchiv (Foto: Unverdross)
S. 51: StAW, Bildarchiv (Foto: Unverdross)
S. 52: IWM, BU 2931
S. 56: StAW N25
S. 57: G. Tenbruck, Wesel
S. 60-61: IWM FRA 104774
S. 62: U. Stricker, Schermbeck
S. 69: H. Schnickers, Wesel
S. 78: H. Hunger, Wesel
S. 92: Fotosammlung Brand, Wesel, o. Nr.
S. 96: F. Köhler, Wesel
S. 98: Ausschnitt; Fotosammlung Brand, Wesel, 1123 (Foto: W. Hornberg)
S. 102: Tombreul, Wesel
S. 123: E. Schroeder, Wesel
S. 128: aus: Erich Hubbertz, Der Stadthistoriker Pfarrer Heinrich Müller, Emmerich 1982
S. 132: StAW, Bildarchiv
S. 134: StAW, Bildarchiv
S. 150: Ortmann, Wesel

S. 155: IWM, BU 7672
S. 158: Hilde Löhr, Wesel
S. 161: Archiv der Evangelischen
Kirchengemeinde Wesel
S. 167: beide Fotos: StAW, Friedhof
1945-1947
S. 180: IWM, BU 7712
S. 191: IWM, BU 2685
S. 193: IWM, BU 2397
S. 197: oben: IWM, BU 2699
       unten: IWM, BU 2679
S. 210: IWM, BU 2418
S. 216: oben: IWM, BU 2704
       unten: IWM, BU 7693
S. 221: IWM, BU 7696
S. 227: oben: IWM, BU 2689
       unten: IWM, BU 2700
S. 237: IWM, BU 2701
S. 253: IWM, CL 2299
S. 259: IWM, BU 7671